西部高等教育
年度发展报告（2022）

邬大光　卢彩晨　主编

图书在版编目（CIP）数据

西部高等教育年度发展报告. 2022 / 邬大光, 卢彩晨主编. -- 兰州 : 兰州大学出版社, 2024.8
ISBN 978-7-311-06607-9

Ⅰ.①西… Ⅱ.①邬… ②卢… Ⅲ.①高等教育－发展－研究报告－中国－2022 Ⅳ.①G649.21

中国国家版本馆CIP数据核字(2024)第022743号

责任编辑　李有才
封面设计　汪如祥

书　　名	西部高等教育年度发展报告(2022)
作　　者	邬大光　卢彩晨　主编
出版发行	兰州大学出版社　（地址:兰州市天水南路222号　730000）
电　　话	0931-8912613(总编办公室)　0931-8617156(营销中心)
网　　址	http://press.lzu.edu.cn
电子信箱	press@lzu.edu.cn
印　　刷	兰州银声印务有限公司
开　　本	787 mm×1092 mm　1/16
印　　张	11.5
字　　数	241千
版　　次	2024年8月第1版
印　　次	2024年8月第1次印刷
书　　号	ISBN 978-7-311-06607-9
定　　价	49.00元

（图书若有破损、缺页、掉页，可随时与本社联系）

【前言】

《庄子·知北游》曾写道:"天地有大美而不言。"我国辽阔的西部地区"美得寂寞",与庄子的哲思不谋而合。不仅如此,西部亦是我国重要的"战略大后方",乃"千金不换"之地。21世纪以来,国家已然意识到,西部地区已落后于东部地区。于是,提出了"西部大开发"战略,力求改善西部地区面貌,实现西部与东部沿海地区共同进步、共同发展。西部大开发、西部地区经济社会高质量发展,离不开西部高等教育的强有力支撑。全面振兴西部高等教育,不仅是改善西部民生的迫切需要,也是促进西部经济社会高质量发展的迫切需要,更是实现国家长治久安的迫切需要。

纵观人类发展进程,无一不是"教育兴则国家兴,教育强则国家强"。教育始终是强国兴起的关键因素。其中,高等教育处于龙头地位,教育、科技、人才三位一体的结合点是经济社会发展的时代"抓手",是西部重新崛起的底气。然而,在很长一段历史时期中,我国西部地区由于自然环境和人文环境导致的人力资本、社会资本匮乏等问题,不仅制约了经济发展,也影响了高等教育。西部成为了我国高等教育总体格局中较为薄弱的地方。如今,在新时代背景下,西部高等教育迎来了新的发展机遇。随着

"一带一路"倡议等重大战略的深入推进，西部地区经济活力显著增强，对高等教育、科技创新和优秀人才的需求，比以往任何时候都更为迫切，这也对西部高等教育发展提出了新要求。

历史的痕迹从未在此消散。回望百年高等教育史，我国西部高等教育曾一度辉煌。我们不会忘记，随着西北地区逐渐成为抗战的战略后方，一批高校迁往西北，以西北联大为代表的大学一举改变了原来西北地区高等教育几近为零的局面，从根本上改善了西北地区的教育面貌，甚至一时间把西北地区的高等教育推到了国内一流水平，形成了中国高等教育东西强、中间弱的格局。这一时期，西北高等教育呈现出不逊色于其他地区的发展态势，在中国高等教育历史上留下了辉煌的一笔。我们不会忘记，新中国成立后，国家对西部高等教育持续发力，推动了西部高等教育快速发展。黄浦江畔的交通大学主体从上海迁到西安，成就了以西安交通大学为代表的西部高等教育方阵。我们更不会忘记，在国家发展"两弹一星"的背景下，一批批优秀的科学家从全国四面八方涌向兰州大学。他们扎根西部、坚守奋斗，用责任和信念叙写了举世闻名的"兰大现象"，用知识和智慧创造了中国高等教育的世界奇迹。

然而，20世纪后期，西部高等教育领域却出现了"孔雀东南飞"现象。一时间，西部高等教育领域人才纷纷向东部流动，西部高等教育"元气大伤"。当年西部高等教育的"高起点"优势不复存在，西部高等教育"不够发达""相对落后"的局面悄然形成。时至今日，在国家提出的中西部高等教育振兴战略的指导下，在西部地区高校广大师生的拼搏努力下，西部地区高等教育相对落后的局面大有改观，但东西部高等教育的差距依然存在。如每百万人口优质学科数、国家级高等教育教学成果奖、校均高被引论文、国家级科技奖、校均专利出售金额、校均技术转让金额、国际学术会议特邀报告、高层次人才等，西部高校与东部高校的差距在3.06倍至7.70倍之间。从博士学位教师平均占比来看，东部地区高校达到33%，西部地区高校为20%。在社会服务方面，2017年东部地区高校校均专利出售金额为153.93万元，而西部地区高校校均仅19.98万元；校均技术转让实际收入，东部地区高校校均158.52万元，而西部地区高校校均75.46万元，西部九省区①高校校均仅3.69万元；校均被采纳的研究与咨询报告，东部地区高校校均4.94篇，西部地区高校校均2.75篇，西九省区高校校均仅0.69篇；校均R&D成果应用及科技服务项目，东部地区高校校均35.42项，西部地区高校校均20.63

---
① 即云南、贵州、西藏、甘肃、青海、新疆、宁夏、内蒙古和广西。

项，西部九省区高校校均仅6.3项。因此，我们必须清醒地认识到，在"西部大开发"战略背景下，虽然西部高等教育迎来了难得的历史机遇，但也要直面历史遗留下来的差距。全面振兴西部高等教育，依旧任重道远。

西部区位特殊，发展高等教育意义重大。如何缩小东西部差距，让西部高等教育担负起支撑西部发展的重任，是西部高等教育不可回避的话题。习近平总书记指出："没有思想大解放，就不会有改革大突破。"西部高等教育亟须克服"等靠要"等"西部思维"。要从根本上破除"画地为牢"的"西部意识"，解除对"输血式扶持"的制度性锁定和对"依附式发展路径"的技术性锁定，走特色化发展之路。正如中国科学院院士、兰州大学校长严纯华所言，以下三大突破口是实现西部高等教育振兴的重中之重。第一，人才先行，"但得人才即治安"。人才对于缩短东西部高校间的差距至关重要，是真正激发西部人才潜心育人、扎根奉献的内生动力。第二，科研支撑，登临须于人外寻。科研平台好比"人才攀登脚下之山、良禽择木而栖之林"，人才的"引"和"用"都离不开科研平台的搭建。因此，如何发挥新型举国体制优势，如何合理布局国家战略科研力量，是值得我们深入思考的战略问题。第三，地区制宜，"深处种菱浅种稻"。国家战略科技力量和重大研发基地的布局，应充分考虑已有的研究积累和特色，结合自然禀赋和地域因素，充分发挥地区资源优势，充分发挥区域特色发展的带动作用，为西部地区创新驱动、跨越发展提供基础平台支撑。

我们谈到西部高等教育，自然绕不过兰州大学。自1909年2月5日甘肃贡院更名为甘肃法政学堂，就意味着我国西北地区最早的高等学堂诞生了。从此，兰州大学正式成为了我国高等教育领域不可或缺的重要一员。百余年岁月如白驹过隙，一代又一代兰大人坚守西部，不仅走出了一条西部地区与时代同发展、与国家共命运的百年风雨路，也走出了一条经济待发达地区创建高水平大学的特色之路。如今的兰州大学，即便总伴随着"惨""委屈""偏僻""缺乏存在感"的形容，却也身负4个世界一流学科、8个国家重点学科、2个国家重点培育学科、35个省级重点学科的盛名，15个学科进入ESI全球前1%，堪称曾经"985工程"高校中的"江湖扫地僧"。站在新的历史起点，兰州大学全校上下依旧发扬"坚守奋斗"的自强精神，"守初心，对标一流"，"补短板，寻求突破"，在创建中国特色世界一流大学的道路上阔步前进。在高等教育变局涌动之下，兰州大学经历过低谷，也攀登过高峰。透过校友广场上镌刻着的36万位校友与近2万名教师的名字，以及校史纪念柱上凝铸着的兰大扎根西部的沧桑与辉煌，人们依稀可见兰大当年的那份热血。我们有理由相信，兰州大学于悠长历史中的深厚学术积淀，于千难万险后的初心坚守，就是中国大学应该具备的姿态和品质。中国大学需要这样的坚守，这是一种大漠孤烟与茫茫戈壁未能阻挡的韧劲与孤勇。千淘万漉虽辛苦，吹尽狂沙始到金。相信未来兰州大学会带来更多精彩的故事，绽放西北高教最灿烂的光辉，以惊风拥沙之姿态起笔书写西部高教新答卷。

兰州大学百年校庆时有赋言道："吾校虽瘦，必肥华夏。"也恰恰因为如此，兰州大学高等教育研究院组织全体教师编写了《西部高等教育年度发展报告》，期待以此服务西部高等教育振兴战略，为建设高等教育强国贡献智慧和力量。具体而言，其一，本书意在通过全面洞悉西部高等教育规模与结构，呈现西部高等教育的整体状况，揭示其发展特点；从历史变迁中探求西部高等教育发展规律，为未来发展提供参考策略；从数据对比中探究西部高校教育发展思路，在比较借鉴中找到适合西部高等教育发展的模式；从实践行动中探索西部高等教育发展经验，在经验和教训的总结中为西部高等教育的发展提供实践指导。在承认和肯定进步的同时，明晰西部定位与发展境况，审思从地缘优势到自身特色的转化路径，为西部高等教育转型升级和主动服务国家重大战略提供支撑。其二，本书意在启发西部高等教育突破传统发展方式和路径依赖。不得不承认，在自然条件、经济条件等的限制下，西部高等教育的发展长期依赖政策或资源支持，导致高等教育发展过程中缺乏自主性和可持续性。因此，西部高等教育发展必须突破路径依赖，形成自我"造血功能"。必须转被动为主动，化相对劣势为比较优势。要充分发挥西部地区自然资源和人文资源的优势，结合地方特色和需求，因地制宜，特色发展。要解放思想、勇于担当，积极引才育才，形成自主发展力量。

"少壮东出南走，老马西北行"，这是费孝通当年的壮语。我于耳顺之年加入到西部高等教育发展的队伍之中，从东南到西北跨越千里的"山海情"，让我对我国的高等教育发展有了与以往不同的感知和体悟。此刻回眸聆听，一声声叮嘱与鼓励如西部之歌仍萦绕耳旁，一腔腔矢志不移的呐喊与热血依旧浇灌着这片沃土。西部之路上每一处前人奔波的痕迹，都在引导着我们于这片沃土上寻觅生命的热情。我们深知，此书还有许多不足。作为西部高等教育研究的团队之一，关注西部高等教育是我们的责任和义务，但若要延续西部高等教育的薪火，必然还需众人捧柴。"始生之物，其形必丑。"此书称不上什么"智慧结晶"，抑或是"不废江河"的论著，仅是一群西部高教人汇成的涓涓细流。西部高等教育的研究与发展亦并非一蹴而就、一气呵成之举，且视不完美的西北高等教育研究为新生之爱子，爱之亦审视之，改进之。愿此书能够成为西部高等教育发展道路上一块小小的铺路石，如水东流，万折必东。

是为记。

2024年7月25日

目录

第一章　西部高等教育发展概况 ……001
第一节　西部高等教育规模与结构 ……002
第二节　西部高等教育质量与保障 ……013

第二章　西部高校人才培养模式研究 ……025
第一节　西部高校人才培养模式特色建设与案例分析 ……025
第二节　西部高校人才培养模式改革发展动向 ……032

第三章　高校服务乡村振兴的必要性、类型模式与经验 ……035
第一节　地方高校服务乡村振兴战略的必要性 ……035
第二节　西部高校服务乡村振兴的类型与模式 ……038
第三节　西部高校服务乡村振兴的经验与特色 ……049

第四章　西部高等教育的院校治理研究 ……055
第一节　院校治理的缘起背景与理论 ……055
第二节　院校治理现状 ……059
第三节　西部高校院校治理案例及经验 ……063

第五章　西部高等教育数字化发展研究 ……071
第一节　教育数字化转型背景下的高等教育数字化发展 ……072
第二节　西部高等教育数字化发展的意义 ……074
第三节　西部高等教育数字化发展现状 ……075
第四节　西部高等教育数字化发展经验总结 ……083

第六章　西部研究生教育发展研究 ……088
第一节　西部研究生教育发展概况 ……088
第二节　西部研究生教育发展对全要素生产率的影响研究 ……092
第三节　对策建议 ……112

第七章　科教融合理念下的新工科人才培养改革探索 ……117
第一节　以科教融合为理念的新工科人才培养改革动因 ……118
第二节　新工科人才培养的科教融合理念与整体思路 ……121
第三节　科教融合下新工科人才培养实践 ……123
第四节　新工科人才培养教学改革成效 ……131

第八章　西部高等教育社会服务能力现状、问题及对策研究 ……133
第一节　西部高等教育社会服务能力研究设计 ……133
第二节　西部高等教育社会服务能力数据分析 ……138
第三节　西部高等教育社会服务能力现状 ……146
第四节　西部高校社会服务存在的主要问题 ……147
第五节　提升西部高校社会服务能力的建议 ……149

第九章　数字化转型背景下西部高等院校实验实训课程教学改革研究 ……152
第一节　高校教学改革的时代背景 ……152
第二节　高校实验实训教学改革的理论与实践现状 ……153
第三节　西部高校实验实训课程教学改革特征研究设计 ……158
第四节　西部高校实验实训课程教学改革的成效 ……160
第五节　西部高校实验实训课程教学改革的问题与优化策略 ……165

后　记 ……171

第一章

西部高等教育发展概况

本部分将介绍近五年（2016—2020年）西部12个省区的高等教育变化状况。西部地区包括12个省、自治区、直辖市，即西南五省区市（四川、云南、贵州、西藏、重庆）、西北五省区（陕西、甘肃、青海、新疆、宁夏）和内蒙古、广西。

长期以来，我国西部地区的高等教育获得长足发展，为服务西部地区乃至全国经济社会发展作出了积极贡献。同时，我们也要清醒地看到，西部高等教育与东部高等教育还存在较大差距，加快西部高等教育振兴时不我待。

2016年至2020年，西部地区高等教育规模稳中有升，招生规模、在学规模等均有所扩大，但研究生规模变化不大；西部高等教育的教师队伍拥有博士学位的教师数量逐年增加；科研经费的比例整体变化不大；国家助学金对高职高专院校的支持力度比较大。

西部高等教育的科研贡献度，就科研论文而言，论文数量从2016—2019年，每年论文的占比基本持平。从2019年开始，核心期刊论文比例、高被引比例都有所增加。西部高等教育科研项目的统计主要根据国家社科基金重点项目数、国家社科基金西部项目数、国家社科基金项目数、全国教育科学规划课题数、教育部人文社会科学重点研究基地重大项目数、国家自然科学基金项目数得出。从2016—2020年，西部高等教育科研项目数，增加幅度不大。国家社科基金重点项目数、教育部人文社会科学重点研究基地重大项目数非常少，平均到每个省份，每年不到4项，许多高校几乎没有重大科研项目。

第一节　西部高等教育规模与结构

一、西部高等教育招生规模

（一）西部高等教育普通本、专科招生规模

截至2020年，西部共有普通高校734所，其中本科院校309所，高职（专科）院校425所。从2016年至2020年，增加普通本科院校11所，增加高职（专科）院校62所。

5年间西部地区共招收普通本、专科学生11 092 118人。招生规模从2016年到2020年一直在增加。详见表1-1和图1-1。

表1-1　2016—2020年西部高等教育普通本、专科招生人数　　　　单位：人

时间	2016	2017	2018	2019	2020
招生人数	1 919 958	2 017 232	2 098 745	2 475 748	2 580 435

注：根据中华人民共和国教育部官网2016—2020年教育统计数据整理形成，详见http://www.moe.gov.cn/jyb_sjzl/moe_560/2021/。

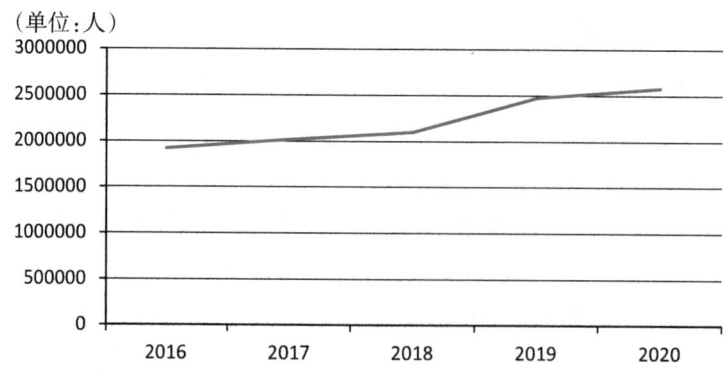

图1-1　2016—2020年西部高等教育本专科招生变化情况

（二）西部高等教育成人本、专科招生规模

2016—2020年，西部高等教育成人本、专科共招生437.242 7万人，其中本科197.399 9万人，专科239.842 8万人。2019年，高等教育成人本、专科招生规模突然大幅度增加。详见表1-2和图1-2。

表1-2　2016—2020年西部高等教育成人本、专科招生数　　　　　单位：人

	2016	2017	2018	2019	2020	合计
本科	202 052	213 883	299 228	297 126	961 710	1 973 999
专科	306 141	294 229	308 839	295 159	1 194 060	2 398 428
合计	508 193	508 112	608 067	592 285	2 155 770	4 372 427

注：根据中华人民共和国教育部官网2016—2020年教育统计数据整理形成，详见http://www.moe.gov.cn/jyb_sjzl/moe_560/2021/。

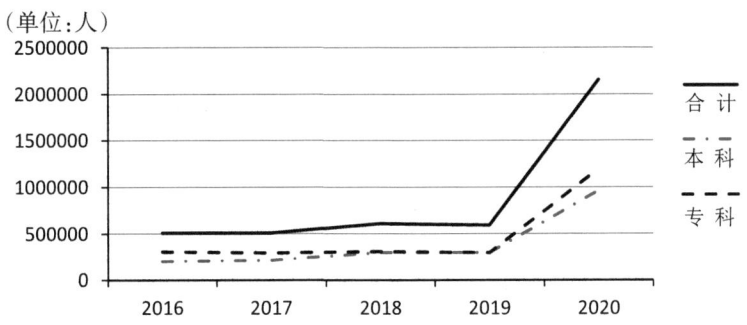

图1-2　2016—2020年西部高等教育成人本、专科招生数变化情况

（三）西部高等教育研究生招生规模

1.西部高等教育普通高校研究生招生规模

2016—2020年，西部地区普通高校共招收研究生917 360人，其中，招收博士生58 756人，硕士生723 384人。详见表1-3和图1-3。

表1-3　2016—2020年西部普通高校研究生招生人数　　　　　单位：人

年份	2016	2017	2018	2019	2020	合计
博士	10 777	11 963	13 905	15 377	17 511	58 756
硕士	124 443	154 387	165 385	179 530	224 082	723 384
合计	135 220	166 350	179 290	194 907	241 593	917 360

注：根据中华人民共和国教育部官网2016—2020年教育统计数据整理形成，详见http://www.moe.gov.cn/jyb_sjzl/moe_560/2021/。

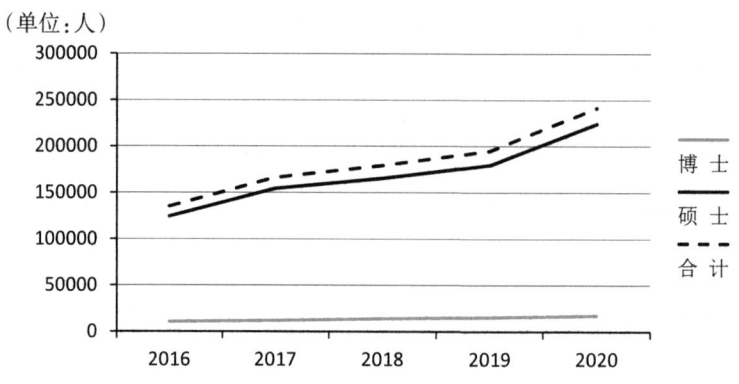

图1-3 2016—2020年西部普通高校研究生招生变化情况

2.西部科研机构研究生招生规模

2016—2020年，西部科研机构研究生招生人数为3 529人，其中招收博士研究生287人，硕士研究生3 242人。详情见表1-4和图1-4。

表1-4 2016—2020年西部科研机构研究生招生人数　　　　　　　　　单位：人

时间		2016	2017	2018	2019	2020	合计
研究生招生人数	博士	57	57	58	56	59	287
	硕士	547	615	584	699	797	3 242
合计		604	672	642	755	856	3 529

注：根据中华人民共和国教育部官网2016—2020年教育统计数据整理形成，详见http://www.moe.gov.cn/jyb_sjzl/moe_560/2021/。

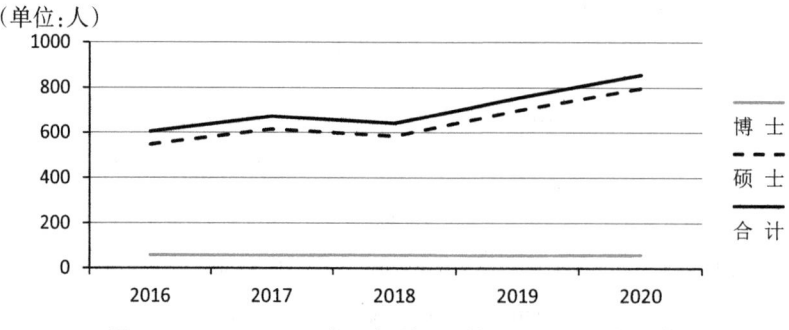

图1-4 2016—2020年西部科研机构研究生招生变化情况

二、西部高等教育在学规模

（一）西部高等教育普通本、专科在校生人数变化情况

2016—2020年，高等教育普通本、专科在学3 776.812 2万人。其中招收本科生2 120.066 8万人、专科生1 656.745 4万人。

高等教育专科（高职）在2018年后增长幅度较大，这与专科（高职）院校增加62所具有一致性。详见表1-5和图1-5。

表1-5　2016—2020年西部高等教育普通本、专科在校生人数　　　　单位：人

年份	2016	2017	2018	2019	2020	合计
本科生	3 912 852	4 041 976	4 215 038	4 397 035	4 633 767	21 200 668
专科生	2 811 065	2 958 203	3 106 813	3 596 277	4 095 096	16 567 454
合计	6 723 917	7 000 179	7 321 851	7 993 312	8 728 863	37 768 122

注：根据中华人民共和国教育部官网2016—2020年教育统计数据整理形成，详见http://www.moe.gov.cn/jyb_sjzl/moe_560/2021/。

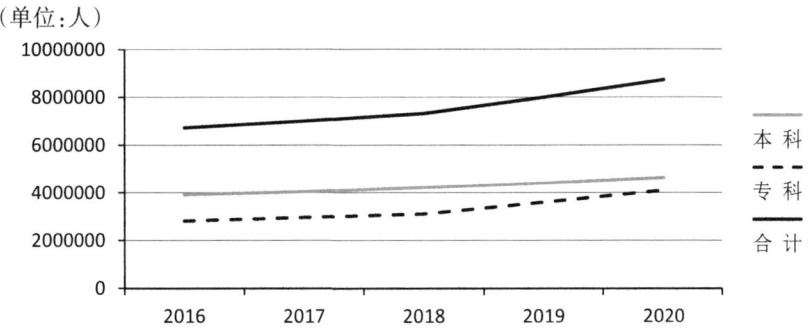

图1-5　2016—2020年西部高等教育普通本、专科在校生变化情况

（二）西部高等教育成人本、专科在学规模

2016—2020年，西部高等教育成人本、专科在学学生共有1 098.763 2万人，其中本科479.068 5万人，专科619.694 7万人。2016年到2019年，高等教育成人专科在校学生数逐年减少，2019年至2020年大幅度增长。2016年到2019年高等教育成人本科在校学生逐年递增，但增幅不大。2019年急剧增加，增幅为216.86%。详见表1-6和图1-6。

表1-6　2016—2020年西部成人本、专科在校生人数　　　　单位：人

年份	2016	2017	2018	2019	2020	合计
本科	577 120	564 943	646 080	720 272	2 282 270	4 790 685
专科	912 227	799 758	762 743	747 169	2 975 050	6 196 947
合计	1 489 347	1 364 701	1 408 823	1 467 441	5 257 320	10 987 632

注：根据中华人民共和国教育部官网2016—2020年教育统计数据整理形成，详见http://www.moe.gov.cn/jyb_sjzl/moe_560/2021/。

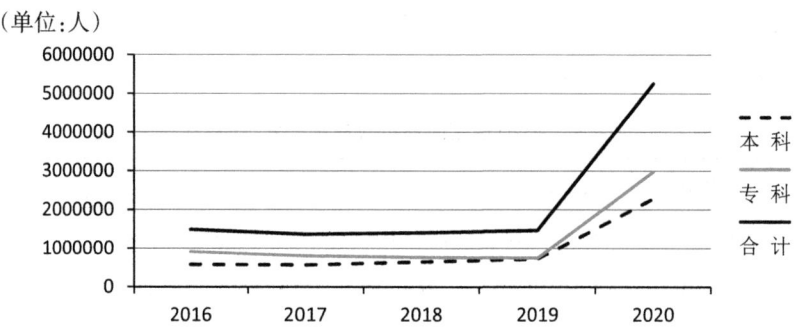

图1-6　2016—2020年西部高等教育成人本、专科在学人数变化情况

（三）西部高等教育研究生在学规模

1.西部高等教育普通高等学校研究生在学规模

2016—2020年，西部地区在学研究生280.6810万人。其中，在学博士研究生29.6102万人，在学硕士研究生251.0708万人。详见表1-7和图1-7。

表1-7　2016—2020年西部普通高等学校研究生在学生人数　　　　单位:人

年份	2016	2017	2018	2019	2020	合计
博士	50 181	53 940	58 508	63 507	69 966	296 102
硕士	354 025	494 002	515 053	543 358	604 270	2 510 708
合计	404 206	547 942	573 561	606 865	674 236	2 806 810

注：根据中华人民共和国教育部官网2016—2020年教育统计数据整理形成，详见http://www.moe.gov.cn/jyb_sjzl/moe_560/2021/。

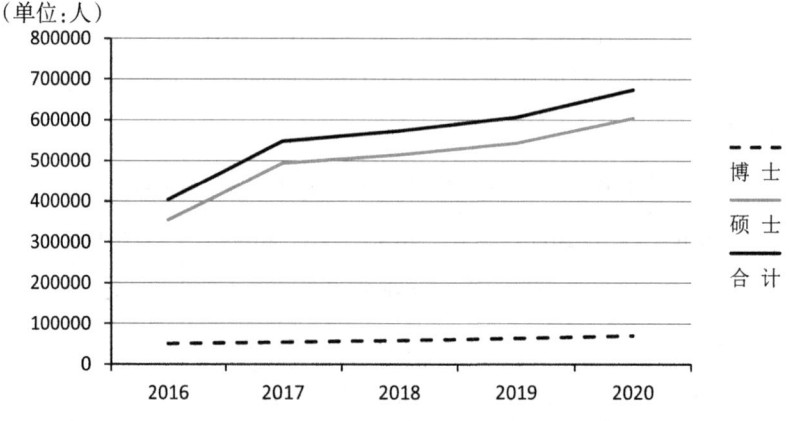

图1-7　2016—2020年西部普通高校研究生在学人数变化情况

2.西部科研机构研究生在学规模

2016—2020年,西部地区科研机构的在校研究生人数每年都在持续增加。科研机构在学的研究生人数为10 480人,其中在学博士研究生1 415人,在学硕士研究生9 065人。

科研机构的研究生在学人数中博士研究生在学人数基本稳定,没有大幅度增加,但硕士研究生在学人数从2018年有所增加。详见表1-8和图1-8。

表1-8　2016—2020年西部科研机构研究生在学人数　　　　　　　单位:人

年份	2016	2017	2018	2019	2020	合计
博士	277	272	291	290	285	1 415
硕士	1 610	1 747	1 756	1 895	2 057	9 065
合计	1 887	2 019	2 047	2 185	2 342	10 480

注:根据中华人民共和国教育部官网2016—2020年教育统计数据整理形成,详见http://www.moe.gov.cn/jyb_sjzl/moe_560/2021/。

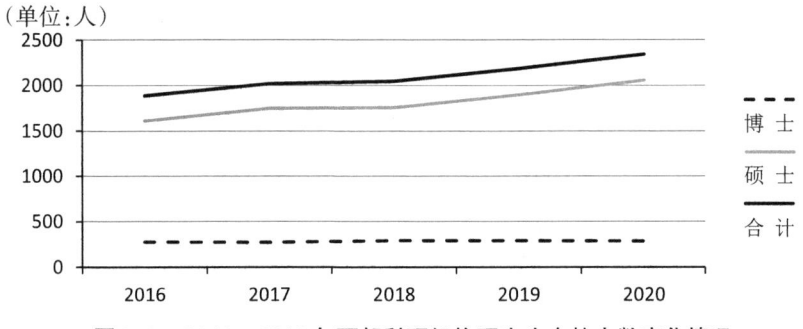

图1-8　2016—2020年西部科研机构研究生在校人数变化情况

三、西部高等教育毕(结)业生规模

(一)西部高等教育普通高校本、专科毕(结)业生规模

2016—2020年,普通本科毕业生人数为470.674 2万,普通专科毕业生人数为455.985 8万,合计毕业生总数927.660万人。详见表1-9和图1-9。

表1-9　2016—2020年西部高等教育普通本、专科毕(结)业人数　　　　　　　单位:人

年份	2016	2017	2018	2019	2020	合计
本科	896 575	916 060	909 358	950 783	1 033 966	4 706 742
专科	793 360	883 094	930 743	938 947	1 013 714	4 559 858
合计	1 689 935	179 954	1 850 101	1 889 730	2 047 680	9 276 600

注:根据中华人民共和国教育部官网2016—2020年教育统计数据整理形成,详见http://www.moe.gov.cn/jyb_sjzl/moe_560/2021/。

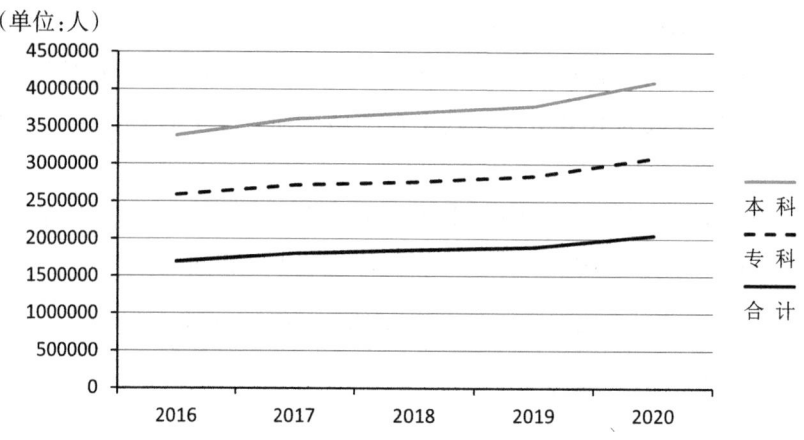

图1-9 2016—2020年西部高等教育普通本、专科毕(结业)业规模变化情况

(二)西部高等教育成人本、专科毕(结)业生规模

2016—2020年,毕业的成人本科生有149.099 4万人,专科毕业生有233.596 0万人,共毕业本、专科生382.695 4万人。详见表1-10和图1-10。

表1-10 2016—2020年西部成人本、专科毕(结)业生数　　　　　　　　　　单位:人

年份	2016	2017	2018	2019	2020	合计
本科	209 216	215 156	207 301	214 995	644 326	1 490 994
专科	388 587	375 603	319 140	288 526	964 104	2 335 960
合计	597 803	590 759	526 441	503 521	1 608 430	3 826 954

注:根据中华人民共和国教育部官网2016—2020年教育统计数据整理形成,详见http://www.moe.gov.cn/jyb_sjzl/moe_560/2021/。

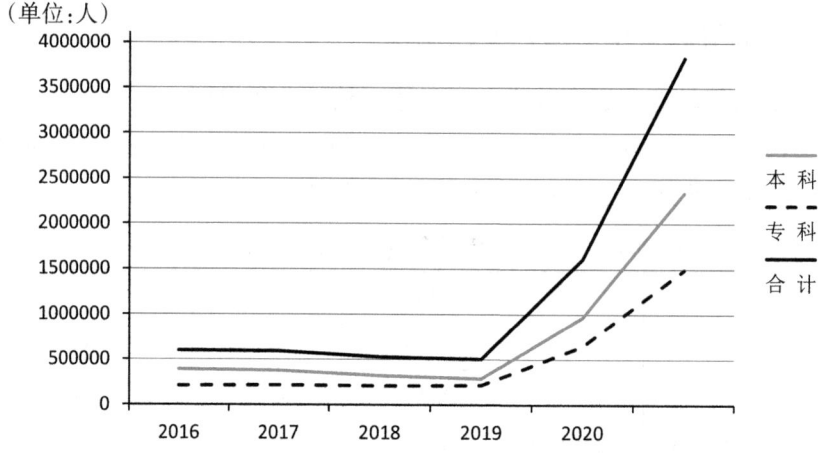

图1-10 2016—2020年西部高等教育成人本、专科毕(结)业生人数变化情况

(三)西部高等教育研究生毕(结)业生规模

1.西部普通高等学校研究生毕(结)业生规模

2016—2020年,西部地区普通高等学校共毕(结)业研究生63.831 3万人,其中,博士研究生3.938 4万人,硕士研究生59.892 9万人。

西部地区普通高等学校研究生毕(结)业变化情况为:2016—2020年,博士研究生的毕业人数基本每年都有增加,但增加幅度不大;对于硕士研究生而言,2016—2019年,毕业人数总体在增加,但幅度不大;从2019年开始,硕士研究生的毕业人数明显大幅度增加。详见表1-11、表1-12和图1-11。

表1-11 2016—2020年西部普通高校研究生毕(结)业人数 单位:人

年份	2016	2017	2018	2019	2020	合计
博士	6 793	7 313	7 997	8 570	8 711	39 384
硕士	107 823	110 409	115 496	122 059	143 142	598 929
合计	114 616	117 722	123 493	130 629	151 853	638 313

注:根据中华人民共和国教育部官网2016—2020年教育统计数据整理形成,详见http://www.moe.gov.cn/jyb_sjzl/moe_560/2021/。

表1-12 2016—2020年西部普通高校博士、硕士研究生毕业人数 单位:人

年份	2016	2017	2018	2019	2020
博士(人)	6 840	7 363	8 032	8 618	8 764
硕士(人)	108 381	110 920	116 045	122 600	143 740
博硕比例	0.063 1	0.066 4	0.069 2	0.070 3	0.061

注:根据中华人民共和国教育部官网2016—2020年教育统计数据整理形成,详见http://www.moe.gov.cn/jyb_sjzl/moe_560/2021/。

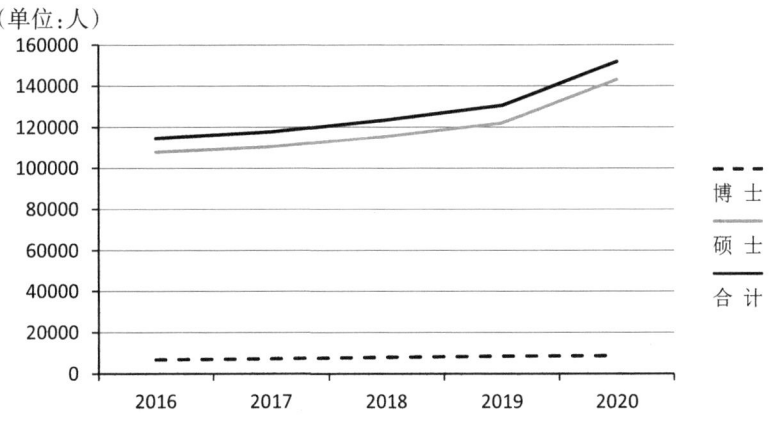

图1-11 2016—2020年西部普通高等学校研究生毕(结)业变化情况

2.西部科研机构研究生毕(结)业生规模

2016—2020年,西部地区科研机构毕(结)业研究生共2 990人,其中,博士研究生233人,硕士研究生275 7人。

2016年到2017年,科研机构研究生毕业人数略有下降,2017—2019年基本平稳,2019—2020年毕业人数略有增加。详见表1-13、表1-14和图1-12。

表1-13 2016—2020年西部科研机构研究生毕(结)业规模   单位:人

年份	2016	2017	2018	2019	2020	合计
博士	47	50	35	48	53	233
硕士	558	511	549	541	598	2757
合计	605	561	584	589	651	2 990

注:根据中华人民共和国教育部官网2016—2020年教育统计数据整理形成,详见http://www.moe.gov.cn/jyb_sjzl/moe_560/2021/。

表1-14 2016—2020年西部科研机构博士、硕士研究生毕业人数   单位:人

年份	2016	2017	2018	2019	2020	合计	平均
博士(人)	47	50	35	48	53	233	78
硕士(人)	558	511	549	541	598	2 757	919
合计	605	561	584	589	651	2 990	997
博硕毕业人数比例	0.084 2	0.097 8	0.063 8	0.088 7	0.088 6	0.084 5	0.084 6

注:根据中华人民共和国教育部官网2016—2020年教育统计数据整理形成,详见http://www.moe.gov.cn/jyb_sjzl/moe_560/2021/。

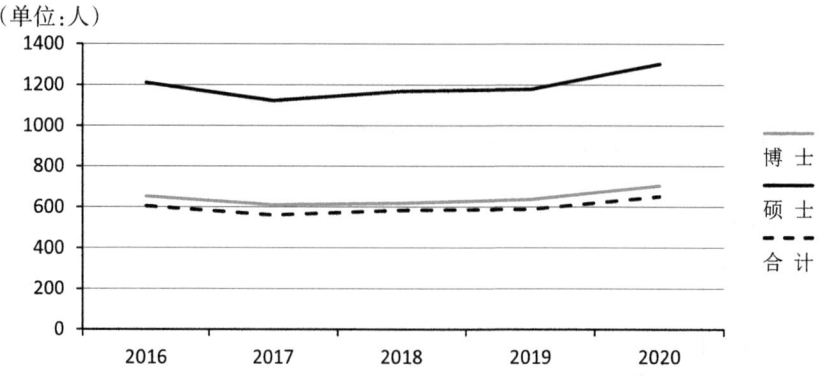

图1-12 2016—2020年西部科研机构研究生毕(结)业数量变化情况

(四) 西部高等教育学位授予规模

1. 西部高等教育普通本科学位授予规模

2016—2020年,西部地区本科学位的授予比例大于96%。2016—2017年,维持在96%~97%,2018—2020年在98%以上。详见表1-15、图1-13和图1-14。

表1-15 2016—2020年西部普通高校本科学位授予变化情况

年份	2016	2017	2018	2019	2020
本科毕(结)业总数(人)	896 575	916 060	909 358	950 783	1 033 966
本科授予学位总数(人)	868 539	892 392	896 636	931 771	1 019 967
比例	0.968 7	0.974 2	0.986	0.98	0.986 5

注:根据中华人民共和国教育部官网2016—2020年教育统计数据整理形成,详见http://www.moe.gov.cn/jyb_sjzl/moe_560/2021/。

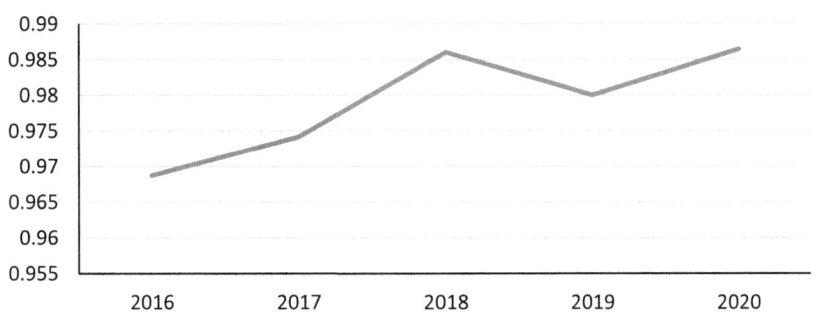

图1-13 2016—2020年西部普通高校本科学位授予变化情况

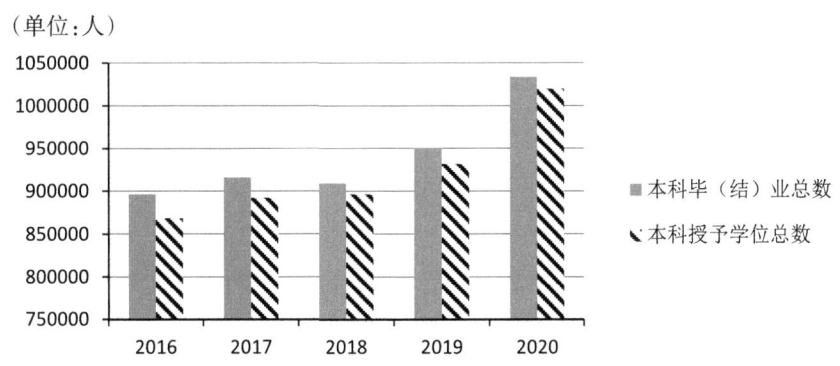

图1-14 2016—2020年西部高等学校普通本科学位授予规模变化情况

2.西部高等教育普通高校研究生学位授予规模

（1）西部高等教育普通高校研究生学位授予规模

2016—2020年，研究生（博士、硕士）的学位授予人数逐年增加。详见表1-16、图1-15。2017年后，延期毕业授予学位的比例大大增加。详见图1-16。

表1-16 2016—2020年西部普通高校研究生学位授予人数

年份	2016	2017	2018	2019	2020
招生数（人）	135 824	167 022	179 932	195 662	242 449
毕(结)业生数（人）	115 221	118 283	124 077	131 218	152 504
授予学位数（人）	114 383	137 868	143 740	145 807	160 751
学位/招生人数（人）	0.842 1	0.825 4	0.798 9	0.745 2	0.663 0
学位/毕(结)业生人数	0.992 3	1.165 6	1.158 5	1.111 2	1.054 1

注：根据中华人民共和国教育部官网2016—2020年教育统计数据整理形成，详见http://www.moe.gov.cn/jyb_sjzl/moe_560/2021/。

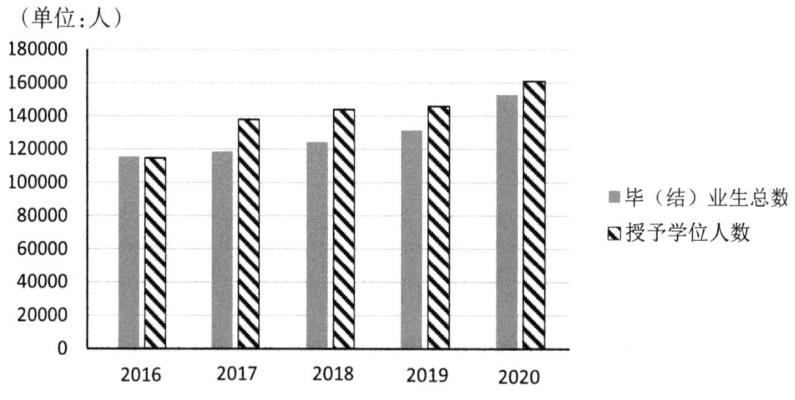

图1-15 2016—2020年西部普通高校研究生学位授予情况

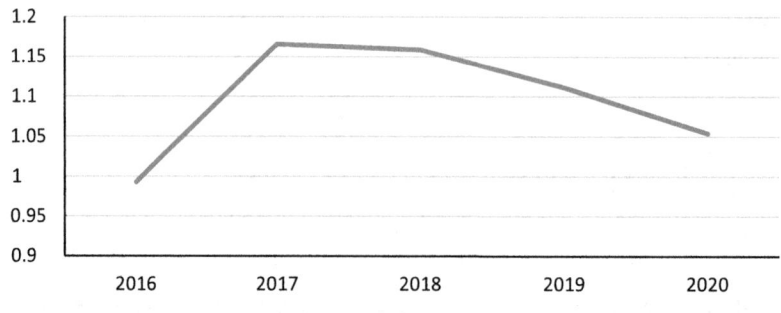

图1-16 2016—2020年西部普通高等学校研究生学位授予比例（学位授予人数/毕(结)业人数）

(2) 西部科研机构研究生学位授予情况

2016—2020 年，西部地区研究生学位授予人数逐年增加。详见表 1-17 和图 1-17。

表 1-17　2016—2020 年西部科研机构研究生学位授予人数

年份	2016	2017	2018	2019	2020
毕业人数（人）	605	561	584	589	651
授予人数（人）	603	569	599	590	649
授予人数/毕业人数	0.996 7	1.014 3	1.025 7	1.001 7	0.996 9

注：根据中华人民共和国教育部官网 2016—2020 年教育统计数据整理形成，详见 http://www.moe.gov.cn/jyb_sjzl/moe_560/2021/。

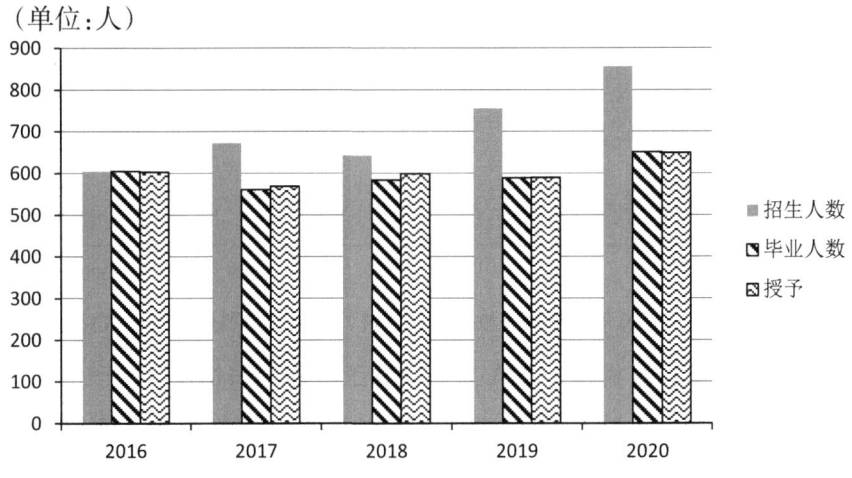

图 1-17　2016—2020 年科研机构研究生学位授予人数变化情况

第二节　西部高等教育质量与保障

一、西部高等教育科研参与情况

（一）西部高等教育学校（机构）普通高校教职工科研参与情况

从 2016—2020 年的情况可以看出，高等教育学校（机构）普通高校教职工科研参与人数每年都在增加。详见表 1-18 和图 1-18。

表1-18　2016—2020年西部高等教育学校（机构）教职工情况（普通高校）

年份	教职工总数（人）	校本部教职工（人）	专任教师（人）	科研机构人员（人）	科研参与比例（人）
2016	576 302	550 306	392 507	4 894	0.008 5
2017	586 078	560 198	401 010	4 878	0.008 3
2018	599 604	576 362	412 124	3 836	0.006 44
2019	620 277	595 917	428 370	4 518	0.007 3
2020	648 502	623 966	453 964	4 065	0.006 3

注：根据中华人民共和国教育部官网2016—2020年教育统计数据整理形成，详见http://www.moe.gov.cn/jyb_sjzl/moe_560/2021/。

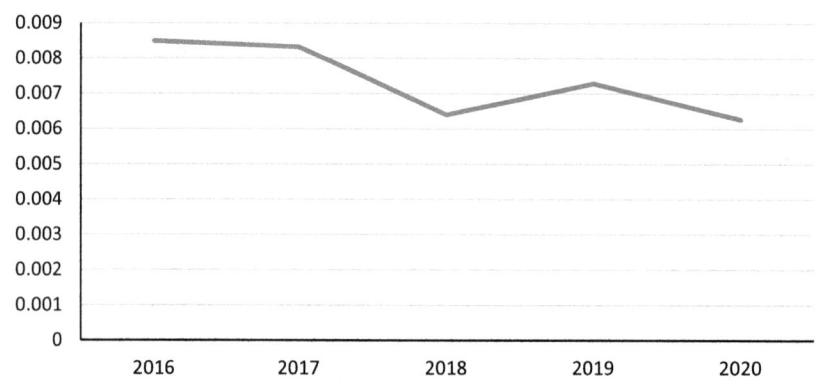

图1-18　2016—2020年西部高等教育学校（机构）普通高校科研参与人数变化情况

（二）高等教育学校（机构）成人高校教职工科研参与情况

2016—2020年，西部高等教育学校（机构）成人高校教职工科研参与人数从2018年开始大幅度下降，其主要原因是从2018年开始，成人高等教育的学校数量和教师队伍数量均在减少。详见表1-19和图1-19。

表1-19　2016—2020年西部高等教育学校（机构）教职工情况（成人高校）

年份	2016	2017	2018	2019	2020
教职工数（人）	11 226	11 188	9 912	9 218	8 217
校本部教职工（人）	11 119	11 050	9 831	9 141	8 157
专任教师（人）	6 762	6 754	6 051	5 564	5 026
科研机构人员（人）	12	9	13	1	0
科研参与比例	0.001 1	0.000 8	0.001 3	0.000 1	0

注：根据中华人民共和国教育部官网2016—2020年教育统计数据整理形成，详见http://www.moe.gov.cn/jyb_sjzl/moe_560/2021/。

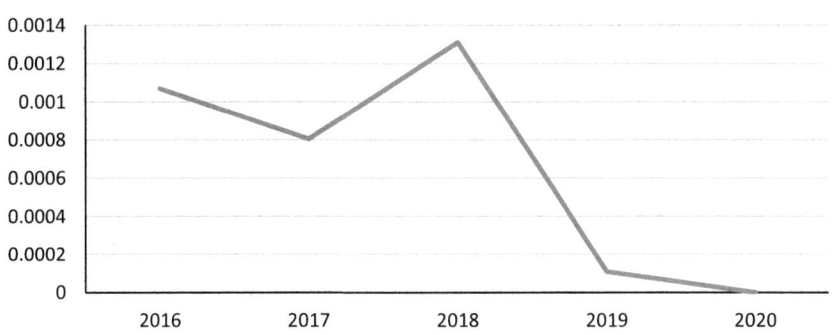

图1-19　2016—2020年西部高等教育学校(机构)成人高校科研参与人数变化情况

二、西部高等教育教师队伍变化情况

(一) 西部高等教育普通高校专任教师学历、专业技术职务情况

从学历看，博士学位人数逐年增加，专科学历人数不断减少。详见表1-20和图1-20。

表1-20　2017—2020年普通高校专任教师学历情况　　　　　单位：人

年份	2017	2018	2019	2020	2021
博士	73 023	80 674	90 904	98 625	102 509
硕士	156 726	162 578	169 659	181 005	134 557
本科	165 868	164 206	163 549	170 208	66 802
专科及以下	5 393	4 666	4 258	4 126	759

注：根据中华人民共和国教育部官网2016—2020年教育统计数据整理得出，详见http://www.moe.gov.cn/jyb_sjzl/moe_560/2021/。

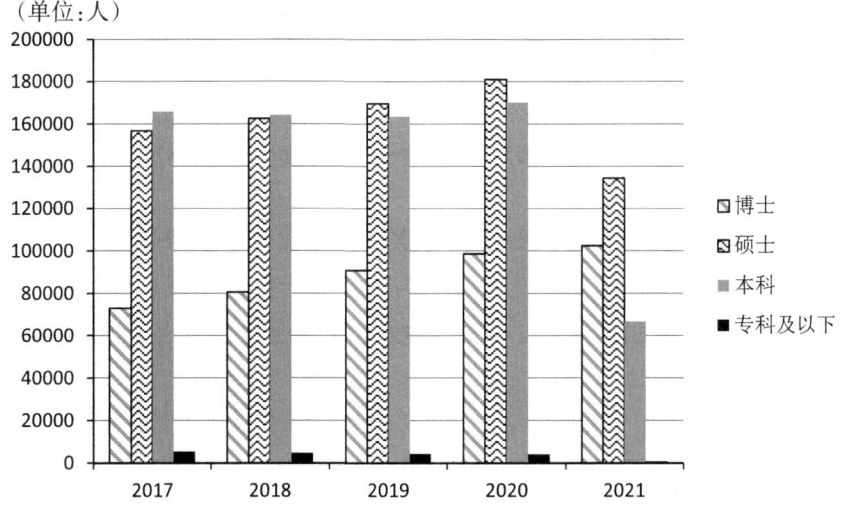

图1-20　2017—2020年西部高等教育专任教师学历情况(普通高校)

高校教师专业技术职务分布中间大，两头小。详见表1-21和图1-21。

表1-21 2017—2020年西部普通高校专任教师专业技术职务情况　　　单位：人

年份	正高级	副高级	中级	初级	未定职级	合计
2017	44 930	116 374	152 959	52 983	33 764	401 010
2018	47 015	119 886	156 370	52 697	36 156	412 124
2019	49 801	125 203	160 880	52 022	40 464	428 370
2020	53 021	131 241	167 397	54 836	47 469	453 964
2021	46 445	95 075	114 284	24 646	24 180	304 630

注：根据中华人民共和国教育部官网2016—2020年教育统计数据整理形成，详见http://www.moe.gov.cn/jyb_sjzl/moe_560/2021/。

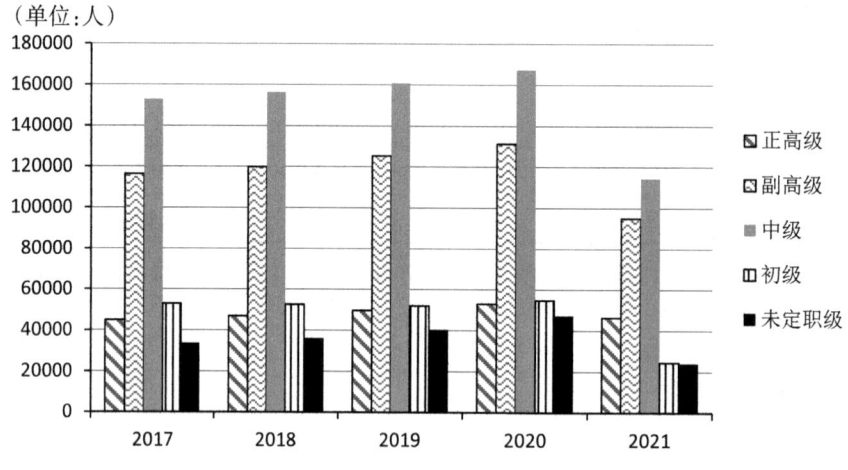

图1-21 2017—2020年西部高等教育专任教师专业技术职务情况（普通高校）

（二）西部高等教育成人高校专任教师学历、专业技术职务情况

2016—2020年，西部成人高校教师各学历层次人数逐年减少。详见表1-22和图1-22。从教师专业技术职务来看，成人高校的各专业技术职务教师也在逐年减少。详见表1-23和图1-23。

表1-22　2017—2020年西部成人高校专任教师学历变化情况　　　　　　　单位：人

年份	2017	2018	2019	2020	2021
博士	109	86	75	78	70
硕士	1874	1787	1583	1623	1236
本科	4396	3903	3658	3122	2316
专科及以下	375	275	248	203	150

注：根据中华人民共和国教育部官网2016—2020年教育统计数据整理形成，详见http://www.moe.gov.cn/jyb_sjzl/moe_560/2021/。

表1-23　2017—2020年西部成人高校教师专业技术职务变化情况　　　　　　单位：人

年份	正高级	副高级	中级	初级	未定职级
2017	398	1 860	2 871	1 333	392
2018	292	1 720	2 603	1 118	318
2019	253	1 554	2 378	1 077	302
2020	229	1 408	2 133	858	398
2021	182	1 063	1 621	614	292

注：根据中华人民共和国教育部官网2016—2020年教育统计数据整理形成，详见http://www.moe.gov.cn/jyb_sjzl/moe_560/2021/。

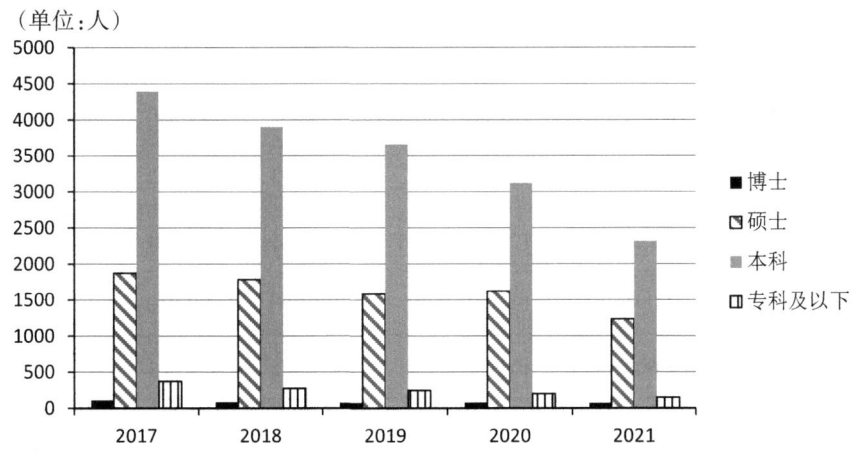

图1-22　2017—2020年西部高等教育专任教师专业技术职务变化情况（普通高校）

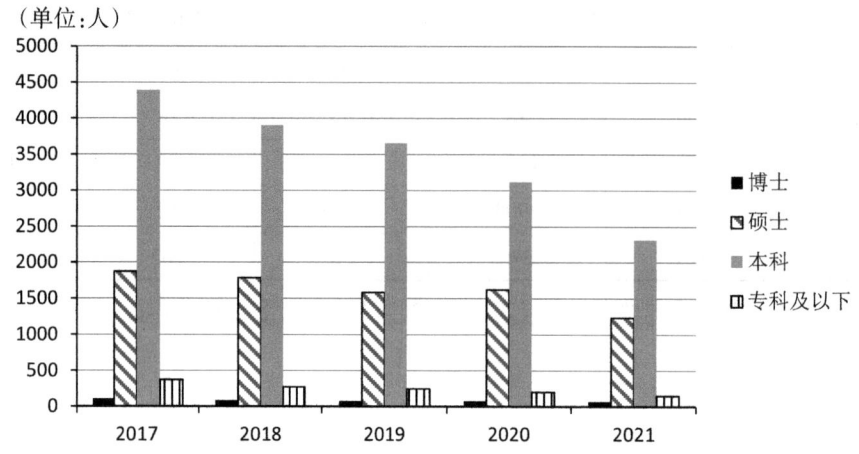

图 1-23　2017—2020 年西部成人高校专任教师专业技术职务变化情况

三、西部高等教育教育经费

（一）西部高等教育普通高等学校教育经费

高等教育经费支持主要包括国家财政性教育经费、一般公共预算安排的教育经费、一般公共教育经费、教育事业费用、基本建设经费、财政性教育经费、教育附加和科研经费。从 2016 年开始，高等教育经费收入呈逐年增加态势。详见表 1-24。

表 1-24　2016—2020 年西部教育经费收入变化情况（普通高等学校）　　单位：千元

年份	国家财政性教育经费	一般公共预算安排的教育经费	一般公共教育经费	教育事业费用	基本建设经费	教育附加	科研经费
2016	12 302 0791	116 835 644	107 601 956	102 194 535	4 719 030	688 390	1 771 944
2017	131 967 620	124 671 374	113 844 448	109 124 721	2 984 682	891 478	1 759 259
2018	142 582 393	134 498 629	123 391 216	118 934 961	3 995 351	458 111	1 451 964
2019	160 107 956	194 894 733	131 707 072	126 496 203	4 809 810	0	2 259 958
2020	183 020 915	165 603 983	151 349 801	143 157 983	7 858 861	332 954	2 216 377

数据来源：《中国教育经费统计年鉴》（2016—2020）

（二）西部高职（高专）院校教育经费

高职高专院校的教育经费收入逐年增加。详见图 1-25。

表1-25　2016—2020年西部教育经费收入变化情况（普通高职高专）　　　　单位：千元

年份	国家财政性教育经费	一般公共预算安排的教育经费	一般公共教育经费	教育事业费用	基本建设经费	科研经费
2016	27 767 739	28 266 012	25 207 213	24 070 378	563 821	23 766
2017	30 343 844	29 732 781	27 576 118	25 852 926	846 841	20 114
2018	33 283 519	33 108 269	30 543 173	29 557 973	666 794	22 314
2019	38 290 626	36 173 605	32 949 470	31 779 486	960 180	34 347
2020	43 662 714	42 042 538	38 542 234	37 081 595	1 270 660	44 746

数据来源：《中国教育经费统计年鉴》（2016—2020）

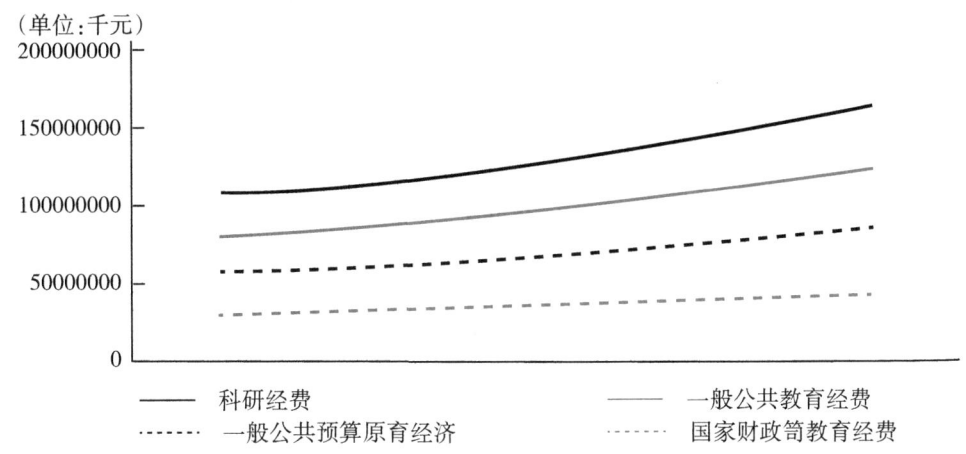

图1-24　2016—2020年西部普通高职高专院校教育经费变化情况

（三）西部高等教育成人高等学校科研经费

2016—2020年，国家对西部成人高等教育经费，如国家财政性教育经费逐年增加；科研经费2018年达到最高值——1000千元，随后有所下降；其他教育经费如教育事业经费在逐年减少。详见表1-26、图1-25。

表1-26　2016—2020年西部教育经费收入变化情况（成人高等教育）　　　　单位：千元

年份	国家财政性教育经费	一般公共预算安排的教育经费	一般公共教育经费	教育事业费用	基本建设经费	教育附加	科研经费
2016	1 881 709	1 791 688	1 434 364	1 356 437	12 500	65 428	0
2017	1 898 492	1 786 947	1 408 275	1 299 400	40 259	68 313	244
2018	2 503 108	2 320 740	1 839 708	1 739 762	13 385	86 561	1 000
2019	2 240 655	2 090 205	1 855 729	1 735 279	30 000	90 451	228
2020	3 494 387	1 795 305	1 699 268	1 497 388	1 361 330	19 409	279

数据来源：《中国教育经费统计年鉴》（2016—2020）

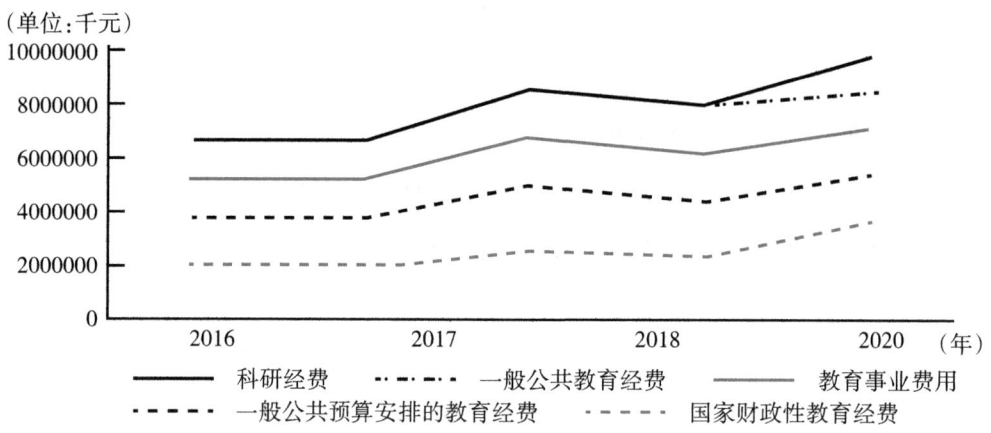

图1-25　2016—2020年西部成人高等教育经费收入变化情况

四、西部高等教育奖助支出

(一) 西部高等教育普通高等学校奖助支出

国家助学金对西部地区学生个人和家庭补助支出逐年增加。单从个人部分来看，助学金的资助变化不大。详见表1-27和图1-26。

表1-27　2016—2020年西部教育经费支出明细统计(普通高等学校)　　单位:千元

年份	个人部分				合计
	其他	工资福利支出	对个人和家庭的补助支出		
			其他	助学金	
2016	89 676 947	55 281 996	34 394 948	15 826 090	189 332 452
2017	100 705 228	66 469 337	34 235 889	17 464 912	200 318 642
2018	112 345 473	76 406 306	35 939 162	19 558 384	228 334 612
2019	125 229 503	94 852 623	30 376 879	20 576 253	252 224 413
2020	141 478 972	107 981 388	33 497 583	23 815 444	294 560 031

数据来源:《中国教育经费统计年鉴》(2016—2020)

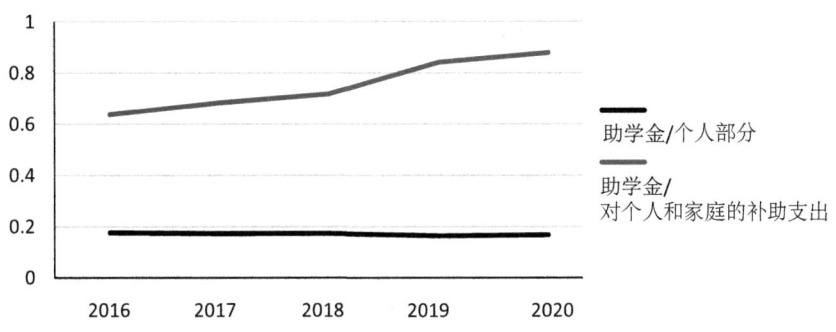

图1-26 2016—2020年西部高等教育助学金变化情况（普通高等学校）

（二）西部高等教育普通高职高专学校奖助支出

国家助学金对西部地区高校学生个人和家庭补助支出每年都在增加。详见表1-28和图1-27。

表1-28 2016—2020年西部教育经费支出明细统计（普通高职高专学校）　　单位：千元

年份	个人部分				合计
	其他	工资福利支出	对个人和家庭的补助支出		
			其他	助学金	
2016	18 423 281	11 516 383	6 906 898	3 224 444	40 696 756
2017	19 002 568	12 872 481	6 130 087	3 064 435	41 114 285
2018	23 906 357	16 852 199	7 054 160	5 049 315	50 872 300
2019	27 151 764	21 328 194	5 823 569	4 334 115	56 298 524
2020	30 170 773	23 444 103	6 726 671	5 348 194	65 455 736

数据来源：《中国教育经费统计年鉴》（2016—2020）

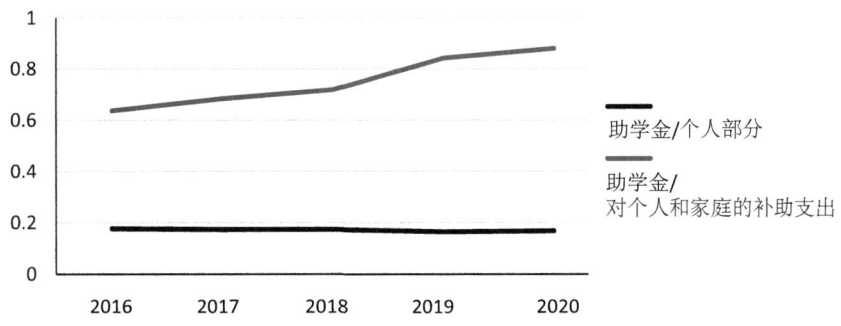

图1-27 2016—2020年西部高等教育助学金支出变化情况（普通高职高专）

（三）西部高等教育成人高等学校奖助支出

2016—2020年，从西部教育经费支出明细统计（成人高等学校）看，助学金支出在2018年降到最低，2019年到2020年有所增长。详见表1-29和图1-29。

表1-29　2016—2020年西部教育经费支出明细统计（成人高等学校）　　单位：千元

年份	合计	个人部分			
		其他	工资福利支出	对个人和家庭的补助支出	
				其他	助学金
2016	3 559 845	1 800 708	1 272 089	528 618	100 991
2017	3 423 134	1 799 334	1 386 608	412 726	91 504
2018	3 728 466	1 978 818	1 608 757	370 057	79 470
2019	3 536 749	1 754 848	1 548 303	206 547	97 532
2020	3 409 909	1 843 476	1 646 996	196 480	95 849

数据来源：《中国教育经费统计年鉴》（2016—2020）

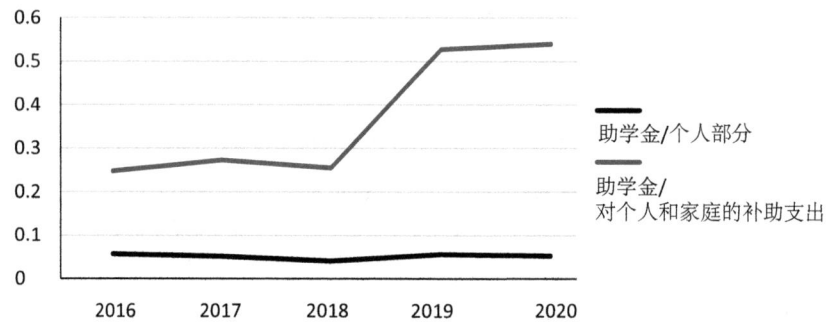

图1-28　2016—2020年西部高等教育助学金变化情况（成人高等学校）

（四）西部高等教育助学金总体比例分布情况

总体来说，2016—2020年国家助学金对高职高专院校的支持力度最大，普通本科院校次之，成人教育的助学金最低。详见表1-30和图1-29。

表1-30　2016—2020年西部高等学校助学金比例整体分布情况

高校类型	普通高校	高职高专	成人高校
助学金/个人部分	0.856 6	0.884 4	0.254 7
助学金/对个人和家庭的补助支出	2.902 8	3.221 8	1.587 5

数据来源：《中国教育经费统计年鉴》（2016—2020）

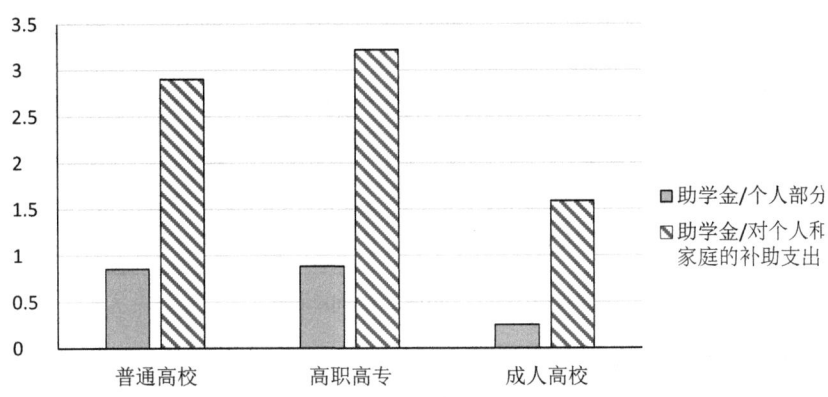

图1-29 2016—2020年西部高等学校助学金比例整体分布情况

五、西部高等教育科研成果数量

(一)西部高等教育科研论文数量

2016—2020年,从国内学术期刊论文数、国内核心期刊论文数、中国科学引文数据库(CSCD)论文数、国内核心期刊高被引论文数、CNKI收录中央级重要报纸发文量、世界学术影响力年报外文期刊论文数来看,核心期刊论文数量有所减少,世界学术影响力年报外文期刊论文数逐年增加。详见表1-37。2016—2019年,每年论文的数量基本平稳,从2019年开始,核心期刊论文数量、高被引论文数量都有所增加。详见表1-38。

表1-37 2016—2020年西部高校科研成果变化情况(论文数量) 单位:篇

类别	2016	2017	2018	2019	2020
国内学术期刊论文数	247 324	236 255	235 229	236 759	223 062
国内核心期刊论文数	118 484	115 558	110 549	108 849	112 199
中国科学引文数据库(CSCD)论文数	50 059	48 358	49 111	46 067	48 486
国内核心期刊高被引论文数	14 284	14 690	14 869	15 186	14 566
CNKI收录中央级重要报纸发文量	1 242	933	1 232	1 274	1 587
世界学术影响力年报外文期刊论文数	114 105	119 266	131 259	142 715	161 037

数据来源:Cnki科研评价与创新服务平台,https://xk.cnki.net。

表1-38 2016—2020年西部高校核心期刊论文占比情况

占比类别	2016	2017	2018	2019	2020
核心期刊论文/论文数	0.479 1	0.489 1	0.470 0	0.459 7	0.503 0
核心期刊高被引数/论文数	0.057 8	0.062 18	0.063 2	0.064 1	0.065 3
核心期刊高被引数/核心期刊论文数	0.120 6	0.127 1	0.134 5	0.139 5	0.129 8

数据来源：cnki科研评价与创新服务平台，https://xk.cnki.net/。

（二）西部高等教育科研成果项目数量

2016—2020年，西部高等教育科研项目数基本平稳，增幅不大。详见表1-39。

从国家社科基金重点项目数、教育部人文社会科学重点研究基地重大项目来看，平均到每个省份，每年不到4项，许多高校没有重大科研项目。详见表1-39。

表1-39 2016—2020年西部高等教育科研成果变化情况（科研项目）　　单位：个

类别	2016	2017	2018	2019	2020
国家社科基金重点项目数	45	54	64	53	66
国家社科基金西部项目数	358	374	352	370	361
国家社科基金项目数	1 271	1 355	1 423	1 556	1 537
全国教育科学规划课题数	47	58	70	59	59
教育部人文社会科学重点研究基地重大项目数	42	12	10	13	8
国家自科基金项目数	6 095	6 467	6 596	6 607	6 969

数据来源：cnki科研评价与创新服务平台，https://xk.cnki.net/。

[第二章]

西部高校人才培养模式研究

为加快形成西部大开发新格局,推动西部地区高质量发展,2020年5月,中共中央、国务院发布了《关于新时代推进西部大开发形成新格局的指导意见》(以下简称《意见》),这是党中央、国务院顺应中国特色社会主义进入新时代、区域协调发展进入新阶段的新要求而作出的重大决策部署,《意见》的发布指明了新时代西部大开发的基本遵循和前进方向。西部大开发,人才是关键。新时代推进西部大开发形成新格局为西部高校一流人才培养创造了新机遇,也提出了新要求,西部大开发需要各个行业、多种类型、不同层次的一流人才。作为人才培养摇篮的高校,通过发挥人才培养、科学研究、社会服务和文化传承的职能,在服务国家区域发展战略中扮演着不可替代的重要角色,形成了具有西部特色的人才培养模式。

第一节 西部高校人才培养模式特色建设与案例分析

一、西部省域人才培养模式特色

(一)广西壮族自治区人才培养模式特色

2022年以来,广西以"激发活力""引领发展"为主攻方向,增强人才在高质量发展中的引领力、支撑力、贡献度。坚持党管人才原则,深入实施新时代人才强桂战略,聚焦政策供给、环境优化、人才引育,推动人才与科技、教育、产业发展统筹联动,与经济社会发展全局深度融合,为新时代壮美广西建设提供有力人才支撑,加快打造区域性人才集聚区和面向东盟的国际人才高地。

从广西高校博士、硕士和学士"一体化"培养体系的实践可以看出,"一体化"培养体系的突出优势是可以推动西部高校人才培养机制的创新和发展,逐步形成西部高校多渠道、多层面、丰富的培养人才模式。广西各个高校积极及时助力专业人才培养,如广西大学、桂林理工大学、桂林电子科技大学三所高校入选教育部卓越工程师教育培养计划,为广西高校工程人才培养提供了良好的发展契机;广西民族大学、桂林理工大学及广西外国语学院等高校在中国—东盟背景下率先优化高校国际经济与贸易专业人才培养模式,并建立东盟国家专业人才培养培训基地,打造面向东盟的国际人才高地。

(二)陕西省人才培养模式特色

陕西省不断完善科技人才培育引进机制,激发人才创新活力。省委全面依法治省委员会印发《陕西省新时代法治人才培养工作举措》,要求各级各部门创新人才培养体制机制,优化人才培养路径,努力培养一大批德才兼备的高素质法治人才及后备力量,为法治陕西建设提供坚实人才支撑和智力支持。

陕西省在高校"双一流"、高职"双高"建设中,紧盯陕西发展战略和产业布局,持续实施"人才强校"战略,不断释放青年科技人才活力。全省教育系统认真学习贯彻习近平总书记的重要讲话精神,为国家培养更多高层次人才、应用型人才、技术技能人才。西安交通大学钱学森学院实施荣誉教育制度,打造人才培养特区,在拔尖创新人才培养过程中逐渐形成了"一制三化"(导师制、个性化、小班化、国际化)的独特培养模式[①];陕西师范大学以教师教育为主要特色的综合性研究型大学办学目标,探索实施了"2+2"本科教师教育人才培养模式和"4+2""4+2+1"研究生层次的教师教育人才培养模式,促进教师教育培养类型多样化,提高教师教育人才培养质量;陕西省高职院校在产教融合的背景下开展职业教育、进行人才培养,如陕西工业职业技术学院等高校开展职业教育集团化建设新模式,陕西交通职业学院应教育部要求推广现代学徒制培养模式,西安航空职业技术学院推进1+x证书制度试点工作;陕西省的38所高职院校,根据不同区域和不同情况,因地制宜地发展出了诸多人才培养模式[②]。

(三)甘肃省人才培养模式特色

近年来,甘肃省紧紧围绕发展需要建立人才需求目录,采取"组团式"赴外引才、"直播带岗"引才等方式,精准引进海内外高层次人才。实施大学生预引进计

---

① 杨森、王娟、冯国娟等:《基于"荣誉教育"的拔尖创新人才培养模式探索——以西安交通大学钱学森学院为例》,《创新人才教育》2020年第3期50-56页。

② 王凯:《产教融合背景下陕西高职院校人才培养现状及对策研究》,硕士学位论文,长安大学公共管理专业,2021,第22页。

划,采取"社会实践+毕业引进"方式,吸引优秀毕业生来甘、留甘就业。畅通回流渠道,实施"归雁工程",加强与甘肃籍在外人才沟通联系。用好院士专家工作站、协同创新中心等平台,采取兼职聘用、项目合作等方式灵活引才用智。

甘肃各高校多措并举完善创新人才培养模式。兰州交通大学不断创新引才思路,规范引进程序,严把思想政治关和人才质量关,引育并举集聚高层次人才。一方面,不断加强对青年拔尖人才的引进力度和新入职博士的培养质量,形成"以才引才、以才荐才、以才聚才"的人才磁场;另一方面,更加重视自主培养多层次多样化人才,着力造就拔尖创新人才,分层分类促进人才发展,搭建合理的人才梯队。兰州财经大学法学院以"法商结合"为学科发展方向和人才培养特色,着力培养既系统掌握法学专业基础理论和基本技能,又具备扎实的经济管理专业基础知识的人才,并开展"引培结合、立足培养"师资队伍建设计划。西北师范大学教育技术学院着眼国家教育信息化和文化产业发展战略,以学生的创新创业能力和实践动手能力为目标,形成了以建立学生创新工作室、科研平台和研究项目、以赛促教、以赛促学的新的人才培养模式。

(四)宁夏回族自治区人才培养模式特色

宁夏聚焦建设黄河流域生态保护和高质量发展先行区,着力构建以托举人才、拔尖人才、领军人才、院士后备人才为主体的人才梯次培养体系,攻克一批关键核心技术难题,支撑高质量发展的创新成果不断涌现。从2016年开始,宁夏启动实施"自治区青年科技人才托举工程"和"青年拔尖人才培养工程",采取组织推荐和专家提名方式,每年选拔一批35周岁以下,基础扎实、崭露头角、具有较强创新能力和发展潜力的优秀青年人才纳入培养工程,培养周期为3年,自治区按照每人3万元标准给予资助,支持他们在创造力"黄金期"潜心研究、深入探索,尽快成长为科技领域高层次人才的重要后备力量。其次,遴选培养领军人才,优先立项支持领军人才,在培训交流、科研条件、资源共享和后勤保障方面给予支持。实施一批有影响力的科研项目,攻克一系列技术难题,打造一批科研团队,通过重大项目支持、聘请合作导师、保障团队建设、搭建创新平台等措施,助推院士后备人才在相关领域取得重大、系统、创造性成就。

在"才聚宁夏1134行动"的指导下,在实现"人才强校"新局面中,宁夏大学建立"以人为本、科学规范、激励有效"的备案人员管理机制,每年用于人才引进与培养经费超过1亿元,每年近350余名教师赴国内外高校访学进修与学历提升,不断提升教师政治素质、业务能力、育人水平和创新能力。

(五)新疆维吾尔自治区人才培养模式特色

党的十八大以来,新疆维吾尔自治区党委坚持以习近平总书记关于做好新时代人才工作的重要思想为指导,深入实施新时代人才强区战略,特别是2022年出台

《关于加强和改进新时代人才工作的实施意见》,研究走好具有区域特色人才发展之路的路径方法,累计引进高层次急需紧缺人才3.8万名,设立了100亿元新疆人才发展基金,支持重大产业项目、重大科研平台、关键民生领域等人才培养引进,营造近悦远来的用人环境。针对创新基础相对薄弱、高层次人才匮乏、人才流失等瓶颈问题,采取了一系列创新举措,比如实施"天山英才"培养计划、"天池英才"引进计划等。同时,自治区本级新增20亿元财政科技经费投入,带动全社会研发经费投入增长27.2%,还出台了"科技创新26条"。

新疆高校大力开展高职与本科院校联合培养应用型人才,新疆生产建设兵团共获批"4+0"模式合作办学项目1个、"3+2"模式合作办学项目2个。职本联合办学打通了学生学习通道,形成从中职、专科、本科到研究生的"直通车",满足学生多样化的学习需求。清华大学等18所对口支援(合作)高校构建"1+2+3+X"(1是头雁作用,2是示范引领,3是传帮带,X是后方智囊团)"组团式"包建二级学院架构体系,助推新疆大学3个学科进入国家第二轮"双一流"建设高校及建设学科,4个学科进入ESI全球前1%,国际影响力不断增强。

二、西部高校人才培养模式案例分析

(一)四川大学

四川大学在长期的办学实践中,全面贯彻党的教育方针,坚持社会主义办学方向,按照习近平总书记提出的"扎根中国大地办大学"的根本要求,坚持"扎根西部、强化特色、创新引领、世界一流"的理念,培养一流人才,建设一流学科,打造一流队伍,创造一流业绩,全面推进学校党的建设新的伟大工程和建设世界一流大学新的伟大事业,奋力建设具有中国特色、川大风格的世界一流大学,已形成以"本科生教育为中心,研究生培养和科学研究为重点,其他办学形式为补充"的办学格局。

本科教育方面,探索构建了本科"323+X"创新人才培养体系,努力让每个川大学子都能公平地接受精英教育、个性化教育和全面发展教育,都能具备独立思考能力、创新创业能力、团队协作和社会担当能力。自2010年以来,学校落实"以学为中心"教育理念,聚焦学生的主动学习和学习成效,深入实施"创新创业教育改革行动计划",开展了以"万门课程计划""探究式-小班化教学""全过程学业评价-非标准答案考试""智慧教学环境建设"等为主要内容的本科教学改革创新,实现了教学模式从单向"灌输"向"启发式讲授、互动式交流、探究式讨论"转变,学业评价从重死记硬背向关注学习过程和注重独立思考转变。

研究生教育方面,四川大学努力进行高水平的研究生培养,构建了"433"研究生拔尖创新人才培养体系和本硕博贯通的课程体系,不断完善研究生导师"七导"

机制、导师动态管理办法等，打造一支全面引领学生成长、德才兼备的导师队伍，为实施高水平的研究生教育提供有力保障。学校稳步推进研究生教育教学改革，实施"一流大学研究生培养质量提升计划"，实施包括全过程拔尖创新人才培养计划、全方位研究生教育国际化计划和全新型专业学位教育创新计划在内的三大类研究生培养行动计划，多措并举提升生源质量。

（二）重庆大学

十年以来，重庆大学聚焦立德树人根本任务，坚持为党育人、为国育才，大力推进"三全育人"综合改革试点，制定实施《本科教育2029行动计划》《研究生教育高质量发展行动计划》，着力打造一流本科教育和卓越研究生教育，取得显著成效。早在2012年，重庆大学就围绕国际化、理工交叉、文史哲复合型人才进行探索，先后成立了弘深学院、博雅学院、重庆大学–辛辛那提联合学院。

本科教育方面，2018年学校发布《重庆大学本科教育2029行动计划》，创造性地构建了"通识教育+专业教育+创新创业教育"的多元化、多维度、个性化的本科人才培养体系，全面培养具有"5C"核心能力（创新能力、批判性思维能力、交流能力、合作能力、可持续学习能力）的复合型人才。2021年，重庆大学本科教育迈出关键一步，正式推行"本科生院"运行模式。作为本科生教学与管理的机构，本科生院兼具管理机构和办学机构两大属性。依托本科生院，学校全面推进大类招生、大类培养和大类管理，比肩国际一流大学的一流学科专业水准，以"5C"核心能力培养为目标，建立招生选拔、人才培养、毕业发展全链条联动机制。

研究生教育方面，同年，学校启动实施《研究生教育高质量发展行动计划》，打造卓越研究生教育，推进研究生分类培养，不断健全完善本硕博贯通培养体系、创新创业教育课程体系和国际化培养体系，开展产教深度融合的专业学位研究生培养模式改革。构建以"通专融合、跨界培养"为主要特征的人才培养新模式，以培养学生"深厚的基础理论与强烈的创新意识"为目标再造通识教育，实施大类招生和大类培养，构建广义的通识教育课程体系，奠定学生深厚的数理化文史哲基础。

（三）兰州大学

兰州大学认真学习贯彻习近平总书记关于教育的重要论述和全国教育大会精神，全面落实党的教育方针，牢牢把握立德树人根本任务，加强平台建设，坚持"五育并举"，着力构建高水平人才培养体系，努力培养德智体美劳全面发展的社会主义建设者和接班人。

在强化德育方面，制定《"十四五"思想政治工作发展规划》《关于新时代加强和改进思想政治工作的实施意见》《课程思政建设工作方案》，深化"三全育人"改革，推动学生学业评价改革和综合素质评价改革，促进第一课堂与第二课堂有效衔接，协同育人。积极推进网络育人，加快融媒体中心建设，发挥易班网、中国大学生在线等网络阵地育人作用，不断提升思想政治工作质量和水平。在强化智育培养方面，坚持"兴文、厚理、拓工、精农、强医"的学科发展思路，以化学、大气科学、生态学、草学等4个国家一流建设学科带动12个支撑学科，充分利用区域特色资源优势，优化学科布局和学科发展，进一步提高学科核心竞争力和育人功能。坚持"以学习者为中心"，不断优化人才培养体系，修订人才培养方案，推动专业大类培养。在强化体育锻炼方面，探索体育教育模式，在体育人新模式方面树立健康第一的教育理念，加强体育教育教学，推动"必修课程+选修课程+日常锻炼+体育竞赛"的理论与实践相结合、全方位贯通，促进学生增强体育意识、强化运动技能，促进身心健康。在强化美育涵养方面，制定《学生校园文化育人质量提升方案》，举办校园乐队线上演唱会等活动，通过高水平艺术展演提升学生审美品位和人文素养。在强化劳育实践方面，支持各学院建立学科专业特色劳动教育工作体系，健全"基础劳动+兴趣养成劳动+专业特色劳动"为主要内容的生产劳动课程建设机制。

（四）贵州大学

贵州大学以党的二十大精神为指引，紧紧抓住人才培养的重点环节、关键要素，培养国家需要、社会需要、人民需要的高质量本科人才，推动全省高质量发展和中国式现代化。

在构建具有中国特色的高水平人才培养体系方面，贵州大学一是强化了"五育并举"培养体系。加快构建思想政治教育工作体系，推进耕读教育，强化新时代体育、美育教育，将劳动教育有机融入专业教育。二是深化了育人模式改革。一方面深化了"四新"建设，着力构建"智能+"新工科、新文科、新农科人才培养模式；另一方面创办了大北农拔尖创新班，探索优势学科拔尖人才培养模式。三是探索了专创融合育人途径。实施创新创业教育提升计划，深化"互联网+""挑战杯"等创新创业和学科竞赛，支持学生创新创业，以赛促创，以赛促学，增强实践育人成效。

在科学规划和建设一流学科专业方面，一是大力推动了传统优势专业的特色化、数字化发展。依托学校现有的52个国家级、32个省级一流本科专业建设点，集全校学科与科研优势，大力推动传统优势专业特色化、数字化发展，积极布局新兴专业，探索构建学科交叉、特色鲜明的专业体系。二是优化了专业结构，调整专业布局。以构建"布局合理、结构优化、特色鲜明、优势明显"的本科专业体系为目标，实现专业设置、优化、调整、退出常态化；大力加强专业审核评估工作，实现"以评促建、以评促改"，推动专业建设质量提升。三是实施了"强工科行动"，贵州省第十三次党代会提出了围绕"四新"主攻"四化"主战略，将新型工业化作为贵州高质量发展的首要任务。贵州大学大力加强产教融合，推动22个国家级一流工科专业建设点通过工程教育认证，培养国家和地方急需工程人才。

(五) 青海师范大学

青海师范大学新时代定位是建设教师教育特色鲜明的综合性、高水平师范大学。学校积极探索欠发达、高原、民族地区师范生培养模式，走出一条师德育人、通识育人、协同育人、实践育人相互融合、共同推进的高质量师范生培养之路。

在师范生培养中，青海师范大学不断完善通识课程体系，提高课程质量。通识课程横向打破了学院专业壁垒，育人改革纵向穿越了学段年级层级，构建了纵横交织的通识教育网，形成了"93111"通识教育体系。"9"指9类通识课程；"3"指德育、美育、体育三个育人中心；第一个"1"指1个夏季小学期；第二个"1"指校校联合培养；第三个"1"指德育提升工程。以"9"为横，以"3111"为纵，形成纵横交织、全方位育人、全过程育人、全员育人的通识育人模式。

一是学校依托卓越教师培养项目积极构建"U—G—S"三位一体培养模式。青海省财政厅、青海省教育厅每年联合出台师范生顶岗支教实习文件，保证政策支持和经费保障，省教育厅、青海师范大学、各市县教育局签订三方协议保障实习基地建设和在岗教师置换培训，在"U—G—S"三位一体协同育人过程中，政府起主导作用；中小学起着检验师范生培养质量、补充实践性知识等作用。二是开办夏季小学期，汇集支援力量，提升教师教育课程质量。自2019年开始，将学年两学期制改为三学期制，实施夏季小学期。在小学期，学生修读课程实施学分制管理，每名学生须修读2个学分，课程设计遵循"学生中心""需求导向"理念。三是实施师范生"U—U"联合培养，瞄准卓越目标，造就未来教育家。首都师范大学孟繁华教授在《中西部欠发达地区优秀教师供给（笔谈）》中提出构建基于欠发达地区教师培养的"U-U"教师教育共同体的倡议，要"完善师范生联合培养机制，通过双向交换学生的方式提升教师人才培养质量"。

(六) 内蒙古大学

内蒙古大学持续深入学习贯彻党的二十大精神，凝心聚力谋发展，锚定党中央交给自治区的"五大任务"，对标对表抓落实，实干实效求突破。内蒙古大学坚持人才是第一资源的发展思路，面对领军人才明显不足的短板，学校不遗余力，大力引进和培养高层次人才，努力建设一支高水平的师资队伍。

在本科教育方面，成立以党委书记、校长为组长的本科教学改革与建设领导小组，制定实施《关于加快建设高水平本科教育全面提高人才培养能力的意见》《关于深入学习贯彻习近平总书记考察内蒙古重要讲话精神建设特色鲜明一流本科教育的行动计划（2019—2020年）》，明确新时代学校一流本科教育的建设目标、重点内容、落实举措、评价方式和保障机制。严格执行教授为本科生上课制度，推动"中班授课、小班研讨、一对一答疑"的"小班课教学"。建立健全课程开放机制，进一步完善转专业制度和辅修学士学位制度，全面推行选课制度，鼓励学生跨学院、学科选修课程，支持学生选修本专业研究生专业课程。

人才引进和服务工作方面，内蒙古大学在自治区高校率先成立了人才工作办公室，根据学科需求和人才市场竞争程度，分学科制定人才引进标准和相关待遇，对不同学科的人才引进工作采取差异化政策和措施。同时，学校高度重视青年人才队伍培养工作，实施系统培养和能力提升计划，健全教师学术交流体系，强化教师学术共同体建设，完善优秀青年人才破格晋升政策，鼓励教师跨学院、跨学科开展教跨学科研工作，推进教师职业内涵式发展。

第二节　西部高校人才培养模式改革发展动向

习近平总书记指出："办好我国高校，办出世界一流大学，必须牢牢抓住全面提高人才培养能力这个核心点，并以此来带动高校其他工作。"人才是高校与区域协同创新发展的载体，是知识的创造者、接受者和使用者。大学以培养高层次人才为首要任务，人才培养是大学的本质职能。培养一流人才助力西部发展是西部高校的本分与责任，西部高校要抓住机遇，勇担责任，主动融入区域经济社会发展，明确人才培养目标，创新人才培养理念，完善人才培养制度，改革人才培养模式，夯实人才培养过程，提高人才培养质量，培养大批一流人才，助力西部稳定发展。

一、明确一流人才培养目标，创新一流人才培养理念

高校人才培养目标和理念对外要反映国家和区域经济社会发展的新时代要求，对内要反映高校自身发展的规律与要求，这是树立人才培养目标和理念的两个基本观照。对外西部高校要积极响应国家战略，深刻理解西部大开发等国家发展战略对西部高校一流人才培养的要求，面对新时代、新形势、新目标和新期待，将高质量发展、区域协调发展、创新驱动发展、新动能转换等发展理念融入高校人才培养目标与理念，以培养德智体美劳全面发展的社会主义建设者和接班人作为根本任务和目标，坚持立德树人、教书育人的根本理念。对内要遵循高等教育发展规律和人才成长与培养规律，以培养一流人才为目标，立足西部高校的学校类型、办学定位、办学特色、办学条件与办学短板，以问题为导向，以创新发展为动力，以特色发展为路径，以内涵式发展为诉求，以学生发展为中心，凝练形成不同高校的一流人才培养目标与理念。鉴于当前多数高校人才培养目标与理念趋同化水平高、创新性不足、在人才培养实践中作用发挥不充分的问题，西部高校应进一步加强一流人才培养目标与理念的导向性和规范性，切实发挥对人才培养实践的指导作用；增强人才

培养目标与理念的特色性与标识性，立足于本校实际而不是效仿其他高校；提高人才培养目标和理念的实践性和可实现性，落实于行动，而不是停留于文本和宣传；根据经济社会与高等教育发展的最新特点与要求与时俱进，持续创新人才培养目标与理念的内涵，确保人才培养目标和理念的动态性与创新性。

二、改革一流人才培养模式，完善一流人才培养制度

人才培养模式是人才培养目标与理念的具体化，是以人才培养目标与理念为依据，对学生、教师、课程、教材、评价等人才培养要素的逻辑组合。人才培养目标与理念不同，人才培养模式也就各异。一流人才培养呼唤一流人才培养模式改革。当前高校人才培养模式的问题与挑战在于没能充分反映以促进学生发展为中心、以培养创新人才为目标的一流人才培养要求，程式性强，个性化弱，制度性安排多，学生的选择性、参与性、自主性发挥不充分，不利于激发学生的学习潜质与活力，不利于学生创新创业能力的培养与发展。西部高校要以新的发展理念和要求为契机改革人才培养模式，不断开发新的人才培养模式构成要素，丰富和拓展人才培养方式方法，以科学理论而不是经验为指导构建人才培养要素间的逻辑关系，为人才的多样化、个性化发展和多样化人才培养提供支撑。新的人才培养模式要有助于学生发挥学习自主性，有助于激发学生的学习潜能，有助于培养、提高学生创新创业能力。为此，高校要为学生创设提供丰富的多样化学习机会与学习资源，改革学业评价制度，引导学生深度参与学习，重视学生学习获得感的提高。新的人才培养模式要有助于提升和加深师生互动水平，提高学生发现问题、提出问题、分析问题、解决问题的意识与能力，为学生的学业与发展提供及时指导与有力支持，及时解决学业困难，消除不良学业情绪，保持积极的学习心态。

一流人才培养还需西部高校不断改革完善人才培养相关制度，为一流人才培养提供保障。一是在现有人才培养制度中增加有助于确定一流人才培养在学校工作核心地位的制度内容，遵循"一流大学、一流学科、一流学院、一流专业、一流人才"的发展逻辑，确保本科教学地位不动摇。二是打通高校内部不同部门之间的制度壁垒，以一流人才培养为目标凝聚共识，消除制度间相互冲突、相互矛盾、不够衔接的内容，形成制度合力，确保人才培养的人财物供给充足，人才培养过程畅通无阻。三是通过改革教师评价制度、科研评价制度、教学评价制度、职称评审制度、教学科研奖励制度、学生学业评价与奖助制度等，引导教师致力于教学和人才培养，有效处理好教学、科研、社会服务之间的关系，引导学生潜心于学业，个性化发展，为学生的创新创业提供支持。

三、夯实一流人才培养过程，提高一流人才培养质量

明确的目标，先进的理念，完善的制度，合理的模式，关键在于贯彻执行好，夯实一流人才培养过程，提高人才培养质量。在以往的人才培养中，一些高校存在人才培养相关制度措施落实不到位的问题，让人才培养的相关措施、过程和质量大打折扣。一流人才培养不仅要有良好的制度设计，更要有贯彻落实的机制和流程。强化相关单位部门的责任意识，让每项人才培养内容和活动能够落地生根，方能确保一流人才培养目标的实现，提高人才培养质量。《中国教育现代化2035》中指出，"一流的人才培养与创新能力是衡量教育现代化水平的重要标准"，一流人才不同于一般人才，是对其德行、专业、创新创业能力、责任与担当等有更高要求的人才。一流人才培养要树立一流人才质量观，建立一流人才培养质量监测评估体系，改善教学质量管理和监控体系，形成以质量提升为导向的资源配置模式，构建覆盖育人全过程的质量管理体系，加强教学质量监测评估[1]，动态跟踪教育教学和学生成长过程，定点检测学生学业发展态势，及时发现并修正人才培养中的不良倾向。不同类型的高校要根据不同类型和规格的人才树立多元化人才培养质量观，引导一流的学术型、应用型和技术技能型人才培养。西部高校要根据一流人才培养目标、学生身心与学业发展特点采取一系列行之有效的旨在提高人才培养质量的措施，积极孕育一流人才培养文化，打造一流人才培养课程，建设一流人才培养师资队伍，创新一流人才教育教学模式，激发学生的学习积极性与主动性，培养学习志趣，引导学生转变学习方式，促进深度学习与创新性学习，注重提升学生学习的获得感，进而提高人才培养质量[2]。

---

[1] 张大良:《提高人才培养质量，做实"三个融合"》,《中国高教研究》2020年第3期，第1-3页。
[2] 李雄鹰:《西部新格局中的西部高校与一流人才培养》,《中国高等教育》2020年第23期，第52-54页。

【第三章】

高校服务乡村振兴的必要性、类型模式与经验

第一节 地方高校服务乡村振兴战略的必要性

习近平总书记在党的十九大报告中首次提出要实施乡村振兴战略。乡村振兴战略是立足于党和国家战略大局，为了满足亿万农民对美好生活的向往应运而生的一项利国利民的伟大战略。随后，在党的二十大报告中，习近平总书记再次明确指出："全面建设社会主义现代化国家，最艰巨最繁重的任务仍然在农村。"这鲜明且突出地强调了新时期我国继续加快实施推进乡村振兴战略的必要性和紧迫性。2020年，在以习近平同志为核心的党中央带领下，中国人民历史性地解决了困扰中华民族几千年的绝对贫困问题，并全面建成小康社会，为乡村振兴战略的继续推进打牢了坚实的经济基础。但目前，我国不仅在城镇发展上表现出巨大的差距，在乡村的区域发展上也同样呈现出巨大的差距。而我国的发展正在处在迈向第二个百年新征程的关键时期，在基本物质基础已经打牢的前提下，人民对美好生活的向往也更加强烈。这就要求国家、政府、高校以及乡村自身从产业、人才、文化、生态以及组织等多领域，全方位驱动，共同推动新时代乡村全面振兴，逐步弥合东西部社会经济发展上的差距。因此，推动乡村全面振兴，不仅有利于我国"三农"问题与城乡差距、区域协调发展等痼疾的历史性解决，而且有利于我国全面建成社会主义现代化强国，以及全面实现中华民族伟大复兴。在党和国家如此重视乡村振兴的大环境下，地方高校作为建设乡村关键性的主体力量之一，义不容辞为乡村振兴战略贡献智力和科技等支撑。

一、落实国家乡村振兴战略的需要

作为一个农业生产大国,我国长期以来将建设美丽、和谐、富裕的乡村摆在极其重要的位置。得益于脱贫攻坚伟大战略目标的实现,我国乡村的乡风乡貌得到翻天覆地的变化。但当前乡村仍长期存在诸如人口大量外流、老龄化加剧、生产条件落后和优秀传统文化消亡等阻碍乡村可持续发展的难题,这意味着乡村的全面振兴仍任重而道远。近年来,党和国家在解决农业、农村、农民"三农"问题上投入了极大人力、物力和财力,采取城乡统筹、城乡一体化、乡村改造、美丽乡村建设等举措,以城市为主心轴驱动乡村伴生发展。虽然在局部地区获得了不错的成绩,但这些政策却忽略了乡村作为一个拥有丰富特色资源的广阔场域,在自身内驱力的激发上具有独特的潜力。乡村振兴战略从激发乡村主体内驱力的角度提出"产业兴旺、生态宜居、乡风文明、治理有效、生活富裕"五大乡村振兴战略目标,决心打造一个涵盖物质文明、精神文明和政治文明建设于一体、利国利民的系统工程。这个工程的实施需要全社会的参与,而地方高校作为地方发展的战略支撑重地,更应积极投身于乡村振兴战略的全过程。因为乡村振兴战略除了指导乡村经济的振兴,还包含乡村教育、文化、政治等方面的建设,这就要求地方高校在这些领域为乡村振兴战略输送大量人才。但地方高校目前所培养的专门服务于乡村各领域的人才在数量和质量上还远未达到国家对乡村振兴战略的实际需求。因此,不管是从国家对地方高校人才的培养要求层面上,还是从地方高校自身的社会责任担当层面上,地方高校都应积极参与到乡村振兴建设中。

从国家相关政策层面看,《实施乡村振兴战略的意见》《乡村振兴战略规划》等政策文件重点突出高校在乡村振兴战略实施中的支持作用,强调高校通过发挥科技创新优势赋能乡村振兴,尽到高校的应有职责;从落实乡村振兴战略的实际需求层面看,乡村产业兴旺、乡风文明建设、乡村治理有效、乡村生态宜居、乡村生活富裕五方面也是乡村振兴战略对高校提出的新要求。鉴于此,高校要回应国家的战略需求,积极参与乡村各项建设,多方位服务我国的乡村振兴事业。

二、履行高校社会服务职能的体现

高校在随着社会政治、经济、文化等发展的过程中形成人才培养、科学研究和社会服务三大职能。高校的三大职能并非相互独立,而是相互交叉、相互促进的关系,并形成一个密不可分的有机整体。人才培养是高校的基本职能,最早可以追溯到为适应社会经济发展而培养各类专门人才的中世纪大学。人才培养既是高校最重要的职能,同时也是高校的首要任务,在高校发展中承担着基础性作用。科学研究是高校的重要职能之一,是洪堡在建立柏林大学,提出教学与科研相统一的主张之后才在高校内部确立下来的职能。科学研究职能助力高校适应社会经济发展的需求，为社会的变革与进步提供先进科学技术保障。社会服务亦是高等学校的重要职能之一，是在人才培养和科学研究的基础上延伸、拓展而来的，其主要目的是让高校内部产生的科研成果和培养的人才可以对外输入社会，从而服务于社会各领域的发展。

乡村是当今社会发展必须兼顾的方面，而高校被认为是推动社会发展的动力站。这两个原因使得乡村成为高校发挥"社会服务"职能不可忽略的重要场域。因此，高校要自觉践行服务乡村的责任和义务，主动将先进知识和技术投入乡村的发展建设中，并在实际活动中努力将知识、技术、人才以及其他资源等转化为推进乡村振兴的生产力。《中共中央 国务院关于实施乡村振兴战略的意见》指出，实施乡村振兴战略，要加强农村专业人才队伍建设，"支持地方高校、职业院校综合利用教育培训资源，灵活设置专业和方向，创新人才培养模式，为乡村振兴培养专业化人才"。为此，在高校服务乡村振兴的过程中，不仅要求将高校最新科研成果注入乡村建设发展的全过程中，为乡村振兴战略的有序推进打下坚实的基础并增添动力，也必须注重培养建设乡村生态、经济、文化等各领域的专门人才，加强人才队伍深度和广度的建设。如此，高校既能切实履行各项职能，也能借助乡村振兴的实践性、真实性检验人才队伍建设的有效性、适用性，还能验证各项科研成果的在具体实践中的效力，以此也能更好地反哺高校自身的建设，形成一个螺旋上升的发展态势。可以说，高校"人才培养"和"科学研究"两大职能是"社会服务"的前提条件，正是在高校人才投身于乡村振兴战略和将科研成果注入乡村建设实际的过程中，社会服务这一高校衍生职能才能得以体现并进一步完善。而社会服务又是高校人才培养和科学研究的重要目的和手段，三者在实际服务乡村振兴战略的过程中相互支撑并不断扩大自身的效能。地方高校在实施乡村振兴战略的过程中，应结合自身办学条件、人才培养模式、科研方向等实际情况，紧跟国家与时代发展的浪潮，积极践行培养人才、科学研究、社会服务三大职能，为乡村发展提供坚实的物质基础、强大的科技支撑和丰富的人才支持，实现地方高校高质量发展。

三、实现高等教育内涵发展的途径

高校积极投身于乡村振兴战略，不仅是担当国家和社会责任的应有之义，也是实现高等教育可持续发展的必要途径。当前，我国已实现高等教育大众化迈向普及化的目标，而今后我国高校发展的重点在于提升质量。《"十四五"时期教育强国推进工程实施方案》强调要重点关注高等教育内涵发展[①]，这既对高校提出新挑战，也为其高质量发展带来新机遇，更指明了高校今后的发展方向。处在新时期的高校被

---

① 中华人民共和国教育部：《教育部关于印发〈"十四五"时期教育强国推进工程实施方案〉的通知》，访问日期：2023年9月30日。

赋予了更多的社会责任和使命，要充分利用高校自身的资源禀赋优势来促进区域经济社会发展。相应地，高校在服务乡村振兴战略实施的过程中，能逐渐提升影响力和声望，获得更多的外部支持，并有效激发高校自身的成长内驱力。事实上，这是高校实现内涵式发展的重要路径。

内涵式发展的要求决定了高校服务乡村振兴是高校实现内涵式发展的重要途径。广义上的内涵式发展"以内生性的、协调性的发展，实现事物内部结构的优化、体制机制的改革创新及发展潜力的最大化挖掘"[1]。在高等教育场域下，内涵式发展有了更为具体的要求：其一，高校须科学理性地实现其基本职能；其二，高校须改革与创新其体制机制；其三，高校须表达和彰显社会文化特色。高校服务乡村振兴有力回应了上述要求。首先，高校服务乡村振兴促进高校落实以人才培养为根本、以科学研究为抓手、以社会服务为目标的理念。在这一理念引领之下，各高校真正做到精准定位，找到自身的发展方向，立足于乡村培养实用型人才，做好科学研究并提供足量社会服务。可以认为，高校服务乡村振兴切实推动了高校履行基本职能。其次，高校服务乡村振兴强化了高校对自身内部体制机制的认知。乡村振兴工作要求高校必须从乡村实际需求出发解决其中的难点、痛点问题，为此，高校逐步加强与乡村行政单位、企业与人民群众的沟通，从中习得自身工作的优势与不足。这一过程强化了高校对内部人才、沟通、科研与服务等体制机制的认知，为高校体制机制创新提供了坚实基础。最后，高校服务乡村振兴的过程中，高校常作为文化宣传、表达与创新的主阵地。高校结合当地环境、产业与民俗等乡村特色主动开展乡村文化工作，发掘并传承乡土文化，创新并弘扬时代精神，充分彰显了社会文化特色。总而言之，高校服务乡村振兴推动了高校履行基本职能，助力高校进行体制机制创新，表达并彰显了社会文化特色，这是高校实现内涵式发展的重要途径。

第二节 西部高校服务乡村振兴的类型与模式

"西部高校服务乡村振兴"是一个含义宽泛的复合概念，需要从学理与实践两个层面对其类型与模式进行深入剖析。就学理角度而言，"西部高校服务乡村振兴"可被视为一个理论问题，需要基于乡村产业振兴、人才振兴、文化振兴、生态振兴、组织振兴五个方面对其类型与模式进行提炼归纳，关注每种类型与模式背后所包含的逻辑与机制；就实践角度而言，"西部高校服务乡村振兴"是一个关涉"如何做"

---

[1] 崔瑞霞、谢喆平、石中英：《高等教育内涵式发展：概念来源、历史变迁与主要内涵》，《清华大学教育研究》2019年第6期，第2页。

的操作性问题，其类型与模式因高校、乡村及其各自条件基础、资源禀赋、要素组成等的不同而有所差异，重点在于考察每种类型与模式的组织和运行。在综合考量理论知识和实践样态的基础上，可以认为，西部高校服务乡村振兴主要有以下五种典型的类型与模式。

一、"高校+平台"的乡村产业振兴模式

平台多指供人们施展才能所需要的舞台、环境或条件。乡村产业振兴视域下的平台主要是指依托互联网与物联网构建的、服务于乡村产业产品外销的重要交易场所。基于此，"高校+平台"的乡村产业振兴模式是指西部高校以提升乡村经济发展效益为目标，充分发挥自身在互联网、云计算等新一代信息技术方面的优势，协同广大村民及村集体经济组织共同建设电商基地与物流基地，构建销售各类农产品、手工艺品的现代化交易场所，是西部高校参与下的新型助农模式。这种模式提升了村民及乡村企业扩展实体市场、抢占虚拟市场的经营意识，是助推乡村农产品、手工艺品走进城市乃至走向海外，促进乡村产业从传统生产观念向现代营销模式过渡的重要举措。此模式下，高校不断根据市场需求的动态变化情况，逐步形成"贴近市场、为民谋利"的发展型产业生态，这意味着高校开始将其丰富先进的技术资源用于乡村经济产业发展，无形之中充当了经济建设主体和产品推广主体的角色[①]。可以认为，"高校+平台"模式将西部高校的现代先进技术、信息资源与乡村农产品、手工艺品生产相结合，与乡村产业建设发展相融合，激活了乡村产业产品要素资源，激发了乡村发展的内生动力，促进了农村现代化产业体系、生产体系与经营体系的转型升级。下面以"新疆大学电商助农富民兴疆"为例来进行探讨。

新疆具有独特的区位优势，以及丰富的农产品资源。近年来，新疆互联网基础和物流业获得长足发展，电子商务进农村示范县数量也在逐年增加，但其农产品市场依然存在着以传统销售模式为主导，不重视以电子商务为主的销售模式的问题。为促进南疆地区乡村产业振兴，新疆大学凭借学科知识、人才力量、科技实力和社会资源优势，聚焦南疆农村实际，结合农民夜校、点对点帮扶、一对一结对等重要活动，整合电商企业等各类资源，打造优质品牌，将优质核桃销售至海内外，为南疆乡村地区实现乡村振兴贡献"新大力量"[②]。具体而言，包含三个方面的内容。

首先是推广普通话以促进平台商客交流。作为重要的交际工具、信息载体及文化的鲜明标志，语言文字事业发展事关我国少数民族地区历史文化传承和经济社会

---

① 黄巨臣、焦晨东：《地方高校参与乡村振兴的"多重嵌入"路径》，《湖南师范大学教育科学学报》2022年第6期，第60-67页。

② 教育部：《新疆大学：核桃教授——电商助农富民兴疆》，http://www.moe.gov.cn/jyb_xwfb/xw_zt/moe_357/jjyzt_2022/2022_zt04/dianxing/xiangmu/shengshu/shengshu5th/202211/t20221115_991616.html。

发展，事关国家统一和民族团结。新疆是多民族聚居区，受地理位置、文化传统等影响，语言文字总体上呈现出以普通话为主、多语言混杂的状态，语言不通带来的交际困难对外界了解当地乡村产业造成了一定的阻碍。而销售是一种语言的艺术，因此，利用平台销售特色农产品、手工艺品以实现产品的社会流通需要良好的语言环境作为基础保障。新疆大学在南疆乡村开设双语青年夜校课堂，坚持宣扬国家惠民政策，推广和使用普通话，以促进当地村民与外界商户的沟通交流。课程学习、语言强化训练等方式有效提高了南疆村民的普通话水平，大大解决了因语言沟通不顺带来的农产品销售不畅问题。自2016年至今，新疆大学深入喀什地区叶城县、疏勒县等30多个乡村地区，开展语言技能培训324期，共计培训19430人次，有效帮助当地村民拓展了产品销售客户群体[1]。

其次是设专业讲座以提升平台使用技能。乡村振兴背景下，诸多电商平台纷纷参与到乡村产品销售环节中，使得乡村产业能够突破空间和时间限制，帮助乡村的第三方物流、农村旅游以及保障加工等现代服务业的进步和发展[2]。然而，平台性能的激发与收益的大小不仅取决于其数量多少，更取决于平台使用者技能水平的高低。通过开办专业讲座向村民讲授使用平台的相关技能，是"高校+平台"模式的重中之重。新疆大学针对其服务的不同乡村特色资源类型、村民受教育情况、国家通用语掌握程度、经济发展水平等，因地制宜地为村镇农民提供电商平台技能指导，讲授电商农业发展及互联网创业知识。截至2022年11月，新疆大学依托其教学科研、人才培养以及合作方理论技术支持等资源，已开展电商技能培训专业讲座6期，培训150余人次，为当地居民宣传网络媒体、网络电商平台等知识，不断促进当地拓展农产品与手工艺品销售渠道[3]。

最后是运用新媒体以搭建平台信息桥梁。媒体设备与技术是构建平台的基础要素。现代新媒体具有信息种类丰富、发布主体多元、传播迅捷广泛、个性化突出等优势，极大便捷了乡村农产品的信息传播，增加了营销活动的可操作空间，增强了农户与消费者之间的互动性。新疆大学结合南疆乡村特色农产品实际，凭借其在软件开发与设备创新等方面的优势，通过开发手机端小程序及网页端电商网站，实现在买卖双方之间搭建沟通桥梁，提供直接的电商信息来源。得益于此，一些乡村农产品滞销的问题正得到有效解决。例如，通过朋友圈、微店、抖音、淘宝、快手等新媒体平台帮助当地农产品、手工艺品在网络中拓展市场，形成"云订购—云销售"

---

[1] 教育部：《新疆大学：核桃教授——电商助农富民兴疆》，http://www.moe.gov.cn/jyb_xwfb/xw_zt/moe_357/jjyzt_2022/2022_zt04/dianxing/xiangmu/shengshu/shengshu5th/202211/t20221115_991616.html。

[2] 孙东涛、赵雪峰、邱聪聪：《乡村振兴视角下高校参与新型职业农民电商创业技能培育路径研究》，《营销界》2020年第52期，第56-57页。

[3] 教育部：《新疆大学：核桃教授——电商助农富民兴疆》。

生产加工模式，增强乡村产品知名度，延长产品产业链，有效帮助乡村农户提高经济收入。乡村贫困群众人均收入增长显著，从2018年人均收入6600元增长到2021年的10000元，增长率为51.5%，年均增长17.2%，村民的家庭收入和生活水平得到有效提升，"输血"式扶贫向"造血"式扶贫转变逐步实现①。

二、"高校+培训"的乡村人才振兴模式

培训主要以培养和训练为主，是给有经验或无经验的受训者传授其完成某种行为必需的思维认知、基本知识和技能的过程。培训是实现乡村人才振兴的重要途径，一方面要在农村着力打造一支懂农业、爱农村、爱农民的人才队伍；另一方面要组织引导各类人才向农村集聚，并为他们实现梦想搭建平台、营造环境。乡村振兴靠人才，人才的培训需要学校支持，而"高校+培训"模式则为高校赋能乡村人才振兴提供了重要抓手。具体而言，"高校+培训"的乡村人才振兴模式是指西部高校以提升乡村基层干部和农民为主体的农村人力资源质量为导向，将自身的知识资源、教学资源、场地资源等运用到乡村基层管理人员与未来新型职业农民的培养和传统农民的改造过程中的人才培训模式。其目的在于造就一支有别于传统乡村干部与农民，能够适应现代农业产业链发展，具备专业知识、懂管理、会经营、爱学习、利用科技、尊重科学规律的新乡村人②。

乡村振兴和农业农村现代化首先是人的现代化。当前乡村人才振兴存在的主要问题是高质量人才缺乏、老龄化严重、文化素养偏低、现代管理能力与农民职业素养不高，不能满足新时代高质量发展要求③。解决上述问题，需要有能力承担乡村振兴人才培养任务的西部高校和农业科研院所尽可能发挥其资源、机构、组织等多种优势，聚焦乡村人才振兴需求，统筹科技教育资源，形成与产业链紧密联系的技术技能人才培养培训机制，优化学科专业布局结构，创新人才培养模式，形成一批优质培训项目，积极发挥示范引领作用，为全面推进乡村振兴、加快农业农村现代化提供有力的人才支撑。在具体操作层面上，"高校+培训"的乡村人才振兴模式可从培训主体、培训内容与培训方式等多个方向着手进行。下面以"西部涉农高校助力培训新时代乡村人"为例作具体说明。

在培训主体上，主要包括乡村干部人员与新型职业农民。对乡村干部人员的培训以提升乡村治理能力与质量为中心，力求建设一支"有信念、懂理论、讲奉献、

---

① 教育部：《新疆大学：核桃教授——电商助农富民兴疆》。
② 吴连翠、付笑笑、吴训照：《乡村振兴背景下新农人发展研究综述》，《河北农业大学学报（社会科学版）》2021年第3期，第68—73页。
③ 赵秀玲：《推进乡村人才培训高质量发展》，http://www.cass.cn/xueshuchengguo/she huizhengfaxuebu/202109/t20210929_5363926.shtml.

重实行"的乡村干部人员队伍。云南农村干部培训基地依托云南农业大学的教学管理资源，从事农村干部教育培训工作，领导人员由云南农业大学党政领导担任。其培训对象具体包括市县级农业农村工作的党政领导班子成员、乡党委（镇党委）、村干部、新农村建设指导员骨干、大学生"村官"骨干等，旨在为云南省农业农村工作提供坚强的人才支撑和干部保障①。相较之下，新型职业农业培训则更关注于乡村生产能力和生产效率的提高，主要目的是提升乡村农民的现代化生产水平。涉农高校聚集了高素质农业专家、系统化农学课程、高质量实验农田等多种资源，是现代农业先进实用技术的主要创生地，对于培训新型职业农民、建立本土化新型职业农民人才队伍至关重要。如四川农业大学依托自身教学资源优势，树立"农业全科人才"培训理念，采用"非学历培训+学历提升"培训模式，运用多元化教学方法，以提高新型职业农民的文化层次与专业理论素养，发展其解决农业生产实际问题的能力②。

在培训内容上，主要涵盖了乡村理论知识与产业实用技术。乡村理论知识着眼于乡村的整体发展与长远谋划，理论知识的培训重在使乡村治理者明晰乡村振兴的时代意义、国家意义与社会意义，从理论高度理解党和国家的相关政策，并结合乡村实际条件传达给基层村民，实现乡村治理与国家发展的紧密联结。例如，云南农村干部培训基地围绕云南省农村经济社会发展需要，将党在农村工作的方针政策、科学发展观与社会主义新农村建设、国情省情教育、农村基层组织建设、农村工作法律法规、农村工作理论与实践、农村改革发展热点与难点、边疆民族地区农村发展与稳定等设为针对性的理论培训内容③。产业实用技术的培训则针对乡村生产、经营、销售等具体环节而进行，对接主体主要是从事产业一线活动的基层村民，意在帮助普通村民掌握更具科学性的现代产业技术，直接目的在于增加其经济收入。如西北农林科技大学一方面通过选派专家组成多学科技术团队、派驻研究生组建"研究生助力团"、建立樱桃产学研一体化示范基地等方式，围绕方寨樱桃果农种植技术知识不足的问题开展技术培训；另一方面通过定期开展电子商务技能培训活动，提升果农运用现代信息技术的能力，拓宽果品销售的时空与市场范围④。

在培训方式上，主要划分为开专题培训班与进生产线指导。开设专题培训班能够较大程度地汇聚专业知识资源，通过问题聚焦带动人员组织聚合，运用集中讲授

---

① 云南农村干部培训基地:《基地简介》,https://ynrlc.ynau.edu.cn/info/1001/i008.hton。
② 中国教育在线:《农林高校培育复合型乡村振兴人才的探索与实践——以四川农业大学为例》,https://cdce.eol.cn/xczxfwal/350578.html。
③ 云南农村干部培训基地:《基地简介》。
④ 教育部:《西北农林科技大学:破解方寨"贫困村"到"亿元村"的致富密码》,http://www.moe.gov.cn/jyb_xwfb/xw_zt/moe_357/jjyzt_2022/2022_zt04/dianxing/xiangmu/gaoxiao/zhishu7th/202304/t20230410_1055051.html。

的方式达到以低成本换取高效率的培训效果，增强集体的凝聚力和团结性。在云南农业大学的指导与助力下，云南农村干部培训基地立足民族特色与地域特征，围绕乡村振兴、乡村治理、农业农村现代化等议题，持续性开办了"高原特色现代农业高层次人才知识更新高级研修培训""云南省新型农业经营主体专题培训"等多场专题培训班与讲座，有力促进了云南省乡村人才振兴①。与在教室开办专题培训班不同，高校专家进生产线指导则更具实践性与应用性。农业专家进入生产线切身考察农作物生长情况，根据实物向村民讲解农学知识，手把手指导村民处理解决农业技术问题，直接保证了作物的产量与经济效益。

三、"高校+文创"的乡村文化振兴模式

文创的本意指文化创意，是一种以文化为元素、融合多元文化、整理相关学科、利用不同载体而构建的再造与创新的文化现象。当前社会各界对于文创的理解涉及多个角度，包含文创资源、文创设计、文创产品、文创事业、文创产业、文创品牌等。文创能够赋予乡村新的文化功能与价值，激活乡村闲置文化资源，是乡村文化振兴的重要动力源泉。"高校+文创"的乡村文化振兴模式是指西部高校以发掘、传承、创新、弘扬乡土文化为使命，利用其创新高地优势，基于乡村自然环境、传统文化、特色产业、民俗生活等方面而开展乡村文创工作，赋予乡村文化以时代价值的模式。"乡村文化振兴是乡村振兴战略的灵魂，是推进乡村全面振兴的内生动力，是推动乡村群众主体意识觉醒、解放思想、提升综合素质的关键一环，是实现中国优秀传统文化走向复兴的伟大举措。"②"高校+文创"模式是高校力量嵌入乡村文化建设的生动体现，对于实现村民高度认同与自觉遵守现代乡风文明文化价值规范颇有裨益。

受西部地区独特的地域条件、历史背景和社会生活影响，西部民俗文化已发展演变出多样性的文化形态，地域性、多元性和民族性特征明显，不仅是中华民族精神、情感上的凝结，更是中华民族文化传承发展的重要载体③。西部地区不同省份乡村在建筑、民风、技艺等方面具有各自相对明显的地方特性和民族风格，为西部高校赋能乡土文化创意提供了深厚基础和广阔空间。与此同时，随着现代化进程不断推进，西部乡村文化赖以生存和发展的客观环境也发生了重大变化。西部地区与中东部地区的经济发展差距呈现出扩大趋势，乡土人员的迁居、人地关系的疏离导致了乡村聚落的空心化、民间技艺传承受阻等一系列文化危机。乡村文化振兴的紧迫，

---

① 云南农村干部培训基地:《基地简介》。
② 范建华、秦会朵:《关于乡村文化振兴的若干思考》，《思想战线》2019年第4期，第86-96页。
③ 曹均学、徐玮蔚:《西部地区民俗文化振兴面临的困境及对策探析》，《沧州师范学院学报》2023年第3期，第81-86页。

对西部高校参与乡村文化创意提出了新的时代要求。下面以"西部高校参与乡村文创发展"为例来细致分析。

一是高校参与乡村文创资源的开发与保护。乡村是文化的宝库。农耕文明、乡村手艺、景观建筑、节日习俗等是乡村文化的鲜明符号与活态表达，蕴含着中华文明的生命基因与历史记忆①。开发好、保护好乡村文创资源，促进乡村传统文化的传承与发扬，既是乡村文化自信的重要体现，也为促进乡村全面振兴发展奠定重要文化基础。西部高校一方面可以凭借其地缘相近、业缘相融、人缘相亲的优势，接触到更全面的边疆民族文化；另一方面可以依托其在考古、历史、艺术等学科的人员设备优势，便捷文创资源的开发与保护。例如，兰州大学开展的"甘肃省典型传统村落活化与乡村旅游志愿服务示范项目"，其志愿服务团队成员来自学校多个学科专业，他们走进甘肃省兰州市河口村、青城镇、连城镇、文县哈南村等传统村落，对古民居、非遗民俗、历史故事和乡风民情等文创资源进行考察，最终撰写多份主题调查报告及对应的传统村落活化建议报告②，在一定程度上实现了对乡村文化资源的保护，满足了传统村落可持续发展的现实需求。

二是高校参与乡村文创产业的转型与升级。富有民族特色的文创产业，既是西部乡村文化传承创新的有效载体，也是西部乡村文化振兴的重要抓手。文化创意产业客观上需要"创意人才"脱颖而出、"创意产品"层出不穷、"产品转化"机制完善的良好氛围和资源条件，而高校作为人类思想智慧的集散地、现代社会创新意识的发源地，以及文化创意产业发展的思想库，能够从学科启蒙、科学研究和产业催生的角度，促进文化创意产业知识原创性成果向现实生产力的转化，推进文化创意产业市场化和社会化，实现乡村文创产业的转型与升级③。近年来，兰州文理学院（甘肃）文创乡创学院聚焦服务文创产业发展，整合校内数字媒体学院、经济管理学院等师资力量和研究资源，通过开展甘肃省乡村旅游和文化融合领域学术交流、与文化创意产业园联合进行乡创旅游商品和文创产品设计与研发等方式，有力促进文化、设计、传媒等文旅领域的交叉融合与创新发展，服务甘肃省文化大省建设，汇聚高校力量赋能乡村文创产业④。

三是高校参与乡村文创品牌的塑造与传播。乡村文化创意产业的发展离不开品牌的支撑，品牌是乡村文化创意产品"走出去"的关键。乡村文创品牌能够体现鲜

---

① 朱启臻：《乡土文化建设是乡村振兴的灵魂》，《河南农业》第2021年第8期，第1页。
② 兰州大学：《兰州大学"传统村落活化项目"入选文化和旅游部2021年"春雨工程"全国示范性志愿服务项目》，https://news.lzu.edu.cn/c/202205/89682.html。
③《高校在文化创意产业发展中大有可为》，《教书育人》2012年第27期，第16页。
④ 兰州文理学院：《兰州文理学院（甘肃）文创乡创学院》，https://lyxy.luas.edu.cn/2021/0519/c299a91029/page.htm。

明的原乡文化特质和形象,助推乡村文创产品形成市场竞争效应,使乡村组织成为同类产品服务的典型代表,提升民众归属感、凝聚力和文化影响力,实现乡村文创品牌对乡风文明的促进作用[①]。高校可以利用其市场动向感知敏锐、人力资本扎实雄厚、多学科知识交叉融合等特有优势,在前期充分调研的基础上,结合乡村特色对文创品牌进行精准塑造,从现代审美与消费者视角对文化资源进行多感官转化,实现乡村文创品牌的动态传播,进而彰显乡村的文化内涵。近年来,四川农业大学积极探索乡村品牌传播新路径,其参与主办的乡村品牌创意设计比赛为传承优秀乡村文化搭建了交流平台,促进"农业+文创"的科学化发展,塑造传播了乡村文创品牌的知名度、美誉度和影响力[②]。

四、"高校+田园"的乡村生态振兴模式

田园是指具有简单种植功能的田野或田地,也泛指集多种功能于一体的乡村。田园内在地包含了"天然、自然"的意味,对田园的开发与使用属于对自然物改造的范畴,需要注意其中的环境保护与生态和谐。乡村生态振兴以田园为重要载体。以生态文明建设推进乡村全面振兴就是要走绿色发展道路,实现乡村田园经济发展与生态环境保护的双赢。"田园综合体"是利用田园促进乡村振兴的具体形式,是在顺应农业供给侧结构性改革、生态环境可持续、新产业新业态发展的前提下,将低碳环保、循环可持续的发展理念引入乡村建设中,发展农事体验、文化、休闲、旅游、康养等特色产业,实现田园生产、田园生活、田园生态有机统一的新型综合开发模式,对实现乡村生产、生活与生态的融合、乡村生态文明建设、人与自然和谐发展具有重要意义[③]。"高校+田园"的乡村生态振兴模式就是将高校力量融入田园综合体,借助高校优势保证田园综合体在开发、使用过程中经济效益与生态效益的平衡,实现以田园综合体高质量建设带动乡村的复兴与再造的发展模式。

田园综合体的打造是一项复杂的系统工程。自 2017 年中央一号文件将田园综合体确立为乡村发展的新载体,提出鼓励和支持田园综合体建设以来,全国各地陆续开始田园综合体建设的实践探索。西部地区生态环境脆弱,乡村经济基础薄弱,与东部相比,其田园综合体存在地理位置偏远、基础设施不完善、运营理念不先进、集群效应不明显等现实问题,建设难度相对更大。但与此同时,西部地区地域辽阔,

---

[①] 秦宗财:《定位理论视角下乡村文创品牌塑造的方向和路径》,《深圳大学学报》(人文社会科学版)2019 年 5 期,第 52-58 页。

[②] 四川农业大学新闻网:《擦亮农业区域品牌 8 省 37 所高校大学生创意比拼助力乡村振兴》,https://news.sicau.edu.cn/info/1133/62543.htm。

[③] 卢贵敏:《田园综合体试点:理念、模式与推进思路》,《地方财政研究》2017 年 7 期,第 8-13 页。

自然能源和文化资源储藏丰厚,可开发利用空间广阔,加之享有国家政策倾斜扶持优势,其田园综合体又有着潜力更深厚、后劲更充足等优势。因此,西部高校在赋能西部乡村田园综合体的创设过程中,需要紧密结合当地经济社会发展的实际情况,做到因地制宜、人地耦合、创新发展。细致来看,"西部高校深入实际助推田园综合体建设"可从下面三个方面开展。

第一,开展调查研究,掌握田园综合体建设事实依据。高校在开展社会服务调查研究方面具有得天独厚的优势,包括掌握专业调查工具方法的师生人力优势、相对完善的社会调查理论体系优势和以知识形象赢得社会信任的声誉优势。西部高校依托西部地区资源而发展,富有朴实勤恳的优良特质,深受西部人民敬仰和爱戴,实地考察调研优势突出,能够在很大程度上反哺乡村生态振兴。对于田园综合体而言,调查研究可以掌握现状、了解问题、获取民意,在尊重客观事实的基础上开展后续优化工作。近年来,为响应国家号召,发挥学校服务乡村振兴职能,西安建筑科技大学积极组建专业调研团队,深入陕西省西安市长安区长安花谷田园综合体、西安市鄠邑区荣华田园综合体、周至县曲江农博园田园综合体等所在地,持续开展社会调研,与当地工作人员、原住村民进行亲切交流,详细了解田园综合体的建设历程、运营模式、整体规划和产业布局等情况,用专业技术为乡村振兴保驾护航[①]。

第二,进行规划设计,明确田园综合体具体原则路径。作为体系庞大的资源集合体,高校必须发挥其创新精神和集体智慧对各种资源进行科学合理的规划,如此才能保证自身的平稳运行和长远发展。因此,高校在资源协调与规划设计方面有着鲜明的实力优势,能够用前瞻性、全局性、战略性的长远视角看待事物发展,预测未来结果并提出实现路径。西部地区乡村数量众多,地方高校接触乡村的机会大,对田园综合体发展条件和需求的了解程度更深。通过开展专项研究整合资源、进行规划的效力显著。例如,贵州省安顺学院组织师生申报校级研究项目,以"贵州省安顺市田园综合体建设"为议题,系统规划设计,指出要将田园综合体建设融入城乡区域总体规划,培育区域经济体的内在可持续发展动力,在合理配置农村土地资源的前提下提升经济效益,建立健全乡村组织管理原则、乡村运营管理原则,保障村民参与权利,确保田园综合体建设的有效进行[②]。

第三,协助产业开发,增强田园综合体现实经济效益。田园综合体的出发点是创新乡村发展模式,落脚点是实现乡村人地共生。提高保障乡村村民现实收入是田园综合体建设的重要目的,也是社会各界的热切关注。现代种植业、现代养殖业、

---

① 西安建筑科技大学:《深入调研陕西田园综合体,助力乡村全面振兴》,https://mkszy xy.xauat.edu.cn/info/1065/2420.htm。

② 蒋潞、李芮:《乡村振兴战略下田园综合体建设研究——以贵州省安顺市为例》,《安顺学院学报》2022年1期,第28-32页。

现代旅游业等特色产业是田园综合体的核心组成部分,直接关系到村民现实收入与园区效益。高校与产业有着密切的联系,高校可根据产业需求调整学科建设与人才培养实践,产业也需要借助高校力量不断补充发展动能,创新发展机制。因此,在现代农业、旅游业等产业勃兴时期,西部高校有义务也有能力为田园综合体产业开发与实现创收注入能量。多年来,云南农业大学茶学研究团队深耕西双版纳州景洪市大渡岗乡茶叶种植园,引领生态茶园的改造升级,传授优良种植技术,提升茶叶品质,每公斤价格提高到原来的6倍,茶农的经济收益显著提升。与此同时,茶叶品质的提升也带动了旅游产业的发展,集品饮、观景、采茶制茶体验和住宿为一体的茶苑民宿如雨后春笋般涌现,大渡岗一、二、三产业融合发展的步伐不断加快[①]。

五、"高校+党建"的乡村组织振兴模式

党建包括党的政治建设、思想建设、组织建设、作风建设、纪律建设和制度建设六大方面,是一项既涉及理论又观照实际的永恒命题。党的建设关系重大、牵动全局。党和人民事业发展到什么阶段,党的建设就要推进到什么阶段。这是加强党的建设必须把握的基本规律。"高校+党建"的乡村组织振兴模式是指以高校党组织优势引领、带动农村基层党组织建设,提高乡村基层党建水平,夯实农村基层党组织根基,进一步加强农村基层党组织在农村事业发展中的领导核心作用,增强自身战斗力,团结和凝聚其他组织和各方力量扎实推进乡村振兴的实施的模式。乡村组织振兴主体主要包括四个部分:农村基层党组织、农村专业合作经济组织、社会组织和村民自治组织。其中农村基层党组织是核心,与基层群众距离最近、联系最广、接触最多,是党在农村全部工作的基础,是党联系广大农民群众的桥梁和纽带。推进乡村振兴,必须紧紧依靠农村党组织和广大党员,使党组织的战斗堡垒作用和党员的先锋模范作用得到充分发挥,带领群众同频共振,推进"五大振兴"[②]。

当前,农村基层党组织建设面临着党内民主建设相对滞后、组织影响力相对不强、农村党员干部自身素质亟待提高、组织的设置方式有待完善、农村党员干部教育管理缺位等新问题[③],影响了农村基层党组织的作用发挥,限制了乡村组织振兴的成果显现。高校是新时代党的建设理论的重要创新高地,其党的基层组织是党的组织体系中十分重要的组成部分,是担当立德树人使命的坚强堡垒。因此,西部高校

---

① 云南省农业农村厅:《西双版纳州景洪市大渡岗乡:培育良种台地茶建设田园综合体》,https://nync.yn.gov.cn/html/2023/zhoushilianbo-new_0329/395837.html。
② 中国青年报:《组织振兴是乡村振兴"第一工程"》,http://news.cyol.com/gb/articles/2021-02/23/content_4RemnuWlw.html。
③ 徐行、田晓:《农村基层党组织建设的现存问题与对策思考》,《学习与实践》2011年3期,第54-61页。

可以凭借自身在思想政治教育、党的理论创新、人员组织动员等方面的显著优势，在综合考虑西部乡村产业发展、人才素质、乡土文化、生态条件等多种因素的基础上引领乡村党建。基于此，下面以"西部高校引领乡村基层党组织建设"为例进行整体分析。

首先是充分发挥了高校基层党组织思想引领作用。高校是人才汇集的高地、智力交汇的场所，在理论创新方面具有巨大优势，在社会主义和谐社会构建中扮演着先进思想的开拓者、倡导者、领航者和示范者的角色。乡村振兴战略的成功实施离不开先进思想的引领。因此，需要高校基层党组织积极发挥其先锋示范作用。一方面，高校可以将乡村振兴融入思想政治教育中，提升在校大学生、任课教师和领导干部对乡村振兴战略的认同感和信念感，厚实高校优秀人才服务乡村的思想价值基础；另一方面，高校可以直接参与个别村落乡村振兴发展规划的制定与实施过程中，将先进思想转化为行动策略。例如，四川大学各级党委积极组织开展乡村振兴理论学学习活动，解读、传达中央会议精神、国家顶层战略设计等内容，组织学习《中华人民共和国乡村振兴促进法》，强化思想引领作用的法理基础[1]；安顺学院坚持问题导向与目标导向，选派优秀的中青年干部开展党组织结对工作等[2]。

其次是切实提高乡村基层党组织建设水平程度。习近平总书记指出："党的基层组织是党的肌体的'神经末梢'，要发挥好战斗堡垒作用。落地才能生根，根深才能叶茂。"[3]从我国农业农村发展历程来看，乡村基层党组织凝聚力不强，引领乡村事业发展的坚强领导核心作用不凸显，处理解决各种矛盾纠纷的效率不高，是阻碍乡村振兴的重要原因。培育选用一支文化程度高、综合素质强的先进党员队伍以加强基层党组织干部队伍建设，是提高乡村基层党组织建设水平的重要方式。近年来，安顺学院党委高度重视党建促进乡村振兴工作，组建多个驻村工作队，按照标准化党支部建设的要求，加强村级组织配套建设，深化校地合作，实现校地支部共建；积极培养与发展年轻党员和预备党员，坚持典型引路和示范带动，为乡村振兴积聚新生力量，促进农村基层党组织在乡村振兴中发挥示范引领作用[4]。

最后是着力增强校村基层党组织互动协同能力。高校基层党组织思想引领作用

---

[1] 四川大学：《川大干部、师生认真学习贯彻乡村振兴促进法　助力乡村全面振兴》，https://www.scu.edu.cn/info/1207/18911.htm。

[2] 陈碧妹：《高校党建助力乡村振兴的优势分析及路径选择——以安顺学院为例》，《贵州民族研究》2022年4期，第96-100页。

[3] 共产党员网：《习近平在全国组织工作会议上的讲话》，https://www.12371.cn/2018/09/17/ARTI1537150840597467.shtml。

[4] 陈碧妹：《高校党建助力乡村振兴的优势分析及路径选择——以安顺学院为例》，《贵州民族研究》2022年4期，第96-100页。

的发挥和乡村基层党组织建设水平的提高都紧密依附于校村之间的互动与协同。高校基层党组织和乡村基层党组织是密切联系的组织系统，二者分别与高校发展及乡村建设相融合，既存在相似性又具有独特性，构成了互动协同的组织基础。增强高校与乡村基层党组织间的互动协同能力，要以高校基层党组织为核心，以乡村基层党组织为主体，构建双元主体协同互动的新型党建模式，通过主体间的深入合作与资源整合，在目标、要素、机制等方面产生系统叠加的非线性效用，最终实现校村党建和乡村振兴的协同发展。自乡村振兴战略提出以来，贵州大学党委勇担使命，协同地方，持续推进乡村振兴；成立"助力乡村振兴工作领导小组"，强化顶层设计；组建"村庄规划师产业指导员"人才团队，围绕"党建+产业+实践"形成"1+N"服务模式；启动实施"博士村长"计划，组建以党员博士研究生为主力、硕士研究生为辅的"博士村长"实践队，重点研究解决农业农村生产实践中的实际问题，服务农户生产[①]。基于此，贵州大学形成了校村基层党组织协同互动的特色模式。

第三节　西部高校服务乡村振兴的经验与特色

一、紧跟国家政策导向，明确乡村服务使命

习近平总书记在党的十九大报告中提出实施乡村振兴战略，中央农村工作会议进一步明确，到2035年，乡村振兴将取得决定性进展，制度框架和政策体系基本形成，这为我国解决"三农"问题指明了前进方向。社会服务作为高校的职能之一，其乡村振兴的实施离不开地方高校的支持，且西部高校在服务乡村振兴战略中具有独特的地缘优势。在乡村振兴的战略背景下，西部高校坚持从国家战略角度出发，明确自身服务乡村振兴的使命，辩证看待高校与乡村的紧密关系，积极探索自身在服务乡村振兴过程中的推动作用，重点关注服务乡村振兴的内容与途径，从实践层面将国家政策导向落实到乡村发展中。

在落实服务乡村振兴的过程中，西部高校充分发挥主观能动性，从思想层面攻克观念性障碍。首先，西部高校逐渐摒弃"服务乡村振兴仅仅是为乡村做贡献，对高校自身发展没有实质性帮助"这一狭隘观念，转而用发展的眼光看待西部高校与乡村之间互利共赢的关系。诚然，乡村振兴的实现需要西部高校在人才培养、科学研究、文化引领等方面助力乡村发展，推动乡村振兴五大目标的实现。但是，在服

---

① 贵州大学：《贵州大学：激活党建"红色引擎"，全面助力乡村振兴》，http://news.gzu.edu.cn/2022/0921/c11068a177232/page.html。

务乡村振兴的过程中,西部高校自身借此厘清了办学思路,扩宽了办学空间,提升了办学效益。因此,以双生共赢理念引领自身服务乡村振兴全过程是一个正确的选择。其次,西部高校逐步克服"畏难"的障碍。这种"畏难"情绪曾导致西部高校服务乡村振兴能力的弱化,并严重阻碍了乡村振兴战略的实施进程。近年来,随着党和国家有关乡村振兴战略的政策文件发布,越来越多的高校受到国家层面的政策宣传和引领,并逐渐认识到地方高校服务乡村振兴的必要性与紧迫性。然而,由于不少高校与乡村生产生活存在不同程度的疏离,使得它们难以完全把握实际情况,在参与推进乡村振兴战略过程中往往容易形成一种"怠懒"情绪,具体表现为担心在服务乡村振兴过程中"做错事""做不好事",从而在服务乡村振兴过程中缺乏必要主动性,只能被动"听指挥""听命令"。而随着高校教师和科研人员在服务乡村振兴过程中逐渐认识到这一问题,"畏难"情绪逐渐被克服,西部高校日渐深入服务乡村振兴的各个领域,不断转变服务观念,不畏困难、接受失败、勇于尝试,在挫折中前进。

二、搭建多方合作平台,推动乡村产业发展

埃兹科威兹教授提出的"三螺旋"理论主要研究大学、产业、政府三者的动力关系如何形成知识、行政、生产三领域的合力,进而促进社会的发展。"三螺旋"理论突破原先高校、产业、政府扮演各自角色(即高校从事知识传播,产业进行产品开发,政府制定政策规划)的单一组织维度,超越大学—产业、大学—政府、产业—政府的双螺旋结构,重新建立政府、产业、高校三者螺旋交互、密切配合的新模型[1]。"三螺旋"理论的核心在于高校、产业、政府在保持自身独立的组织功能基础上,通过三者耦合进行资源要素的整合以及功能的重新分配与结合,衍生出有别于其自身原始功能的新功能与职能,最终通过系统性的提升,促进以知识更新换代为基础的创新社会的形成。"三螺旋"理论将高校、产业、政府三者之间创新资源的横向流动,以及创新轨迹的纵向发展,通过简单的方式具体、形象地展现出来,为西部高校搭建多方合作平台、推动乡村产业发展提供了理论支撑。

作为连接乡村和政府的中间机构,西部高校在服务乡村振兴过程中充分发挥自身的协同作用和人力资源优势,在党中央政策的宣传引导下,通过同地方政府和乡村产业的联动整合经费、人才、场地等资源,成立学校、政府、企业合作共建的乡村振兴研究院、乡村振兴学院、乡村振兴实践基地、智库联盟、专家工作站、研究中心等常态化综合性平台,进而通过公共资源在平台中的流动和合理配置,推动"输血式"服务乡村振兴向"造血式"服务乡村振兴转变。同时,依托多方合作平

---

[1] Etzkowitz.H, Leydesdoff. L, "The triple helix of university‐industry‐government relations: A laboratory for knowledge‐based economic development". *EASST Review*, no.14(1995):14–19.

台，西部高校合理利用自身各学科师资优势，汇集服务乡村振兴领域的专家学者，组建高水平研究团队，进行理论与实践研究，为乡村振兴服务提供针对性方案。例如，西部高校可以联合政府，在乡村旅游、生态建设、乡村教育等建设方面提供政策咨询，同时组建的专家队伍还可以提供人才培养、理论研究、科研成果转化、品牌推广等方面的服务。西部高校在乡村振兴多方合作平台的建设中发挥着知识与技术的支撑作用，而地方政府为产业合作提供各项政策支持，乡村产业则为各方合作提供科学研究项目孵化、技术成果转化等场地支持。西部高校不断加强与地方政府以及乡村产业的合作，其共建的乡村振兴工程技术中心、特色教学科研等创新平台，通过开展乡村产业关键技术联合攻关打通了研究成果转化路径并最终促进其成功转化。

三、发挥学科专业优势，提高人才培养质量

西部高校在服务乡村振兴过程中，充分发挥人才优势，将高校人才培养与乡村人才振兴进行耦合，培养了一批适应农业农村现代化的乡村振兴人才。一是不断借此机会完善学科专业布局，打造学科专业特色。事实上，西部高校在服务当地乡村发展方面具有独特的地缘和人才优势。因此，在不断回应乡村振兴战略需求的基础上，西部高校通过调整已有学科专业、优化人才培养模式加强自身学科与乡村发展需求的结合，培养了大批志愿投身乡村建设的优秀人才，助力乡村经济发展。同时，西部高校基于自身学科优势打造学科特色，从而更有针对性地赋能乡村振兴。例如，西部农林类高校在学科专业设置中充分考虑农业专业特色，将第一产业、第二产业、第三产业发展需求融入人才培养目标和培养过程中，强化学生实践能力，鼓励学生利用所学专业知识参与乡村建设。此外，当前乡村振兴对人才的需求发生了较大改变，特别是对人才质与量的要求日益提高。在这一背景下，西部高校与政府、企业等建立起了联合培养平台。一方面通过志愿服务、研究生支教、科普活动、技术培训、宣传讲座等多种形式将优质教育资源引入乡村，在乡村建立教育合作基地，加强村民的思想道德教育，提升村民的科学文化修养；另一方面，协助选派致富带头人等部分村民外出参观培训，学习优秀经验，并结合各村实际情况进行借鉴实施。二是西部高校促进教育资源共享，鼓励优秀毕业生到乡村基层服务创业。这优化了教育资源配置，改善了教育资源分配，为乡村振兴带来了新动力。西部高校聚焦当地乡村发展需求，针对性吸收优秀人才，带动经济发展，以此助推乡村振兴。一方面，西部高校通过校校交流培训获取东部高校的优质教育资源，学习先进人才培养模式，持续提高自身人才培养能力，为服务乡村振兴战略奠定基础；另一方面，西部高校为乡村提供各项教育服务并与乡村共享人才资源。这种促进教育人才资源合理分配的方式大大增强了乡村发展的动力。例如，西部高校通过选派驻村干部、选

拔志愿者、推动毕业生就业等各种形式促进优秀师生向乡村流动，同时选拔适应乡村发展需求的优秀人才投身于乡村振兴实践中，为乡村振兴输送源源不断的能量，充实乡村振兴的人才队伍。

四、引领乡村文化建设，提升文化服务水平

在服务乡村振兴过程中，西部高校不断完善公共文化设施，满足群众精神文化需求。公共文化设施承载着广大乡村群众的精神文明需求，西部高校秉持文化服务观念，为完善公共文化设施、提供文化交流平台投入各项资源，这不仅有利于充实乡村文化生活、丰富群众精神力量，而且有利于促进乡村文化振兴。一方面，西部高校坚定高效的文化服务理念，积极调动师生的实践积极性，运用群众喜闻乐见的形式开展文化服务，有计划、适时性、多样化地满足群众文化生活需求，将中华优秀传统文化融入乡村文化实施建设中，传递正能量，弘扬主旋律，提高群众精神文化修养；另一方面，针对乡村老龄化现象日益加重的现实情况，西部高校不断加大对乡村公共文化设施的建设力度，提升自身公共文化服务水平。特别是在建设乡村书屋时，采用"实体+云端"相结合方式，推动"农家书屋"实体图书馆发挥更大作用，提升乡村阅读风气，优化了图书资源的配置。

西部高校通过立体式的综合文化帮扶教育，提高了乡村的文明风貌。一方面，为了提升乡村群众的整体思想道德修养，西部高校通过开展内容充实、形式多样的党史教育学习活动、艺术体育活动对村民进行引导，丰富乡村文化生活的内容与形式，传播积极向上的思想观念，增强集体荣誉感和个人责任感。同时，为保障思想教育活动的落实，还对乡村内部制度建设进行完善，提高乡村文明程度，促进乡村文化振兴。另一方面，为达成"提高乡村群众科学文化修养"这一目标，主动对接乡村振兴需求，动员党支部、团支部、志愿团队等高校内部力量，开展助力乡村文化振兴的讲座、支教、科普、技术培训等活动。最后，西部高校通过传承中华优秀传统文化，助力乡村打造文化特色品牌。乡村文化建设离不开与中华优秀传统文化的承接，同时，结合时代需求打造有乡村特色的文化品牌亦是西部高校服务乡村振兴的重要途径。首先，西部高校利用自身地缘优势，秉持文化振兴助力乡村振兴的理念，关注传统文化中积极有益的部分，在帮助乡村保持原有民俗风貌的基础上吸收中华优秀传统文化，促进乡村自身发展。其次，地方高校在服务乡村文化振兴时坚持批判性继承的态度，取其精华、去其糟粕，主动承接中华民族传统文化中符合当今时代发展趋势的有益部分并不断创新，赋予中华民族优秀传统文化与时俱进的新内涵。最后，以文化品牌带动文化传播。西部高校在保护优秀传统文化的基础上，结合时代发展需求谋求创新，努力打造具有文化特色的品牌，广泛传播具有地方特色的传统文化项目。例如，通过举办形式多样的文体活动，向广大乡村群众展现源

远流长的中华文化,以此推动乡村文化的振兴。

五、挖掘乡村特色资源,推动乡村生态建设

西部高校能够有效促进乡村生态振兴的重要经验其一在于协助改善基础设施条件,打造美丽宜居乡村。具体是在以下两方面重点帮助乡村改善基础设施条件。第一,通过帮助乡村政府采取统一规划、统一整治、统一管理的方式治理环境污染,对乡村群众宣传增强其环境保护意识,推行垃圾分类,健全垃圾处理体系,营造干净、整洁、有序、美丽的乡村风貌,提高乡民居住的舒适度和幸福感;第二,致力于提升村级综合服务设施水平,完善村级服务中心、村级客运站、村级卫生室、村民会议室、便民超市、快递站点、村级图书室、农业技术培训中心等基础设施来改善乡村基础设施条件。在营造舒适生活环境的同时,西部高校帮助乡村展现清新有序的乡村风貌,这不仅有利于提升高校服务乡村生态振兴的水平,还为乡村产业发展、文化发展打下坚实的基础。其二在于倡导绿色发展理念,助力乡村提升生态资源价值。西部高校遵循绿色发展理念,提升乡村生态资源价值,促进社会效益与经济效益二者相统一。一方面,西部高校利用自身科研优势,帮助乡村解决制约农业绿色发展的技术难题,突破农业资源高效利用、生态环境修复等共性关键技术,大力推广测土施肥、科学施药、节水灌溉技术,推进农膜、农作物秸秆等农业废弃物资源化利用,规范生产管理过程,在推行绿色发展的同时保障农业发展达到高效率、高质量目标;另一方面,西部高校积极推进农业与旅游、文化、深加工等产业相结合,形成"农业+"发展新格局,巩固农业发展成果,将乡村已有的生态资源进行有机整合,探索多渠道、多样化的绿色发展方向,逐步形成具有乡村特色的绿色产业体系,赋予乡村生态振兴与时俱进的生命力。其三,西部高校遵循因地制宜原则,推动特色产业发展。西部高校在立足乡村地区丰富自然资源的基础上,因地制宜发展各项产业门类,推动乡村生态建设。针对乡村第一产业发展"乏力"的问题,西部高校在考察乡村各项指标的基础上,依据乡村发展路径及其偏向选择合适的发展项目。例如,西部高校在当前乡村自然条件的基础上对各项资源进行合理分配,重点发展有机蔬菜种植、有机水果种植及生态养殖,并定期选派技术专家莅临乡村指导,传授群众科学的种植养殖知识,促进乡村第一产业转型升级为具有本地特色的高质量产业;针对乡村第二产业发展"平庸"的问题,西部高校帮助乡村进行科学合理的选址,因地制宜地筹备产业建设,从而吸纳附近村民就业。在乡村产业开办过程中,西部高校也会为当地村民提供技术指导、开展技术培训,促进全村整体经济发展;针对乡村第三产业发展"缺失"的问题,地方高校将依据自然条件挖掘具有本地特色的旅游资源,同时将互联网等数字媒体技术应用到乡村旅游全过程中,积极打造"互联网+乡村旅游"的新发展模式。

六、重视党建引领作用，提高组织建设质量

西部高校高度重视巩固脱贫攻坚成果同乡村振兴有效衔接各项工作，通过不断强化党建引领，提高组织建设质量，有效保证了乡村组织振兴。其有益经验做法和特色：其一在于西部高校助力加强基层组织建设，健全乡村治理体系。这为西部高校服务乡村振兴提供了坚实的政治保障。第一，高校认真贯彻落实党在实现乡村振兴各阶段的政策措施，切实加强与乡村各方面发展之间的联系，坚定不移地遵循党的统一领导，有目的、有计划地开展乡村振兴有关工作。第二，高校积极与乡村党支部合作，加强各党支部协同建设，在向广大群众宣传党的方针政策时注意树立典型，重点关注高校党支部的先进事迹与成功经验，团结一切积极要素为乡村振兴服务，充分发挥党支部的"战斗堡垒"作用。第三，西部高校主动参与乡村组织制度建设过程，认真落实"三会一课"制度，在激发乡村内部主观能动性的基础上，加强基层组织的自我约束、自我服务、自我发展、自我监督能力，凝聚组织战斗力，最终形成统一领导、运行有序、治理有效的乡村组织振兴制度体系。其二在于西部高校强化党员队伍建设，发挥先锋模范作用，这是推动乡村振兴的重要举措。高校积极利用党员之家、党校、产业示范基地等场地资源宣传党的精神，引导青年党员提高思想站位、增强政治素养。例如，西部高校通过宣传身边的优秀党员事迹，带动广大党员群体增强理想信念，引导广大党员自觉发挥党员带头作用，积极投身于服务乡村振兴的进程中。其三在于西部高校助力乡村干部队伍建设，培养骨干中坚力量，这是服务乡村振兴的必要之举。第一，在乡村干部的教育培训方面，西部高校始终关注乡村干部的政治思想教育，通过开展一系列培训学习党的理论方针政策，通过宣传典型事迹来提升干部政治素养、工作作风，确保乡村干部能够以积极进取的态度开展乡村工作。第二，在乡村干部的综合能力方面，西部高校通过开展技术培训、组织技能比赛等活动增强干部理论意识，同时鼓励乡村干部积极参与社会实践来巩固专业知识、锻炼实践技能、增强综合能力、提升服务水平，确保乡村干部有能力引导和带动村民投身乡村振兴队伍中。第三，在管理机制的制定与完善方面，西部高校不断帮助乡村完善对干部的选拔、任用、培养和激励制度，将政治素养强、思想站位高、文化素质优、群众基础牢、工作积极性和责任感突出的干部选拔到基层党组织的干部队伍中，重点培养优秀青年作为后备干部人选，确保坚强有力的干部队伍储备充足。

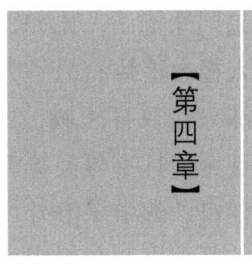

【第四章】

西部高等教育的院校治理研究

从中世纪就进入人类历史舞台的大学是目前人类史上存活时间最长的机构，虽然经历沧海桑田，但至今，现代大学制度的构成要素基本都能从中世纪大学中找到源头，比如大学自治与学术自由、自主确定学校章程、自主选聘教师等。然而，随着时代发展，进入现代期的大学也随之追求现代化的管理模式和发展机制。于是，高等教育领域的现代院校治理逐渐成为学界关注的话题。尤其在中国，由于地域辽阔，中西部资源差异较大，虽然都遵从统一理念下的院校治理理论，却也产生了较大的区域性、个体性差异。本章主要通过解读院校治理缘起的时代背景和相关理论，了解院校治理在全球的总体发展状况，进而分析我国西部高校的院校治理现状及走向，通过典型案例剖析西部高校在院校治理方面形成的经验、取得的成就。

第一节 院校治理的缘起背景与理论

一、院校治理缘起背景

（一）全球化促进院校治理趋同性和差异性的平衡

全球化促使了中国高等教育的快速发展，也是高度全球化促成了中国人对自己高校治理思路的深度思考：我们需要与世界趋同，更要保持自己的独特性。

20世纪70年代开始，全球化的兴起致使国家疆域界限逐渐模糊，国际金融贸易趋于一体化和区域化，这也必然导致各国的文化、教育在多元组织的簇拥下呈现出趋同性特质。比如,在文化领域,一方面,西方的语言、节日等一度受到中国年轻人极力追捧;另一方面,随着中国经济崛起,中国传统文化及汉语热在全球形势高涨。在教育领域,由于我国的高等教育起步较晚,因为,我们争相向欧洲、美国,甚至向日本等高等教育历史久远或发展迅速的资本主义国家积极学习。我们不仅输送自己的学子海外留学,学习他们先进的科学技术和知识,更是不断借鉴他们优秀的管理机制和组织模式,以便为打造高品质的中国高等教育方阵做足工作。正是在这样的全球化驱动下,中国高等教育的院校治理模式呈现出向现代化的西方看齐的态势,逐渐形成了与世界接轨的中国高等教育管理体制。

然而,伴随着全球化的进一步推进和中国国际地位的再次提升,当我们将眼光从原来膜拜别人的现代化的视角逐渐转向国内的高度科技化视角后,我们看到了自己的问题所在:当我们匮乏时跟在别人后面跑,如今崛起的中国不仅需要与世界接轨的高等教育,更需要有自身特色的、高质量的、一流的高等教育。我们的高等教育不仅要成为引领中国成为教育强国,更希望有一天能成为引领世界教育的重要一分子。于是,中国高等教育界越来越清晰地意识到:我们可以学习西方的知识、技术和方法,但我们一定要有符合自己国情的院校治理模式,让中国的高等教育在与世界并驾齐驱的同时展现自身魅力。

(二)大学使命促使院校治理一致性和多元化的协同

1988年9月18日签署的《大学宪章》中写道:"大学是一个自治机构。大学通过研究与教学,以批判的方式,创造和传递文化。为了满足当代世界需要,大学的研究和教学必须在道义上和智力上独立于整个政治权威、经济权威和思想意识权威。研究、教学和培训的自由,是大学生活的基本原则,政府和大学必须在各自职责范围内,保证尊重这一基本要求。"[①]试想:为什么从中世纪发展而来的大学,需要在20世纪末由大学校长们联合发表这一宪章呢?在高度全球化和市场化的推动下,大学作为传承和创新文化的使命受到了政府、经济、资本运作等多方面的冲击,大学这所自治又自律的机构开始在政府的相关导向下也逐渐趋于市场化。正是在这样的大环境下,大学校长们的联合声明为的是唤醒大学使命,提醒人们:无论如何变迁,不能忘记大学最初的责任和使命。

然而,教育作为人类进步的主要途径,又必须在保持教育使命的同时迎合时代的总体发展模式。如果说最早进入高等教育的人是为了突破自己、完善自我,那么今天的人们进入高等教育的初衷要复杂得多,不仅希望能够提升能力,更希望能够在社会上展现能力。于是,教育与市场、经济和政府接轨成为必然。在这个意义上,大学自治的能力就必然被削弱;但是,大学需要在制度层面仍然坚守传统文化(大

---

① 王晓辉:《全球教育治理——国际教育改革文献汇编》,教育科学出版社,2008,第17页。

学自治、学术自由）和功能（教学、科研与社会服务）。也正因为如此，大学的管理者们开始思考如何更高效地运营大学。当原来的象牙塔被打开，原有的内部治理模式就无法满足现在的状况。因此，高等院校的治理模式就逐渐趋于融合内外部环境的各种组织、因素来构建符合现代大学需要的治理体系的态势。这也就导致了我们看到所有的高校会依据自己的历史、地理优势、学科特色，甚至学生就业的总体走向等制定自己的校训、章程。院校治理模式和思路的多元化不仅突出了发展目标，更凸显了该校的学校使命。

（三）我国高等教育的近期发展目标协调院校治理方向性和独特性的统一

实际上，高校在面对今日之政府、各类组织、资本市场、社会团体、专家学者等多方力量时，处于一个相当复杂的网络关系中，而我国高等教育的近期发展目标既为高校发展指明了方向，又为保障高校自身特色提供了思路。

我国"十四五"规划和2035年远景目标纲要明确提出，到2035年我国将基本实现社会主义现代化，建成教育强国。"十四五"时期"建设高质量教育体系"，特别强调要"提高高等教育质量"。未来15年，特别是这5年，是我国现代化建设的战略攻坚期，对实现中华民族伟大复兴影响深远。推进高等教育分类管理和高等学校综合改革，构建更加多元的高等教育体系，将高等教育毛入学率提高到60%。分类建设一流大学和一流学科，支持发展高水平研究型大学。建设高质量本科教育，推进部分普通本科高校向应用型转变。建立学科专业动态调整机制和特色发展引导机制，增强高校学科设置针对性，推进基础学科高层次人才培养模式改革，加快培养理工农医类专业紧缺人才。加强研究生培养管理，提升研究生教育质量，稳步扩大专业学位研究生规模。优化区域高等教育资源布局，推进中西部地区高等教育振兴[1]。以上是我国高等教育的近期发展目标概略。总体而言，其涵盖了建设目标、转型要求、人才培养等多个方面，但从宏观上来看，它们都属于院校治理范畴。换言之，高等教育的近期发展目标为我国不同地区、不同类型、不同规模的高等院校明确了未来发展的方向。同时，高校在遵从近期发展目标时要努力挖掘自身优势，打造出具有独特性的院校治理方案，促进高校与社会、地方以及市场的有效衔接。

总之，当国家的治理形态走向一个以领土为基础的民主治理体系，结合社会和经济层面的跨国组织和全球组织之路时，我们必须承认全球化给人类带来的冲击，教育也不能幸免。当我们走了很长的快速发展之路后回顾过去，我们认定大学使命的根基不能丢，因为它是担负一个国家人才培养、科技创新和社会服务的基本盘。当然，面对世界风云变化，高等教育结合本国特色适时改革是国家和高等教育共通的发展之路。走到时代的今天，高校的传承和改革如果继续依照原来的管理体制是

---

[1]《构建高质量高等教育体》，http://www.moe.gov.cn/jyb_xwfb/s5148/202201/t20220110_593495.html。

行不通的。于是，全球协同、内外一致的院校治理模式、理论、思路等应运而生。

二、院校治理理论

（一）治理概述

治理一词最初出现在市政学中，主要指系统合理地解决城市中各种问题的行为，后来逐渐外延至经济学、管理学、社会学及政治学领域。牛津字典中对"治理"的解读是：统治国家、组织的行动或行为[①]。目前，在其本意的基础上主要指政府管理意义的转变。通常，人们认为治理主要具备四个基本特征：治理不是一套规则制度或是一种活动，而是一个过程；治理过程的基础是协调而非控制；治理包含公、私的参与者；治理不是一种正式的制度，而是持续性的互动[②]。正是鉴于这些特征，伴随教育的内外部环境变化，治理才逐渐进入教育学领域和教育系统，成为当前院校协调内外部多元关系、达成目标共识的重要行为模式，院校治理方面的相关理论也就应运而生了。

（二）院校治理概述

随着全球化的不断深入，高校所处的内外部环境发生了翻天覆地的变化。一方面，高校与政府的关系从原来的政府满足高校需要转变为高校满足政府需要。虽然政府不会过多直接干涉高校事务，表面上看高校依然具有很多自主性；但是，政府通过市场力量来评价高等教育，进而不断对高校提出新的诉求。同时，高校被置于国际组织、跨国公民社区等全球视域内，或多或少都要有赖于政府去实现自我发展。因此，高校与政府的关系只能越来越紧密。另一方面，高校内部在组织结构、权力分配、决策制定、学术分歧等方面出现了与原来制度章程矛盾的问题。原本，高校作为象牙塔，充斥着大量"一心只读圣贤书，两耳不闻窗外事"的圣贤们，他们更多关心的是学术自由和自治。然而，高校规模扩张、经费筹措依赖政府、教学科研迎合市场需求等种种商业性变化后，高校管理者和学者意识到已经到了理清各种内部关系的时刻，但是原有的规章制度却远远不能解决这些复杂问题。内外忧患之际，从多学科领域延伸而来的治理理念就成为替换之前达成组织目标的程序化管理体制，成就了院校治理的诞生。鉴于上述分析，本研究认为，院校治理是一个持续的规划和实践过程，旨在从全球、国家以及高校层面综合平衡高校的权力机构、人事制度、人才培养、学科建设及管理机制等全方位的冲突与利益之间关系的过程，是校内外所有参与者上下互动、多方协调达成共识的过程。简言之，院校治理是高校如何在纷繁复杂的社会中保持教育根基并服务社会的一整套策略，但这一策略的形成是一

[①] 王晓辉、刘敏、谷小燕:《大学治理:理念、模式与制度》，北京师范大学出版社，2018，第3页。

[②] SMOUTS M C., "The proper use of governance in international relations," *International Social Science Journal* 155(1998):83-84.

个漫长的过程。

（三）院校治理的基本逻辑

现代大学相比于传统大学而言，所处的环境更复杂，所获得的资源更丰富，当然，需要平衡的关系也就更多。但是，无论内外环境如何变化，大学的核心功能和传统文化不能遗弃。因此，不管是高等教育系统，还是某一所高校，要想在当今世界既能自我发展又能服务社会，就必须构建起系统性的院校治理逻辑，从根本上全方位为院校发展找到抓手。通过上述对院校治理缘起背景与治理概念的初步分析，本研究认为院校治理的基本逻辑应该是三个层面的多元化协同治理体系。

三个层面的院校治理逻辑包括国际层面、本国层面和学校层面。国际层面的院校治理需要探索高校与国际组织、跨国社区与人员、国际资本市场、对外交流协作等机构与因素之间的协同关系。本国层面的院校治理重点在于把握高校与政府相关政策、领导更替、经费划拨与筹措、高校评估、本国教育的总体发展目标等因素之间的协同关系。学校层面的院校治理是在我国讨论大学治理时重点考察的部分，其主要考量高校内部的组织结构、权力分配、决策机制、管理模式、运行机制等要素的内部关系以及它们之间相关关系。通常，国际层面和本国层面的院校治理称之为外部治理，学校层面的院校治理称之为内部治理[1]。事实上，这三个不同层面的治理很多情况下无法做出严格区分，它们是互相渗透、互相影响的关系。

第二节 院校治理现状

一、全球院校治理状况概述

传统意义上，在欧美主要国家，全球化和市场资本对大学产生巨大冲击之前，从中世纪就发展而来的传统大学，其院校治理只局限于内部治理，且强调大学自主与学术自由；教授是院校的核心体，其个体或组成的团体来决策大学的重要事宜。通过这种权力下放与广泛参与的形式，吸纳教师成立相关委员会，维持权力分配和专业分工，实现校内成员共享治理模式。

然而，当时间推进到20世纪70年代，经济高速发展促使大学规模扩张和院校社会责任增加，教授虽然仍是大学内部治理的主要力量，但是，面对学术分歧、政府压力、经费筹措等现实问题时，教授团体之间的关系持续紧张，甚至产生冲突，导

---

[1] 王晓辉、刘敏、谷小燕：《大学治理：理念、模式与制度》，北京师范大学出版社，2018，第7页。

致原有的共享治理模式被削弱,决策权力逐渐由相关的教师委员会向院校的中央行政单位转移,即权力开始集中在董事会、管理者、行政部门等手中,它们强调院校运营过程中与外界环境交融的重要性,逐渐引入校外人士参与院校的共同治理①。于是,大学逐渐呈现出与外部世界中的政府、企业、国际组织等机构的互相渗透、互相支持的趋势,外部治理逻辑也就登上了院校治理的舞台。当然,政府对大学的管控程度和方式直接影响到院校治理模式。比如,部分欧洲国家对大学采取控制模式,所以大学的外部治理是国家官僚权力与大学学者共组协会协商而定。英美两国对大学采取监督模式,院校的外部治理事宜主要通过学者协会、董事会以及行政人员协商解决,政府仅起到监督作用。

近年来,随着大学董事会由自然人接管趋势的发展,院校内部治理开始推崇法人模式,即形成以校长为主要执行主管,副校长、董事会为政策执行领导和管理者,他们共同发挥内外部协商和平衡作用。同时,随着高等教育市场化,企业理念越加深入地渗透进院校治理中。于是,院校治理的企业化模式也得到大力推广,比如院校创立公司、与校外公私合营企业等。除此之外,为了应对市场竞争,大学在提升学习效能方面采取了牵制性治理模式。比如,成立教学委员会负责教与学,外部咨询委员会(主要为政府或者企业相关人员)负责课程评价,大学评价委员会负责教学评价等等。

总体而言,全球院校治理呈现出多元化、多态势的基本状况;但是,聚焦到每个国家、每所大学,它们都依据自己的国内外环境、条件、特色,有其自己的院校治理思路。

二、我国院校治理的总体状况概述

相比于美西方国家,我国的高等教育发展史很短,最古老的大学也就百余年。然而,从我国开始建设第一所高等学府起,我们就始终坚持积极对外学习并保持取其精华、去其糟粕的原则。我国高等教育发展到今天,就其治理思路而言,也同样经历了自治自律到政府管理再到协同治理的过程。在此,本研究仅简单陈述在院校综合治理领域,我国高校在对接世界格局过程中是如何从传统大学过渡到现代大学的。

第一,从宏观战略上看,我国高校竞相推崇世界流行发展战略。比如,我国的"211工程""985工程",以及2016年开启的"双一流工程"等都是我们积极学习全世界名列前茅的大学并结合我国特色形成的典型成果,高校根据自己的实际情况对照相关指标系数来争相评比成为其中的一员,这样不仅促进了我国高校的整体发展,

---

① 王晓辉、刘敏:《理念与制度——现代大学治理》,山东教育出版社,2015,第10页。

也提升了高校个体的发展能力。再比如，为了更好迎合商业发展，我国高校向美国学习，陆续开设MBA教育及项目，截至2022年，我国开设MBA的大学已超过270所。

第二，从国际视野上看，我国高校积极参与国际交流与合作项目。比如，在国际化浪潮的推动下，我国高校推出诸多类似于"英语留学项目"的项目。如北京师范大学教育学部设立的"国际硕士"和"国际博士"英文项目，不仅能够培养学生的眼界和国际交流能力，更是推广学校国际知名度的举措。再比如，我国在其他国家的高校设立"孔子学院"也是一种新的国际交流与合作方式。

第三，从大学排名上看，我国高校时刻关注并建构大学排行指标。国内诸多高校通过关注"世界大学排行榜"及自己的建设工程，将排行中的某些指标作为大学发展规划的重要参考。另外，上海交通大学历年发布的"世界大学学术排名"（ARWU）已经成为全球知名大学（如加州大学、剑桥大等）广泛转载和报道的重要信息资源，也是引发各国进行高等教育发展相关辩论的重要依据。ARWU不仅为全球提供了资源信息，更为我国高等教育在世界的发展创造了话语权。

第四，从教育教学上看，我国高校积极推进全新的教与学模式。随着互联网技术的高速发展，教与学模式打破了时空界限，一个个新型的学习模式被开创出来。我国高校联合国内外一系列专业的教学与课程设计团队构建并发布了一批批线上精品学习资源，基于"微课""精品课程""MOOCS"等资源的多种混合教学模式在高校内得以大力推广，并取得了良好成效。

第五，从资本市场上看，我国高校努力构建多元校企合作模式。如今，企业对人才素质的要求是高校制定人才培养目标的重要依据，企业对新技术的需求是高校规划科研方向、分配科研经费的重要参考。为了更好地服务社会，培养更符合企业需求的人才，高校与企业开展了一系列的校企合作模式。比如，职业技术院校一般与企业创立联合、定向培养模式，相对知名的国内一流大学一般通过在其他区域设立分校或创设校办企业等方式扩大高等教育的市场占有量，还有高校将校园与社会企业组建在一起尝试促成更有方向性和发展力的信息港合作模式。这些合作模式，不仅为高校填补了资本市场的短板，更加明确了各类高校的发展目标和培养目标。

总体而言，我国高校的综合治理思路是在不断学习美西方的同时开创具有中国特色的院校治理模式，目前也取得了不错的成效。然而，中国版图幅员辽阔，无论经济还是教育，西部地区与中东部地区的差异巨大。因此，深入了解和分析西部地区的院校治理状况才是找到推动我国高校总体发展水平的钥匙。

三、我国西部高校的院校治理现状探索

近年来，新时代推进西部大开发形成新格局战略，为促进区域传统文化保护、

开发及利用和经济社会综合发展，在政府相关部门的大力扶持下，我国西部高校努力挖掘区域优势，积极投身于院校综合治理，已取得不错的成绩。

首先，基于国家政策打造均衡发展的高校实力提升工程。比如，2013年7月，包括青海大学、宁夏大学、新疆大学、石河子大学等在内的14所大学发起并成立了"中西部一省一校联盟（Z14）"，该"联盟"以努力争取中央政府更大的支持，推动中西部无部委直属高校省（自治区）高等教育与全国高等教育均衡发展，缩小与东部发达地区高校的差距，促进形成国家对中西部高校持续、稳定的支持为目标。该"联盟"协作高校共同探索现代大学办学理念及制度建设、互相支持努力实现优势互补。

其次，基于西部优势创建开放共享的科学技术平台。比如，以"一带一路"合作倡议为大前提，2020年12月，由西北大学发起并成立了"丝绸之路文化遗产保护与传承联盟"。该"联盟"通过阐释丝绸之路文化遗产蕴含的丰富历史信息，为丝绸之路国家和国际组织推动联合申报世界文化遗产提供决策支撑。"联盟"成立之初，不仅联合了丝绸之路沿线上我国的大部分高校，更集结了17个国家54家单位的积极融入，为我国西部高校走出国门，与国际学术机构联合开展相关研究和人才培养搭建了良好的学术平台。

再次，基于互助互帮理念构建资源优质的学习研讨空间。比如，2015年5月，由西安交通大学国家级教师教学发展示范中心、陕西师范大学国家级教师教学发展示范中心及西北大学教师发展中心共同倡议，西北地区21所高校发起成立的"西北地区高校教师教学发展中心联盟"（简称"西北联盟"）。该联盟通过开展教师发展中心建设工作研讨与经验交流，组织各类教师教学发展促进活动以实现教师教学资源共享、教学能力提升等目标。目前它已成为推动西北地区高等教育发展的重要源泉。

最后，基于时代诉求组建民族共同体意识常态化教育机制。比如，由西安交通大学和北方民族大学共同发起，兰州大学、新疆大学、青海大学、宁夏大学为第一批成员单位的"西北高校青年铸牢中华民族共同体意识宣讲联盟"于2022年9月13日成立。该联盟旨在让西北高校贯彻落实习近平总书记关于加强和改进民族工作的重要思想，是加强和改进新时代大学生思想政治工作的创新之举，是我国院校治理体系中独有的特色。

上述对于西部高校院校治理的现状分析主要集中于院校之间的联合行动上，总体而言，西部高校为了得到相对长足的发展，充分发挥了"抱团取暖"的优势，互相之间从兄弟院校各取所长、优势互补。但是，如果仅仅将自己的发展希望寄托于外在力量，而自身不能突破局限的话，每个个体都不能成为优秀的自己。也正基于此，西部地区的高校中不仅有勇闯天下的领头羊，也有脱颖而出的排头兵，它们在各自的领域中走出了符合自身特色的院校治理之路。接下来，我们将通过案例分析的方式把它们的特色和经验呈现给大家。

第三节　西部高校院校治理案例及经验

一、在"二次西迁"中再次华丽转身的西安交通大学

（一）打造研究院建设新体系之创新港

中国西部科技创新港—智慧学镇（以下简称"创新港"）是教育部和陕西省人民政府共同建设的国家级项目，是陕西省和西安交通大学落实"一带一路"、创新驱动及西部大开发三大国家战略的重要平台，由西安交通大学与西咸新区联合建设。2015年2月，习近平总书记到陕西视察时，对陕西发展提出"努力在创新驱动发展方面走在前列"的殷切期望。对于陕西而言，创新驱动发展战略是实现追赶超越的必然路径。基于此，2015年4月9日，"中国西部科技创新港—智慧学镇"项目入区协议签约仪式在西安交通大学举办，标志着该项目正式落户西咸新区沣西新城。10月8日，教育部和陕西省人民政府签署战略合作框架协议，携手合作共建创新港，服务国家战略和地方发展。2017年2月26日，中国西部科技创新港科创基地主体工程全面开工。创新港一期占地面积5000亩，定位为国家使命担当、全球科教高地、服务陕西引擎、创新驱动平台、智慧学镇示范。创新港分为科研、教育、转孵化、综合服务四大板块，围绕理、工、医、社科四大方向，建设电力电子、高端装备制造、能源与动力、信息技术、新材料、航天航空、生物医学、环境保护等29个研究院和300多个科研平台。①

创新港坚持创新引擎、智慧学镇、绿色家园的建设理念，将西咸新区的现代田园城市理念与国际著名高校的"学镇"实践相结合，打造形态优美、特色鲜明、产学协同、功能齐全的智慧学镇。从破土动工到入驻使用，仅用了不到千日时间，建设了48栋巨构，总面积达到160万平方米，刷新了高等教育建设史的新纪录，创造了"改革速度"和"交大奇迹"。

作为西安交通大学的一个新校区，创新港主要面向研究生、博士生培养，把实验室、研究所、企业研发中心和相关产业聚集在一起，促进教学、科研、成果就地转化。2019年9月7日，创新港举办了第一次开学典礼，迎来了首批7000余名研究

---

① 西安交通大学：《中国西部科技创新港》，http://www.xjtu.edu.cn/kxyj/zgxbkjcxg.htm。

生。2020年9月，中国西部科技创新港"科创月"活动盛大启动，向全世界开放一流科研机构的全面合作。活动期间，来自海内外的一流高校、著名科研机构、政府和企事业单位、行业龙头企业等嘉宾会聚创新港，开展全方位、多领域、深层次的交流合作。2020年12月28日，西安地铁5号线通车运营至创新港，实现了创新港与西安市区的便利公共交通。2021年2月23日，创新港科创基地项目荣获"2020—2021年度第一批中国建设工程鲁班奖"，是鲁班奖有史以来获奖面积最大的群体性工程。

（二）创新港带来的院校综合治理经验与思考

诚然，西安交通大学积极投身创新港项目的案例无法在西部其他高校复制（西部的"双一流"建设高校再经过几十年发展或许还有可能，但是其发展模式是普通高校无法企及的）。因为，它的成功有其自身的诸多优势造就，由它作为西部"双一流"高等院校的使命造就。但是，它的发展让我们看到它不仅始终保有大学之初的根基，而且始终迎合时代步伐融入社会、服务社会，并在服务中不断提升了了自己，它的成长和成功在院校综合治理，尤其是外部治理方面带给我们的经验和思考是无限的。

第一，大学要对自身有清晰认知，并始终保持清醒的头脑。众所周知，西安交通大学不仅是陕西省的名片，也是整个西部高等教育的领头羊。自1955年从上海第一次西迁至陕西西安后，它几乎成了所有西部高校向往的发展目标。尤其在经历21世纪90年代末的校园整合和重组后，西安交通大学更是成为涵盖理、工、医、经济、管理、文、法、哲、教育和艺术等十个学科门类的综合性高校，也因此成为国家创新发展战略布局中的重要一环。随着西部大开发、"一带一路"经济体建设，以及全球经济大合作环境下的全面发展等为西安交通交通大学的快速发展带来了新的挑战和机遇——建构中国西部科技创新港——智慧学镇。说它是挑战是因为创新港选址在离西安更西的西咸新区，一切蓄势待发，却几乎没有成熟的相关参照体，更是被媒体解说为开启"二次西迁"的艰难征程；说它是机遇是因为这是西安交通大学立足国家科技战略前沿，发挥自身专业特点，推进实施陕西省"6352"工程，加快产学研协同创新联合体，突破西部高校发展瓶颈的创新路径。西安交通大学正是在综合分析了自身的优势、价值、劣势和机遇后，勇敢地迎难而上，接受了这个挑战，这是它清晰认知自我的抉择，也是在关键时刻担负起西部高校领跑者角色和使命的担当，它的挑战为它带来荣誉，也为它进一步发展带来更多机遇。

第二，大学要对全球发展趋势有预见和分析，并努力趋向国际前沿。西安交通大学创新港项目的落地充分展示了全球化经济、市场以及资本的运转已经完全渗透进教育领域。这是我国政府和教育界对时代发展趋势的追随，也是西安交通大学对世界前沿分析和预判后的重大决策。纵观全球，世界一流大学不止从院校内部学术、管理体制等治理方面进行大胆改革，更是在高校与社会高度融合的形态模式上积极探索，创新港正是我国高校探索国际高等教育路线的一次尝试。创新港建设除了积极借鉴国外先进经验，还大量整合全球创新资源，引进国际高端技术，吸引海外科技人才的加入。创新港将汇聚至少3万名来自全球不同国家的青年学者和高端人才，吸引至少500家国内外知名企业在创新港设立研发中心、技术创新联盟、工程实验室或工程中心，形成国际化的产业创新基地。创新港将以全球一流的人才、世界知名的科学研究园区，形成西部人才培养和集聚的新高地。另外，西安交通大学还特别注重加强与一流大学、世界500强公司、行业龙头企业的实质性合作，通过设立联合研发中心、开展技术攻关等方式，促进科研成果转化，带动开放合作，打造世界级的科研高地。目前，创新港项目吸引了国内外知名大学、研究机构，以及跨国公司等高度关注，美国3M公司、英国利物浦大学、意大利米兰理工大学、韩国LG集团等与学校洽谈了合作事宜，采取设立研发中心、开展联合办学、深化国际合作等方式积极参与创新港建设。通过上述举措，以西安交通大学为载体的创新港在不久的将来将形成面向中国和全球未来发展的高端智库，使西安交通大学成为一个无论是从事社会科学、自然科学研究，还是推动产业发展应用研究的创新大平台，这是中国高校创新体制机制的典范，是高校内外部综合治理的突破。

第三，大学要对国家战略发展有正确判断，并积极参与其中。创新港项目是西安交通大学迎合国家和省政府相关发展要求的实践举措，也是积极探索21世纪大学新形态的大胆尝试，更是院校综合治理的创新示范。创新港一开始就瞄准国家战略，积极筹划、争取重大基地和重大项目。2016年初，创新港迎来首个国家级重大科研基地——原国家质检总局、陕西省质监局、西安交通大学三方携手共建的中国西部质量科学与技术研究院。一年后，国家能源局、教育部、陕西省人民政府联合发文批复，同意依托西安交通大学建设国家西部能源研究院并落户创新港，这是国家在西部建设集能源技术、能源装备、能源战略研究为一体的综合性研究基地的重要部署。创新港的国家增材制造创新中心是工信部落实《中国制造2025》首批布局的15个国家创新中心之一。从上述资料可以看出，西安交通大学时刻把握国家的发展方向和目标，并时刻做好准备对接国家的宏观战略，想努力在21世纪中国一流大学的建设新模式、新形态方面做出突出贡献，想为国家实现2035教育愿景中添上浓重的一笔。教育强国意味着教育与社会高度融合，而高校作为社会的组成部分必须思考如何在社会发展中起到引领作用。西安交通大学用它的实际行动为国家提交了优秀答卷。

第四，大学要为本地政府的发展使命站位，并主动承担责任。创新港项目的使命之一是服务陕西引擎。首先，从面积、规格到重视程度，创新港建设有着两层意义：一是三十年来第一次根本解决了物理空间不足问题；二是省市校面貌、思路和模式脱胎换骨的全面变革。其次，在创新港建设过程中，西安交通大学非常注重创新体制机制，开创了教育部与陕西省"省部共建"、西安交通大学与西咸新区"校区联建"、校区共同组建合资公司"平台运营"，这种新模式力求把创新港建设成为一个探索科教改革和技术创新的试验区，发挥省部共建优势，以提高自主创新能力，改革教学科研体制机制，建设"学术特区"，创新办学模式，培养科技创新人才。再次，在建设创新港的进程中，西安交通大学与陕西省紧密合作，为科技强省、服务区域经济发展不懈努力。一方面，陕西省委、省政府大力支持创新港建设，一次性批复29个陕西省科研基地落户创新港。另一方面，创新港积极与陕西12个地市合作，建设辐射西部的"创新码头"，实现人才、信息、资本等市场要素的穿梭流动。最后，创新港是陕西省"6352"工程的实现载体，是陕西省经济社会高质量发展的重要依托。"6352"工程是"政产学研用金"6种元素汇聚，共进创新港，建设"现代产业、未来技术、丝路国际"3个学院（孵化器），营造"政策、金融、服务、配套、法律"5大生态，打造"创投、交易"2个支撑平台，聚力将创新港打造成为陕西最大的孵化器和科技成果转化"特区"，培养适应新时代发展需要的创新型人才，探索产学研深度融合的有效举措和创新路径，是服务陕西、助力陕西发展的重要工程项目。通过上述分析我们发现：西安交通大学虽然是教育部直属的重点高校，是国家"双一流"建设高校的重要组成部分，但是，由于坐落于陕西省西安市，它积极向当地政府靠拢，依托政府支撑不断发展壮大自己，不仅实现了立足陕西服务陕西，更实现了身处西部带动西部的重大使命。它的发展思路再次提醒我们：院校治理只有依托本地政府才能有更好的出路和前景。

第五，大学要与社会并轨，并努力为学生营造社会氛围。发挥创新港自主创新能力，将优质的创新成果与高素质的科技人才推向社会是创新港的又一使命。创新港对交大的意义远大于建设一个新校区，它的出现使西安交通大学成为一个融入社会的敞开大学，是西部和全国高校的一类新型组织模式探索。学校不再是封闭单独的一个个体，而是将校园与社会社区深度融合。作为西部和全国高校的一类新型组织模式探索，西安交通大学创新港承载增强西部、国家乃至世界科技创新水平的责任和希冀。创新港所有的硬件设施及平台都是顶配，同时与世界一流大学、各行业的龙头企业展开合作项目。通过设立联合研发中心、开展技术攻关等方式，促进科研成果转化，带动开放合作。对学生而言，在校期间就能接触到各行业的专家，了解和掌握世界前沿的技术，并能在学校就积极投身于各种企业进行实习，为他们正式步入社会打好了坚实基础。西安交通大学创新港的建设增强其对学生的吸引力，而优质的生源也进一步提升了学校的综合实力，形成积极的循环效果，不断推进西安交通大学向更优秀的高校发展。高等教育发展到今天，不能只谈学术自由，更要关心学生成长和就业。创新港项目为助力西安交通大学的学生长远发展方面提供了良好的平台,"校区、社区、园区"三位一体的全新形态为学生创造了一个真实而全面的宽阔舞台,这一切都会成为学生、家长乃至社会选择西安交通大学的基本因素,而它们共同构成了西安交通大学更美的未来。

交叉、共享、开放是当今社会发展的基本理念,本着这个理念创新港建设将成为世界一流的中国西部科技研究中心、创新人才的培养中心和科技成果的转化中心。这是西部"双一流"建设高校的使命和担当,西安交通大学以创新港建设为抓手必将成为具有中国特色的世界一流大学,它的认知、眼界、思路和模式都是西部高校学习的榜样,这是它不断优化内部治理结构、健全外部治理机制、促进多元主体协同治理的战绩,是政、行、企以及校友等利益相关者共同参与互动、推进共建共治、共享共赢的成果。它用实际行动做到了西部高校领头羊的引领示范,希望西部其他高校也将竭尽所能充分利用自身优势打造自己的院校综合治理标杆。

二、全国前十、西部第一的"双高"A 档高职院校陕西工业职业技术学院

(一)综合治理是方向,内部治理是抓手

追溯陕西工业职业学院的历史,距今有七十多年的发展历程,2011年被教育部、财政部确定为"国家示范性高等职业院校",2019年跻身国家优质专科高等职业院校并入选教育部、财政部中国特色高水平高职学校和专业建设计划建设单位 A 档(全国前十),2022年入选"2022高等职业教育院校治理体系全国50所典型院校",并收录进《中国高职院校治理现代化报告2022》。立项双高建设院校以来,该学院党委始终统揽内涵建设大局,一手抓党建,一手抓协同治理,促发展、应变局、拓新局,有效拉升了奋进目标、形成了奋进合力,在职业院校的综合治理方面开创新局面、创造新成就。

近年来,该校按照"系统设计、健全机制、优化运行、提升效能"的总体思路,探索构建了"党的领导为轴、协同治理为身、五方联动为面、内生驱动为力"的陀螺式内部治理体系,系统完善治理结构、规范健全制度体系、精细服务教育教学、多元实施质量管控,大力推进学校治理体系和治理能力的现代化,积极重塑协同治理新格局,具体体现在如下几方面。一是适应新形势,优化完善治理体系。以持续完善学校"一章八制"为统领,相继修订印发27项制度,进一步理顺明晰了党委、行政、学术、民主监督四者相互独立、支撑、制衡的体制格局和组织构架,建立起责权利划分合理的运行机制。二是激发新活力,细化落实层级治理。修订二级学院党政联席会议制度,完善了二级学院党政集体领导和分工负责相结合的工作机制;在校级学术委员会下,专设专业建设、师资队伍建设、教学工作、科学研究、教材选用等5个专门委员会;成立了13个二级学术分委员会,极大激发了基层学术组织

的创新活力。三是应用新技术,强化数据治理理念。依托智慧校园建设,贯穿互联网思维,实施大数据支撑下的治理能力优化计划,深植数字化于校园各个系统、工作过程和基础设施之中,推动了办学行为、管理效率和服务效能的显著提升。在内部治理的基础上,该校通过制定章程,着力梳理内外部综合治理关系,在新校区建设、职教改革试验区建设、校企协同发展、对外合作交流等方面取得了前所未有的发展。

(二)"双高"A档职业院校的综合治理经验与思考

虽然陕西工业职业技术学院的发展历史已有70余年,但其前身是一所中专建制的学校,1999年3月成为西北地区首家由教育部批准改制升格的高职学校,2010年1月才组建成现在的陕西工业职业技术学院。成为高等院校的十多年时间是该校蓬勃发展的阶段,也是该校不断进行院校综合治理取得丰硕成果的阶段,它通过厚积薄发的方式让自己不断壮大,成为西北屈指可数的职业院校典范,它的院校综合治理经验应该成为全行业学习和借鉴的资源。

一是协同治理,内部先行。这是壮大自己、争取话语权的基本逻辑。陕西工业职业技术学院提出的院校治理思想是协同治理,而通常意义上,协同意味着内外兼修、并行处理。但是,该校在实际操作中将协同概念拆开后做了串行对接:首先考虑学校内部治理的相关问题,然后凭借自己的实力争取外部治理力量,最后着手处理内外部治理之间的关系,使得学校治理工作逻辑清晰、重点有度。比如,学校通过制定章程,明晰组织架构、治校规范、权责关系、运行机制,分解具体任务到二级学院,并通过设立相互制衡相互促进的学术机构激发教师潜力。学校通过有序的内部治理,使得该校示范高职的品牌效应有效彰显,这为跨越校区争取外部支撑创造了条件,于是进入了全面推动现代大学制度建设的阶段。学校依托深厚的行业基础和牵头组建的装备制造业职业教育集团,实施国家教育体制改革试点项目"职业教育集团化办学改革试点",大力搭建产教对话协作平台,探索实践多元投入机制、四方联动机制、理事会运行机制、资源共享机制、四合作育人机制为核心的"校厂一体、产教并举、中高衔接、区域联动"的集团化办学模式,构建起"政府、学校、行业、企业"优势互补、资源共享、利益交融的战略联盟。该校的治理逻辑不仅为西部高职院校提供了借鉴,也同样适用于西部普通高等院校。在社会资源相对匮乏的西部,要想有长足的发展,首先依靠"打铁还需自身硬"的基本模式。

二是抓住机遇,迎接挑战。这是清晰认知自我和国家政策的基本思路。陕西工业职业技术学院在内涵发展的深化期、改革创新的攻坚期、对外开放的扩大期、提升办学层次的关键期,既把握住了历史机遇,又勇敢应对了巨大的压力和挑战。首先,国家对高职教育重视程度前所未有,政府层面推进高职教育改革的决心和行动坚决有力。尤其在"十三五"期间,国家出台了一系列发展高职教育的相关文件,陕西省也发布了配套文件和扶持政策。其次，国家重大战略举措的落地实施和陕西经济的快速发展为学院创新发展提供难得契机和广阔空间。"一带一路"的开放战略，"中国制造2025"等提升自主创新能力战略，关中—天水经济区、西咸新区等区域发展战略，为促进高职教育与经济、科技、文化、社会的有机结合并创新发展提供了难得的机遇。最后，70多年优良的办学传统、良好的办学业绩和丰富的办学经验为实现新跨越奠定坚实基础。作为国家示范高职，诸多办学指标稳居省内高职院校首位和国内高职院校前列，并已在全国职教领域具有一定的话语权，有实力和能力辐射、带动、引领陕西乃至全国职业教育发展。当然，作为西部高职教育的领头羊，高职教育领域以及产业行业发展的诸多不确定因素也给该校发展带来了前所未有的压力。但是，该校将压力转化为动力，并积极投身内部与外部治理的联合发展中，且取得了丰硕成果。比如：该校依托职教集团，创建了跨行业、跨地域合作的校企战略联合体；创办新校区扩大办学空间；推进西咸新区职教改革试验区建设，创设高职教育创新发展试验田；构建产教合作协同创新职教联盟；等等。

三是目标清晰，任务具体。这是实施推进协同治理方案的基本依据。陕西工业职业技术学院在推进协同治理方案时不仅依据准确的办学定位、办学思路，还依托清晰的总体目标，更遵从明确的具体指标任务。具体需要达标的任务涵盖学校总体发展规划的方方面面，包括专业数量、师资结构、实训基地、名师培养、校园建设、经费筹措、对外合作、校企协作以及校园文化等，这些不仅提出了发展目标，更是分配了具体数量。比如，在争创全国示范职教集团方面，制定计划新增企业订单班30个，校外实习实训基地30个，与5家以上世界知名企业建立校企合作关系，等等。这些指标在"十三五"期间都基本完成任务。众所周知，目标越明确行动越有效，该校正是基于这样的思考，将总体任务不断分层细化、分摊到各个职能部门具体落实，既提升了行动力也提高了效率和成功率，这为环环相扣推进院校综合治理创造了便利条件。

四是保持优势，创新改革。这是实现协同治理目标的根本抓手。近年来，陕西工业职业技术学院在不断推进多元化的创新改革，比如职业教育集团化办学试点、校园文化育人创新、现代学徒制试点、创新创业教育等都是管理体制和运行机制创新的具体体现。但是，它的创新是建立在其优势和特色之上的。该校的电气自动化技术、酒店管理、物流管理、机电一体化技术、纺织品检验与贸易、服装设计、数控设备应用与维护等是学校的七个老牌和名牌专业，学校现代学徒制改革的试点方案就以这几个专业为载体展开，辐射带动其他专业人才培养模式创新改革，逐步形成校企"双主体"的现代学徒制协同育人长效机制。在"大众创新、万众创业"的战略要求下，该校充分发挥陕西省创新能力培养综合改革试点院校的作用，大胆尝试弹性学制、学分互换制等。依托陕西装备制造业职业教育集团，牵头组建了全国机械行业材料成型与控制技术职业教育集团等机构。该校在充分发挥其优势的基础上推进创新深化发展，既为自身发展降低了难度，也有利于顺利推进协同治理目标的实现。

建设成为"高水平高职学院"是陕西工业职业技术学院在"十三五"期间的奋斗目标，回望过去的几年，它基本实现了既定目标，接下来将迎来更多挑战，也必然会有相应的机遇在促使它成为更高水平的职业院校。作为西部地区职业教育的排头兵，它在院校综合治理方面的经验值得所有的职业院校效仿和学习，尤其是在努力壮大自己优化内部治理逻辑和充分发挥自身优势不断加强外部治理思路方面更有其值得借鉴的地方。

综上分析，我们不仅了解了院校治理的发展背景及全球和我国的总体发展现状，而且也通过案例分析较为清晰地了解了我国西部区高等院校的综合治理状况。通过两个案例我们能够看到西部地区"双一流"建设高校和"双A"职业院校的院校治理发展状况和取得的成绩，它们的成就必然成为行业的标杆和奋斗目标，希望它们不仅引领西部高等教育，更能带动西部高等教育的整体发展。

【第五章】

西部高等教育数字化发展研究

随着近年来科技的发展，全球迈入了数字时代，数字化发展水平已经成为衡量一个国家现代化程度和综合实力的重要标志之一。《"十四五"国家信息化规划》指出："信息化为中华民族带来了千载难逢的机遇，必须敏锐抓住信息化发展的历史机遇。加快数字化发展、建设数字中国，是顺应新发展阶段形势变化、抢抓信息革命机遇、构筑国家竞争新形势、加快建成社会主义现代化强国的内在要求，是贯彻新发展理念、推动高质量发展的战略举措，是推动构建新发展格局、建设现代化经济体系的必由之路。"[1] 近日中共中央、国务院印发的《数字中国建设整体布局规划》指出："建设数字中国是数字时代推进中国式现代化的重要引擎，是构筑国家竞争新优势的有力支撑。加快数字中国建设，对全面建设社会主义现代化国家、全面推进中华民族伟大复兴具有重要意义和深远影响。"[2]

从数字化到智能化，再到智慧化，这是信息化发展的一条主线。数字化是信息化发展的高级阶段，而智能化和智慧化是数字化发展的更高形态。"信息化是用数字世界投射现实世界，数字化是用数字世界替换现实世界，智能化是让信息系统变聪明"，三者都以信息系统为基础。国外学者Sebastian等将新一代数字技术总结为："SMACIT。即社交相关的技术（social）、移动技术（mobile）、分析技术（analytics）、云技术（cloud）和物联网技术（Internet of things），例如大数据、云计算、区块链、物联网、人工智能、虚拟现实技术等。"因此，"数字化"就是"在一定的实践场域运用以信息技术为基础的新兴数字技术（SMACIT）对一定的实践对象施加作用而改

---

[1]《"十四五"国家信息化规划》，https://m.thepaper.cn/baijiahao_16047291。

[2]《数字中国建设整体布局规划》，https://baike.baidu.com/item/数字中国建设整体布局规划/62717910? fr=aladdin#2。

造客观世界的过程",它是信息化发展的一个阶段。相应地,"数字化发展"指的是"随着新兴数字技术及其应用的不断发展,人们运用其对客观世界进行由浅层到深层、由片面到全面的改造过程"。

当前,数字化的发展到达了一个新的阶段,数字技术日益成为创新驱动发展的先导力量,开启了一次具有全局性、战略性、革命性意义的"数字化转型",带动人类社会生产方式变革、生产关系再造、经济结构重组、生活方式巨变。"数字化转型"的概念最初出现于企业生产之中,由于数字技术具有广泛的实践对象和实践场域,"数字化转型"的概念之后也逐步出现在了企业生产领域外的其他领域。"数字化转型"指的是"通过结合信息、计算、通信和连接技术、使转型主体的各方面属性(包括但不限于运营、产品、管理、商业模式、生产流程等)发生重大变化,从而达到改进主体目的的过程"。需要注意的是,无论是在企业生产领域,还是其他领域,数字化转型最初强调的都是一种根本性、彻底性的变化,是一种与过去的渐进式发展具有本质区别的质的飞跃。如何顺应信息革命时代浪潮,抢抓数字化发展历史机遇,推动生产力与生产关系升级重构,引领撬动经济社会质量变革、效率变革、动力变革,成为当今时代决定大国兴衰的重要因素。

第一节 教育数字化转型背景下的高等教育数字化发展

一、高等教育数字化发展与教育数字化转型

与企业生产领域类似,以电子计算机技术为基础而发展起来的新型数字技术也促使高等教育的教学对象、教学方式、管理体系和评价体系等众多方面发生了深刻变革。在2023年2月13至2月14日的世界数字教育大会上,教育部部长怀进鹏指出:"当今世界,新一轮科技革命和产业变革深入发展,数字技术愈发成为驱动人类社会思维方式、组织架构和运作模式发生根本性变革、全方位重塑的引领力量,也带来了新的挑战,'教育何为、教育应该往何处去'也成为世界各国共同思考的命题。"

"高等教育数字化发展"指的就是从数字技术未诞生之前的传统高等教育,到后来数字技术出现、普及,以及逐渐融入高等教育领域后的数字化高等教育,再到数字技术进一步发展、创新和深度融入高等教育的智能化和智慧化高等教育的发展过程。其强调发展的渐进性和长期性,包括数字化从无到有、从诞生到普及、从增量到提质等广泛层面。

与"教育数字化发展"不同,"教育数字化转型是一种划时代的系统性教育创变

过程，指将数字技术整合到教育领域的各个层面，推动教育组织转变教学范式、组织架构、教学过程、评价方式等全方位的创新与变革，从供给驱动变为需求驱动，实现教育优质公平与支持终身学习，从而形成具有开放性、适应性、柔韧性、永续性的良好教育生态"。即教育部部长怀进鹏在2022年11月14日出席教育数字化专题座谈会所作讲话中强调的："要汇聚静态资源和动态数据持续加强国家教育数字化资源中心建设，着力提升师生数字化素养和能力，积极运用人工智能、大数据等技术助学、助教、助管、助研，探索数据赋能学习型社会建设，加强教育数字化开放合作，推动数字化与中华优秀传统文化相结合、助力中华文化走出去，不断把教育数字化推向深入，全力打造数字教育的中国思想、中国理念、中国方案，加快教育现代化，建设教育强国，努力办好人民满意的教育。"

其更强调发展的飞跃性和质变性，指的是一种与以往教育数字化的渐进发展有着本质区别的跃升。

"教育数字化发展"和"教育数字化转型"相互融合，不可分割。"教育数字化发展"是"教育数字化转型"的前提，只有在教育数字化不断发展的渐进过程中才能实现教育数字化转型；"教育数字化转型"是教育数字化发展到一定程度后的必然结果和教育数字化进一步发展的必然要求，教育数字化的成功转型本身就标志着教育数字化的里程碑式发展。

二、高等教育数字化发展的五大维度

高等教育数字化的渐进发展能够推动高等教育数字化转型的实践，因而李昊等学者在教育数字化转型的国际实践中总结出的区域国家层面战略引领、教育数字化基础设施建设、教育数字化资源开发应用、教育数字化能力提升、数字化教育治理体系建设等五大实践路径，可以作为本调研关于高等教育数字化发展状况的测量维度。但考虑到本调研的目的在于了解西部地区高等教育的数字化发展状况并总结发展经验，因此将"区域国家层面战略引领"变更为"区域与高校战略引领层面"，以更好地服务调研主题。

"区域与高校战略引领层面"指的是地区政府将教育数字化提升到战略高度，出台政策文件或专项计划加以推进。高校在地区政府战略的引领下，根据学校特点进一步作出细致的规划与建设。理论是实践的先导，地区对高等教育数字化的重视程度与整体规划是衡量该区域高等教育数字化发展程度的重要指标。尤其是在资源分布相对较少、高等教育数字化发展起步相对较晚的西部地区，地区政府对当地高等教育数字化发展能否做出统筹全局、彰显特色的科学战略部署，很大程度上决定了该地区今后一段时间内高等教育数字化发展的方向和进程。

"教育数字化基础设施建设"指的是各地区对高速网络及其覆盖性的建设，并不断研究新型技术在教育场景中的有效应用。长期以来，西部地区的基础设施建设相较于东部发达地区都较为落后，基础设施的普及和应用创新是西部地区突破发展瓶颈的客观条件之一。同样地，在西部高等教育数字化发展的进程中，教育数字化基础设施的建设也是高等教育数字化实现可持续发展的先决条件。

"教育数字化资源开发应用"指的是课程教材、数字图书馆、数字文化馆、资源共享平台等的开发建设和有效利用。凭借数字化技术的跨时空交互性，社会资源的利用能够实现效率最大化。在教育资源相对欠缺的西部地区，充分利用使资源实现跨时空流动的数字技术，提高教育资源的利用率，是补齐资源短板的一剂良方。因此，教育数字化资源的开发与应用程度，也是衡量高等教育数字化发展程度的重要指标之一。

"教育数字化能力提升"指的是教师、学生、学校管理者等主体对教育数字化的认识能力和实践能力在高等教育数字化发展进程中得到有效提升。教育的根本任务在于培养人，除了顶层设计、基础设施等硬件之外，教育系统中涉及的多方主体在数字化发展进程中获得相应的发展，是衡量高等教育数字化发展价值属性的重要标准。因而，高等教育数字化的发展还包括教师、学生和学校管理者等人员对数字化的认识和实践能力的提升。

"数字化教育治理体系建设"指的是创设数字化教育协同机制，发挥政府引领、学术研究、市场开发、学校推进的协同作用，推进良好的教育数字化生态建设。完善的数字化教育治理体系是教育数字化可持续发展的重要保障，也是教育数字化转型需要实现的目标之一。西部地区需要建立起完善的数字化教育治理体系，发挥多方主体推动数字化发展的作用，最终营造相互融通、便捷高效的数字化教育治理网络。

第二节　西部高等教育数字化发展的意义

一、有利于落实国家教育数字化发展战略

随着大数据、5G、虚拟现实等技术的产生和应用，全球已经进入数字时代，数字化的发展水平已经成为提升综合国力和国际竞争力的重要因素之一，我国对此高度重视。教育作为社会发展的领域之一，教育的数字化发展随之成为一大重点课题。2015年我国政府工作报告提出"互联网＋"概念，7月实施"互联网＋教育"项目，2021年国务院印发《关于推进"互联网＋教育"发展的指导意见》，2022年1月教育

部提出工作要点：实施教育数字化战略行动。3月底教育部发布"国家智慧教育公共服务平台"。在党的二十大报告中，更是作出了"推进教育数字化，建设全民终身学习的学习型社会、学习型大国""教育、科技、人才是全面建设社会主义现代化国家的基础性、战略性支撑"等论述，将教育的数字化发展提升到了战略高度。西部地区着力推动高等教育的数字化发展，是贯彻落实国家教育数字化发展战略的必然要求，也是紧跟时代步伐和国家引领的必由之路。

二、有利于提升西部地区高等教育的发展水平

当前我国仍存在东西部地区教育发展不均衡、城乡教育发展差异大等问题。西部地区作为我国经济基础薄弱、发展水平相对落后的区域，高等教育的规模和质量相较于发达地区较为落后。西部地区大力推动高等教育的数字化发展，加快教育数字化建设步伐，推动数字技术和教育教学深度融合，能够有效地增加教育资源供给，优化课堂教学效果，提升课堂管理水平，增强教学评价的客观性和准确性，全方位提升高等教育的发展水平，在一定程度上缩小高等教育发展水平与东部地区的差距。

三、有利于促进西部地区社会的整体发展

高等教育的性质与职能决定了其发展必须是立足时代且面向社会的，高等教育的数字化发展也是一项关乎整个地区社会发展的重大系统工程。西部地区在推进高等教育数字化发展的进程中，能够有力地带动当地的数字化基础设施的建设，拓宽西部地区的数字化产业链，促进产学研深度融合，扩大就业市场。通过立足社会和服务社会，在不断发展和完善高等教育自身职能的同时，创造更多新的社会价值，最终推动整个西部地区社会经济、政治和文化的发展。

第三节 西部高等教育数字化发展现状

在国家印发的《中华人民共和国国民经济和社会发展第十四个五年规划和2035年远景目标纲要》及教育部印发的《国家教育事业发展"十四五"规划》的指引下，我国西部地区更加注重教育的数字化建设，高等教育数字化持续向好发展。

本部分内容将整合关于西部地区高等教育数字化发展的资料，以区域战略引领层面、教育数字化基础设施建设、教育数字化资源开发应用、教育数字化能力提升、数字化教育治理体系建设为五大板块，对西部地区高等教育数字化发展的现状作出概述。

一、区域与高校战略引领层面

近年来西部地区高度重视高等教育数字化的发展，各地区政府纷纷出台了一系列相关文件，为该地区高等教育数字化的发展提供了科学的方向指引。许多高校也在地区政府发布文件的指导下，根据院校特点作出了更加细致的教育数字化发展规划。

在区域政府层面上，重庆市、四川省、云南省等地区均发布了丰富的教育数字化发展相关文件。目前重庆市政府已根据该地区的教育发展现状规划并出台了《加快推进教育数字化建设教育强国》《重庆市教育事业发展"十四五"规划》等文件，提出"提高智慧教育创新发展能力"，计划从完善智慧教育基础条件、优化智慧教育资源供给、推动新技术与教育教学融合应用、推进智能化教育管理与服务四个方面继续推进教育数字化的发展[1]。四川省政府出台了《四川省教育数字化提升计划（2022-2025）》《扎实推进高等教育数字化战略行动》《提升新时代教师"数智力"》等文件，致力于通过推进教育新基建、建设优质数字教育资源、推动新技术与教育教学深度融合、提升教育信息化管理与服务水平，加快教育的数字化转型。此外，四川省还着手打造了一系列教育信息化提升工程，如教育专用网络建设计划、教育大数据平台建设计划、智慧教育创新发展建设计划、教育教学课程培育计划等。云南省政府印发了《云南省2020年教育信息化和网络安全工作要点》《云南省"智慧教育"三年行动计划》等相关文件。《云南省"十四五"教育事业发展规划》提出围绕"数字云南"推进智慧教育，加快推进教育信息化能力建设，开发整合优数字教学资源，完善教育服务供给方式，加速教育治理数字化转型，推进教育教学模式变革创新，从全方位切入打造具有云南特色的智慧教育教学体系，为云南省高等教育数字化发展提供了方向引领。西藏自治区近年来对高等教育数字化发展也逐渐重视。《西藏自治区"十四五"时期信息化发展规划》在众多专家评审的基础上，结合西藏实际，找准信息化痛点难点堵点，进一步强化系统思维，加强调查研究，为新时代西藏经济社会长治久安和高质量发展提供有力支撑，也为西藏地区高等教育数字化发展奠定了基础[2]。2022年12月初，西藏政府发布了《西藏自治区人民政府办公厅关于印发西藏自治区"十四五"教育发展规划的通知》，督促各区加快落实科学规划教

---

[1] 重庆市教育委员会:《〈重庆市基础教育事业发展"十四五"规划（2021—2025年）〉政策解读》，http://jw.cq.gov.cn/zwgk/zfxxgkml/zcjd/wzjd/202209/t20220920_11127257_wap.html。

[2] 西藏自治区经济和信息化厅:《〈西藏自治区"十四五"时期信息化发展规划〉通过院士专家评审》，https://jxt.xizang.gov.cn/xzweb/detail?categoryId=56&channelId=8&id=4241。

育事业发展[①]。

除了以上地区外，贵州省、甘肃省、青海省和内蒙古自治区等其他地区也都积极跟进国家的战略步伐，在国家顶层设计的引领之下根据当地教育发展的现实状况出台了"十四五"教育发展规划，规划中均对教育数字化发展作出了科学细致的规划。

在高校层面上，重庆师范大学、兰州大学、西北师范大学、四川大学等许多高校也已建立起了完善的信息化管理平台，在信息化建设规划方面与时俱进。如重庆师范大学在信息化建设与管理办公室平台上明确了其指导思想，"按照重庆市教委、科委、经信委关于'数字校园'建设的要求，以学校建设发展规划为指导，紧扣学校人才培养、科学研究、社会服务的目标要求，通过加大投入、有效组织，推动我校'数字校园'建设，提升学校教学、科研、管理的信息化水平"。兰州大学在网络与信息化办公室平台上建立了"信息化建设"板块，之下又细分为"云上兰大""智慧一卡通""CERNET兰州主节点""甘肃教育网络中心"四个板块，对每一部分的建设概况和成果与规划作出介绍。西北师范大学的信息化与网络安全办公室平台上发布了信息化数据管理办法、信息化工作管理办法等，为校园信息化建设提供了具体的可操作性原则。

二、教育数字化基础设施建设

在国家的支持和西部各地区的努力之下，近年来，西部地区的教育数字化基础设施建设取得了巨大的进步。尤其是贵州省、青海省、西藏自治区等基础设施相对落后的地区，近年来教育数字化基础设施的建设突飞猛进。

贵州省政府十分重视数字基建，自2018年以来，全省在大数据领域的投资额始终保持在100多亿元。2022年，围绕"数字新基建"，贵州提出实施数字设施大提升行动，加快算力基础设施、融合基础设施、创新基础设施等建设，力争全年大数据领域投资达到170亿元。众多高校也已经全面普及校园网络，并建立起一系列信息网络平台。贵州大学、贵州医科大学、遵义医科大学、贵州中医药大学等高校都已创建起校园信息化管理平台，能够统筹规划校园数字化建设。

广西也高度重视数字化发展的基础设施建设。截至2021年10月，广西累计建成28.8万个基站，光缆线路长度达到234万公里。2022年，在建数据中心14个，规划承载能力达到29万标准机架。自国家"十四五"规划《纲要》提出"加快5G网络规模化部署，推动5G融合应用"的发展方向及重点任务后，广西移动加快"5G+算力+中台"新型信息基础设施建设，助力夯实广西数字经济发展底座，为广西数字经济

[①] 西藏自治区人民政府：《西藏自治区人民政府办公厅关于印发西藏自治区"十四五"教育发展规划的通知》，https://www.xizang.gov.cn/zwgk/xxfb/zbwj/202212/t20221201_331031.html。

蓬勃发展贡献力量。大力推进新基座的建设，为广西高等教育数字化发展奠定了良好的设施基础。

青海省近年来数字化基础设施建设取得了较大的发展。截至2021年3月底，全省已建成5G基站3648个，并积极打造5G+工业互联网发展典型案例，推进网络、产业、场景"三位一体"全面发展。青海民族大学、青海师范大学等高校也在网络上发布了各类数字化项目建设招标公告，着力完善校园数字化基础设施。

西藏自治区教育数字化基础设施架构目前也已全面建成，涵盖学前教育、中小学教育、职业教育、高等教育、继续教育，今年底全区学校宽带网络通达率达100%，交互式多媒体教学终端覆盖率达100%，班级信息化教学环境普及率达100%，网络学习空间开通率达80%。较为完整的基础设施，为高等教育数字化发展奠定了基础。西藏大学、西藏民族大学、西藏藏医药大学等也都建立起了信息网络中心，不断完善高校的数字化基础设施建设。

甘肃省数字化基础设施建设取得了较大的发展。2020年初，甘肃省提出着力打造"数字甘肃"，加快推进新一代信息化基础设施建设，培育经济高质量发展新动能，国网甘肃省电力公司助力甘肃搭建"数字新基建"。各个高校也在数字化基础设施的不断完善下，更新升级了数字化平台、智慧教室等硬件，为高校教育教学的数字化提供更加优质的条件。如北京邦永科技有限公司成功中标兰州交通大学基建信息化管理系统项目，助力高校实现基建项目的信息化、系统化管控。

除上述地区外，西部地区中相对发达的地区近年来教育数字化基础设施建设也在持续稳步地发展，且大力研发了新型技术在教育场景中的有效应用，如四川省、重庆市、甘肃省的一些高校。2020年，四川大学借助数字化，建全新智慧OA平台，提升"智慧校园"建设水平。2017年，西南财经大学与华卫公司合作，共建数字化校园容灾系统。西南大学出版社选择用友BIP，构建统一数字化管理平台。重庆师范大学以Wi-Fi 6构建校园网，通过构建一张能够承载有线、无线、物联网的综合网络让校园更智慧。兰州大学校园网已经建成主干网络带宽达10Gbps的跨城域万兆校园网，有线网络布线信息点33000余点，布线覆盖教学楼、办公楼、图书馆、实验楼、学生宿舍区、家属区，实现了千兆到楼宇百兆到桌面的全校覆盖；本部和榆中校区无线网已经覆盖了图书馆、教学楼、办公楼及室外活动区域；建有标准化、规范化、技术先进、安全性高的中心机房，服务于校园一卡通和"数字校园"统一平台，并采用专业的VPN设备，为住在校外的师生提供访问校内各种资源的快捷通道。

三、教育数字化资源开发应用

近年来众多西部地区的高校肩负起了推动教育数字化发展的责任，在教育数字化资源开发应用方面充分发挥了创造性，高等教育的数字化资源开发与应用整体上呈现出百花齐放的繁荣态势。

如重庆市的高校近年来在推动教育数字化资源开发应用方面作出了不懈努力。2022年，重庆大学的"立德树人"线上展馆平台对外发布，让用户足不出户即可获取档案材料，同时，也降低了了解重庆大学历史的"门槛"。此外，重庆大学还与京东合作，打破图书馆馆藏的界限，推动重庆大学图书馆进入"无限馆藏"。重庆邮电大学项目入选工信部和教育部首批"5G＋智慧教育"应用试点项目，大力开展智慧教育研究实践，加快教育数字化转型。

四川省的高校也高度重视多方协同合作、广泛挖掘资源。四川大学档案馆以馆藏档案数字化成果和相关数字资源为基础，以档案管理和共享为目标，充分展示档案管理和校史文化的融合特征，建设多个不同类型的档案资源展示系统，初步构建较为完善和系统的以档案资源管理展示为主的综合化集成式档案资源开发管理、互联共享体系。2018年，西南交通大学出版了首部数字化心理健康教育教材《积极与幸福心理学》，随时随地扫码学习的方式满足了学习型社会的需求。此外，还有四川师范大学、西南民族大学、四川电子科技大学等，积极和市场企业共建资源共享平台。

陕西省的高等教育数字化资源开发应用成果十分丰硕，且大部分高校能够因地制宜，结合本校特色进行资源开发和应用，体现了极强的数字化创新能力。如西安电子科技大学在2016年，根据国家政策发挥学校优势，实施以"7+1"信息化为牵引的精准扶贫。西北工业大学建立了完善的毕业生就业数字化签约平台，为毕业生和西部就业市场之间搭建了便捷的数字化桥梁。西北农林科技大学根据本校特色，打造数字化树木园并免费对外开放。还有西安交通大学与人大芸窗数字教材积极合作，推动数字化教学改革的实践。

云南省的高等教育数字化资源开发应用发展体现着浓厚的地区特色。2013年云南农业大学被省委宣传部确定为"俭约云南"主题宣传教育实践活动试点单位后，云南农业大学充分利用数字化资源，通过数字化管理实现无纸化办公，整合优化教学科研资源。云南大学、昆明理工大学、云南师范大学等高校都打造了完备的数字化校园平台，并在努力开发新的数字化共享平台。

甘肃省的高等教育数字化资源开发应用成果丰富且极具创新性。如2020年兰州理工大学正式启用《兰州理工大学学报》数字化期刊系统，为广大师生的学习提供便捷平台。2022年初兰州大学第一医院口腔科应用数字化技术成功实施一例陈旧性骨折继发牙颌面畸形整复治疗，充分发挥了数字化技术科技、精准、高效的作用。

西藏自治区的教育数字化资源开发应用体现了浓厚的民族特色和地区特色，极具创新性。早在2011年，西藏大学藏文信息化技术就走在了世界前列，在应用技术的同时弘扬了民族文化。2018年，西藏大学又进一步实施了"藏文文献资源数字化技术集成与应用示范"项目，推动藏文文献数字化的深化发展。2022年，西藏藏医药大学主持的藏医药古籍文献数字化服务项目通过验收，促进藏医药古籍文献的保护、利用和发展，弘扬中华民族优秀文化。

新疆教育数字化资源开发应用充分体现了全方位教育数字化的理念。如新疆大学实施了大型仪器设备开放共享信息化平台项目、馆藏档案数字化项目等，促进数字化教学资源的开放共享。新疆医科大学结合自身学科特色，打造了牙体窝洞预备的数字化虚拟仿真教学系统，利用数字化技术助力教学方式转型等。

此外，贵州、广西等地区的高校也在教育数字化资源开发应用方面取得了重要进展。如2021年贵州医科大学副校长罗俊调研信息化及大型仪器设备共享平台建设工作，强调要以数据整合为基础，以业务流程整合优化为抓手，以体制机制完善为保障，利用信息化手段，解决当前"数据壁垒""信息孤岛"等痛点和难点，有效推进学校信息化建设，为师生提供更优质、便捷、安全的信息化服务。广西医科大学附院结盟微软，打造数字化跨境就医平台，既推动了本校数字化资源的融合应用，又面向社会服务人民。

四、教育数字化能力提升

近年来西部地区的高校十分注重教育数字化能力建设，各个高校充分结合自身实际，创造性地开展了形式丰富的教育数字化能力提升实践活动，着力打造数字化时代的新型教师队伍和学生人才队伍。

四川省许多高校采取了丰富的措施致力于提升教育数字化能力。如四川大学锦城学院参与2020首届数字化产业峰会并签约"成渝数字化人才培训基地"，大力培养西部数字化人才。还有成都理工大学在2020年召开第六届全国高等院校数字化虚拟仿真大赛，鼓励和倡导高校教师提升数字化建设能力等。

陕西省高校十分注重教育数字化能力建设，如西安电子科技大学经济管理学院开展了"数智化时代下信息管理与信息系统专业建设与人才培养"系列活动，以研讨会的形式提升师生数字化意识与能力。西安交通大学在2017年的全国大学生机械产品数字化设计大赛中大放光彩，获奖数位列参赛高校第一。其管理学院还邀请了浪潮铸远教育科技有限公司总经理马建军作学术报告——《数字化转型的创新与实践，提升全体师生对数字化转型的认识》。

云南省各高校开展的数字化能力提升实践活动形式丰富，且极具地区特色。如2017年昆明理工大学教务处、计算中心主办的"云南省本科院校信息化课堂创建培训班"，有来自昆明理工大学、云南师范大学、昆明学院等5所高校的48位教师参加了为期3天的培训。2019年昆明理工大学信息化建设管理中心开展网站建设管理培训，全面提升高效管理人员的数字化管理能力。云南农业大学举办"信息化背景下云南现代农业发展"现场教学，促使学员转变传统农业发展观念，树立现代农业发展意识，积极主动地运用大数据思维、互联网思维来推进农业产业发展。还有云南师范大学创新育人模式，打造一流民族教育信息化人才培养高地。

甘肃省通过响应国家政策、加强基础设施建设、举办相关竞赛等方式推动高校教育数字化能力提升。如教育部依托西北师范大学建设教育部教育信息化战略研究基地，西北师大开展积极配合，致力于推进信息化战略的研究。西北师范大学还成立了信息化教学技能培训中心，大力推进教师教育内涵式发展，全面提高教师教育质量，服务学校教师教育改革，推进学校教师教育资源与平台建设。兰州交通大学机电工程学院举办三维数字化创新设计大赛，培养学生的三维数字化创新设计能力和激发创新意识。

除上述地区外，新疆、内蒙古、宁夏和西藏等地区也都在教育数字化能力提升建设方面作出了不懈的努力。如新疆师范大学顺利开展国培计划——教师信息技术应用指导团队信息化领导力培训项目培训班。2020年，蒙古大学满洲里学院教务处开展教务系统培训，使教务系统更好地服务教学管理、规范教学流程、提升工作效率。2020年，宁夏师范学院开展了师范专业学生信息化教学能力发展培训工作，面向未来打造数字化时代的新型教师队伍。

五、数字化教育治理体系建设

近年来西部地区的数字化教育治理体系日趋完善，重庆、四川、陕西、新疆、甘肃等一些地区基本上形成了政府引领、学术研究、市场开发、学校推进的良好数字化教育生态。其他数字化教育治理体系发展相对落后的地区，也在努力完善数字化教育治理体系。

重庆市数字化教育治理体系较为完善，尤其是在校企合作方面取得了辉煌成果。2019年，重庆邮电大学携手重庆重邮信科（集团）股份有限公司精彩亮相智博会，展示了产学研用一体化的创新应用及产品和信息化建设全过程服务。2021年，摹客和重庆邮电大学达成合作，双方正式建立起长期稳固的校企合作关系，共启数字化未来。

四川省数字化教育治理体系建设非常完善，充分发挥了政府引领、学术研究、市场开发、学校推进的协同作用。2018年，西南交通大学以数字化战略助推高校建设，建人工智能研究院。2022年，四川大学工程设计研究院携手垒知科技集团，共同建设业务数字化项目。此外，还有成都理工大学与纵横软件四川办的课程合作项目，四川大学商学院聚焦企业数字化转型，在"数字洞察、赋能转型"暑期社会实践中深入企业车间进行实证调研。

贵州省数字化教育治理体系较为完善且创造着巨大的社会价值，实现了数字化转型背景下的产学研相结合。如2022年10月，贵州联通与贵州大学签订合作协议，深化教育信息化合作，将在信息化建设、数字校园、科研创新、校企合作、人才培育、5G场景研究、就业拓岗等方面不断拓宽合作领域，提升合作价值。为丰富管理学院学生实践基地资源，促进产学研相结合，强化大学生实践能力，2020年11月30日，贵州大学管理学院与贵州云享视界数字化服务有限公司签订了校企合作框架协议及共建教学实践基地协议。

在新疆政府的政策支持下，新疆医科大学第一附属医院携手医惠科技推进智慧医院建设，不断完善和提升医院信息化建设水平，更好地服务临床，服务患者，推动医院实现高质量发展。新疆师范大学召开2021年信息化建设项目暨"十四五"信息化发展规划方案专家论证会，积极学习和贯彻落实国家政策。

甘肃省整体上形成了政府引导、市场参与、高校推进和协同共建的数字化教育治理体系。如甘肃省对兰州大学"十一五"期间的信息化建设成果积极肯定并给予表彰，激励甘肃省高校进一步推动教育信息化发展。强智科技与西北师范大学合作，推动学校项目申报业务智能化、数字化。纵横软件甘肃办于2022年6月6应兰州理工大学邀请为该校学生进行线上授课，助力高校工程专业数字化建设，推动兰州理工大学工程专业教学智慧化。

广西数字化教育治理体系近年来也取得了稳健的发展。在政府引导方面，许多相关的政策文件为广西高等教育数字化发展提供了方向指引。在市场与高校方面，近年来许多高校逐步加强与市场的合作，打造新型的数字化平台和数字化资源应用合作项目，如宝业恒公司与广西医科大学合作，推动C-MARK网络数字扩声系统与校内多功能厅的融合。

青海、西藏等西部相对落后地区的数字化教育治理体系建设处于起步并逐渐完善的阶段。目前，青海省政府已根据国家的战略和本省特点，印发了《青海省省"十四五"教育事业发展规划》，为青海省未来几年教育数字化的发展提供了方向引领。高校与市场也已开展了一些合作项目，如青海师范大学与青海移动联手推出"校园手机一卡通"。西藏地区经济发展落后，高等教育数字化发展起点较低，但在国家战略的推动下，西藏自治区人民政府近年来逐步重视教育数字化的发展。西藏地区各高校自身也在努力响应国家战略，推动教育数字化的发展。总体来看，在国家和地区的战略指引下，西部发展相对落后的地区的数字化教育治理体系发展具有较大潜力。

第四节　西部高等教育数字化发展经验总结

一、紧跟国家战略步伐，因地制宜制定政策

近年来西部地区高等教育数字化发展取得重大成就，原因之一是西部地区政府和各个高校始终密切关注国家的战略部署和政策方针，并及时根据地区的经济发展状况、社会文化特点和高校专业特色等进一步制定符合实际情况的政策，形成了国家科学引领、地区贯彻落实的上通下达的政策融通机制，使西部地区高等教育数字化的发展有了更加完善的政策保障，为西部高等教育数字化的发展提供了更加科学与精准的政策导向。

随着时代的进步和科技的发展，我国近年来制定印发了许多关于教育数字化的文件，旨在跟进时代步伐，促使新的技术赋能教育，提升教育发展质量。如2015年我国的政府工作报告提出了"互联网＋"的概念，7月份正式启动"互联网＋教育"项目；2018年教育部发布《教育信息化2.0行动计划》；2021年国务院印发《关于推进"互联网＋教育"发展的指导意见》；2022年1月教育部将实施教育数字化战略行动纳入工作要点中。西部地区各省市在充分了解国家战略和政策的基础上，结合实际情况作出了进一步的政策部署。如重庆市政府规划并出台的《加快推进教育数字化建设教育强国》《重庆市教育事业发展"十四五"规划》，四川省的《四川省教育数字化提升计划（2022—2025）》《扎实推进高等教育数字化战略行动》《提升新时代教师"数智力"》《四川省"十四五"教育发展规划》，云南省的《云南省2020年教育信息化和网络安全工作要点》《云南省"智慧教育"三年行动计划》《云南省1＋N互动课堂标准》等。此外，西部高校在国家和政府的政策引领下，继续作出了更为细致且符合高校自身特点的教育数字化发展规划和实施细则。如内蒙古师范大学新修订的《信息化数据资源管理办法》，贵州大学的《网络与信息化管理中心校园网络安全实施细则》，重庆大学的《数字化校园系统项目建设需求》……这些均为高校的教育数字化发展提供了政策保障。

二、明确基建重要地位，大力建设数字基座

西部地区在推动高等教育数字化发展的进程中，始终明确认识该地区资源相对稀少、基础设施相对落后的现实状况，认识数字化基础设施建设对教育数字化发展的重要意义，因而十分注重加强数字基座的建设，为数字基座的建设提供有力的政

策保障和充足的资金支持，努力缩小和东部地区的差距。尤其是在我国新基建的战略背景下，西部地区对数字基座建设的重视程度进一步提升，且取得了辉煌的成果，为高等教育数字化发展奠定了良好的硬件基础。西部地区的许多高校也十分重视校园内数字化基础设施的建设，积极与市场打造合作平台，携手共建全覆盖校园网络、智慧教室、数据管理中心等基础设施，提升校园的数字化水平。

例如在过去几年，西藏自治区的电教系统紧紧围绕"三通两平台"建设工作，开拓创新，团结奋进，累计投入教育信息化建设项目资金2亿多元，成功搭建了自治区基础教育资源公共服务平台，完善了自治区教育管理公共服务平台，有力推动了全区教育信息化的健康协调持续发展。"十三五"期间，宁夏大力推进"互联网+教育"示范省（区）建设，实施学校联网攻坚行动，实现全区学校互联网200M以上带宽接入全覆盖，平均带宽从2017年的50M提升到411M，超半数学校互联网带宽达到500M以上，无线网络覆盖率从25%提升到100%，覆盖城乡、横连纵通的教育网络环境基本形成，为教育信息化创新实践提供了坚实保障。除了西藏自治区和宁夏回族自治区外，许多其他的西部地区省市也高度重视教育数字化基建，近年来都在网络建设、平台打造和数据联通等方面作出了努力，不断优化地区高等教育数字化发展的环境。

三、数字时代不忘本真，彰显地区民族特色

一个国家的文化是其区别于世界其他国家与民族的重要特征，民族文化是中华文化的重要组成部分，民族文化的生生不息、与时俱进是中华文化立足于世界并适应时代发展的重要保障。在现代社会发展进程中，最难能可贵的是不忘本真，铭记根基。与东部地区相比，我国西部地区聚集着众多不同的民族，每个民族都为中华文化的发展贡献了力量。西部一些地区在高等教育数字化发展进程中，始终不忘传承和发扬当地的民族文化，将数字技术与民族文化相结合，让民族文化在数字时代背景下获得新的生机与活力，发扬高等教育在促进文化传承和传播中的重要作用，为西部地区高等教育数字化发展增添了民族色彩。

最具代表性的地区是西藏自治区和内蒙古自治区，两地的高校充分将数字化技术和民族文化相结合，既融合创新了数字技术，又发扬了民族文化。在西藏地区，西藏大学于2018年带领启动"藏文文献资源数字化技术集成与应用示范"项目，设立了"藏文语言结构及文字构成规律和多字体藏文文字识别技术研究""藏文文献数字化无损采集装置研发与数据处理""藏文化资源传承保护技术集成应用示范"等5个研究课题，深入研究数字化技术在藏族文化传承领域中的应用。在内蒙古地区，自"十二五"以来，内蒙古大学已经多次承担自治区蒙古语言信息化处理、民族文化建设工程项目，如"汉蒙英日大词典数据库及工作平台"项目，"蒙古族语语言资

源建设信息化理论与相关技术研究"项目、"蒙古文多文种词典数字化平台与基础软件优化应用示范"项目、"蒙古文党刊文稿计算机辅助创作与编辑平台的研发子题"项目等。内蒙古大学还建立了民族博物馆的数字化平台,通过数字化的影像采集技术、数据存储技术和网络技术将内蒙古大学民族博物馆打造成一个重要的文物数字化展示、保护与交流的专业平台,一个集观赏性、知识性、互动性为一体的大型综合数字博物馆。展览内容涉及蒙古族政治、经济、生产、生活、文化、艺术、宗教等诸多领域,具有很高的科研、教学及艺术鉴赏价值。

四、始终树立创新意识,融合创新数字技术

创新是民族进步的灵魂和国家兴旺发达的不竭动力,也是推动人类社会向前发展的重要力量。西部地区的高校在推进高等教育数字化发展的进程中,始终树立创新意识,在结合地域特点和高校特点的基础上,创造性、灵活性地将数字技术与各种教育场景全方位相结合,优化数字教育资源供给,创新数字教育资源应用,充分发挥现代技术提高教育资源利用率的作用,弥补西部教育资源相对稀缺的短板,利用现代技术带动了整个高等教育体系的发展。

西部地区许多高校,在结合院校特点与专业特色创新数字技术方面都取得了辉煌的成果,既有力地打造了高校特色学科,又推动了学科的数字化建设,体现了西部地区的创新意识和创新精神。例如新疆医科大学第一附属医院使用西北首台正式装机Mako机器人,成功完成了机器人辅助双髋同时置换及复杂高位髋关节脱位髋置换手术,标志着新疆地区的骨科手术迈入了数字化、精准化时代。兰州大学第一医院口腔科应用数字化技术成功实施一例陈旧性骨折继发牙颌面畸形整复治疗,其聚焦数字化外科前沿领域,购入3D打印设备、激光扫描仪,专业医疗软件,成为省内首家可以独立自主实现数字化正颌外科手术的单位,推动了兰州大学医学专业数字化的纵深发展。西北农林科技大学立足于自身的农业特色,打造数字化树木园,将现代信息技术与科教资源相结合,资料翔实、形象生动,打破了时空限制,对教学、科研和科普都具有很强的辅助作用。

五、秉持协同共建理念,构建多方合作网络

推动教育的数字化发展,加速教育的数字化转型,需要国家和地区、高校和企业,以及全体教育工作者和学生的共同努力。西部地区充分认识到了构建数字化多方合作网络的重要性,一些地区的政府为打造数字化合作平台提供政策保障和资金支持,各个高校也积极响应国家和政府的号召,在政策引领下围绕数字化建设积极开展一系列校际合作和校企合作,为企业工作人员、教育工作者和学生等多方主体在不同场域中搭建起相互融通的交流合作平台,从意识层面、技术层面和应用层面

全方位提升高等教育的数字化水平，使西部地区近年来的高等教育数字化获得了迅速的发展。

西部地区构建的数字化合作网络覆盖面十分广泛，包括校园网络建设、基础设施承包、专家跨校交流、学生实习安排、毕业合作签约等方面。例如，重庆大学与京东开展合作，通过智能采购技术将校方PDA平台与京东线上书城进行了无缝对接，使图书馆实现了数字化无限扩容，推动了高校数字化和智能化的进程。重庆邮电大学和17家校友企业签约合作，共建重庆邮电大学大数据智能化产业技术协同创新研究院等新型数字化学院，为南岸区、重庆经开区大数据智能化产业战略发展提供了共性技术支撑和服务，为重庆乃至成渝地区数字经济创新发展提供了人才支撑和智力保障。西安交通大学管理学院邀请浪潮铸远教育科技有限公司总经理马建军作学术报告《数字化转型：创新与实践》，提升师生对数字化转型的认识，为培养数字化时代的新型教师和未来人才做准备。四川大学锦城学院参与2020首届数字化产业峰会并签约"成渝数字化人才培训基地"，在峰会上与各行各业共同分享数字化转型和人才培养的创新成果，一起探索新时代"数字驱动经济增长"的制胜之道。

六、树立数字大局观念，面向社会服务人民

西部地区高校在数字化发展进程中，始终树立牢固的大局观念，坚守着高等教育学术研究、人才培养、服务社会和促进创新的职能，积极关注社会发展的动向，主动适应社会发展的要求，与国家政策和时代背景保持一致的步调，推动教育数字化的发展。此外，众多高校还利用了数字技术的跨时空性，通过打造开放教育资源平台、线上便民服务平台等，在适应社会发展要求的同时，为人民提供了优质的数字化服务。

西部地区高校在数字化进程中适应社会和服务人民，主要体现在积极响应国家政策、着眼区域整体发展、打造资源共享平台等方面。例如，在"大思政课"背景下，习近平总书记强调思政课要"以透彻的学理分析回应学生，以彻底的思想理论说服学生，用真理的强大力量引导学生"，宁夏大学教育研究院主动承担起探索数字化赋能"大思政课"的课题，运用数字化技术赋能思政课堂，丰富"大思政课"教学内容，创新"大思政课"育人方式，完善"大思政课"教学评价体系，将有效推进"大思政课"高质量发展，为培养德智体美劳全面发展的社会主义建设者和接班人提供坚实支撑。西南交通大学紧跟数字时代发展的步伐，深刻认识和把握信息化大势，努力适应和引领新生产力发展方向，于2018年成立了人工智能研究院，致力于研究新的时代发展驱动力。云南农业大学借助自身研究特色，开展"信息化背景下云南现代农业发展"学习项目，使学员了解云南大数据中心的建设和运行，并深入现场认识了大数据、物联网、云计算等信息技术对推动云南农业发展的重要作用，促使学员转变传统农业发展观念，树立现代农业发展意识，积极主动地学习、了解大数据、物联网、云计算等先进技术，运用大数据思维、物联网思维、云计算思维来推进农业产业发展。还有广西医科大学附属医院和微软合作，打造跨境就医平台，充分发挥大数据、云计算、人工智能、5G等信息技术的优势，帮助医院对接东盟国家，满足更多海外患者和健康管理人群的需求，既提升了国内医疗数字化水平，又进一步对接了世界。

七、着眼数字文化生态，提升数字化软实力

高等教育数字化的发展既包括数字化基础设施和科学技术等硬实力的发展，也包括诸如社会的价值观念、精神面貌等在内的非物质要素构成的软实力的发展。西部地区在努力建设数字化基座和研究数字化技术的同时，高度重视数字化软实力的发展，不断完善数字化制度体系，着力打造良好的数字化制度文化。通过开展与数字化建设相关的专家讲座、课题研究、专题培训等丰富的实践活动，大力提升全体教育工作者和学生等利益相关者的数字素养，为高等教育数字化的发展奠定坚实的劳动力基础。许多西部地区的高校十分重视数字化能力提升建设，大力提升数字化软实力，尤其是云南、贵州、宁夏等经济发展水平较为落后的地区，其深刻地认识到数字化软实力的落后是制约高等教育数字化进一步发展的主要阻碍因素，近年来，对数字化软实力的重视程度达到了相当高的水平，这种不畏困难、勇于奋起的精神十分宝贵。

例如昆明理工大学信息化建设管理中心开展网站建设管理培训，促使各部门对学校网站建设管理规定形成更加清晰的认识，对内容发布操作形成更熟练地掌握，增强学校各个部门工作人员的信息素养，提升高校信息化管理水平。近年来，云南师范大学聚焦"民族教育信息化建设"，依托民族教育信息化教育部重点实验室，创新构建民族教育信息化建设"双向互动"五维一体协同育人模式，助力边疆民族地区培养一流民族教育信息化人才，促成优质教育资源在边疆民族地区高效开发与共享利用。云南师范大学实施"教师信息化应用教学能力提升培训"项目计划，采取了线下培训和线上同步培训的方式，提升了一线教师信息化应用教学能力，为教师熟练使用学校智慧教室、微格教室、多媒体教室等学校信息化教育教学装备打下了基础，满足新学期教师对信息化教学设备的使用需求。贵州大学承办了大数据背景下的数字化转型与智慧治理论坛，分为"数字化转型与法规转换""大数据背景下的数字化转型与智慧治理&生物医药产业的开放创新与商业模式""大数据背景下的数字化转型与智慧治理"三个分论坛，采取线上与线下相结合的方式，提升全体师生对数字化的认识和推进数字化建设的意识。

[第六章]

西部研究生教育发展研究

本研究首先详细描述了研究生教育规模、经费投入、科研参与度等西部地区研究生教育发展的概况。在此基础上,本研究通过对2010—2020年西部地区省际面板数据的计量分析,系统探讨了2010—2020年西部研究生教育对全要素生产率的影响,旨在探讨西部地区研究生教育与区域社会经济发展的协调情况及其贡献情况,以更全面深入地把握我国西部地区研究生教育发展质量。针对发现的问题,本研究对未来西部研究生教育改革与发展方向提出了对策建议,以助力西部地区研究生教育与经济的高质量发展。

第一节 西部研究生教育发展概况

本部分主要对2010—2020年西部地区在学研究生数、毕业研究生数、生师比、生均研究与试验发展经费和科研参与度等研究生教育发展部分关键内容的情况进行说明,表格内容为经过缺失值处理[①]后的结果。

一、研究生教育在学与毕业生数情况

2010—2020年西部各省(自治区、直辖市)在学研究生数与毕业研究生数情况如表6-1、表6-2所示。可以看出,西部地区研究生教育规模连年上升,但存在区域

---

① 缺失值处理方法为线性插值法。线性插值法指插值函数为一次多项式的插值方法,其几何意义为利用过已知两个端点量的直线来近似表示原函数,从而计算两个端点之间某个未知量。

内部发展不平衡、不充分的情况，省份间差距极大，例如就2020年研究生在学数而言，排在第一位的陕西省与末位的西藏自治区比值高达53.5∶1。

表6-1 2010—2020年西部各省（自治区、直辖市）在学研究生数　　　单位：万人

地区	2010	2011	2012	2013	2014	2015	2016	2017	2018	2019	2020
内蒙古	1.40	1.53	1.62	1.70	1.73	1.80	1.90	2.00	2.10	2.20	2.50
广西	2.08	2.26	2.35	2.41	2.59	2.67	2.77	2.94	3.41	3.82	4.67
重庆	4.31	4.52	4.66	4.82	4.90	5.05	5.22	5.83	6.51	7.26	8.31
四川	7.80	8.30	8.56	8.80	8.80	9.00	9.20	10.20	12.80	12.20	14.50
贵州	1.14	1.24	1.33	1.41	1.47	1.55	1.64	1.86	2.09	2.37	2.77
云南	2.53	2.81	2.92	3.06	3.10	3.20	3.30	3.66	4.11	4.67	5.47
西藏	0.11	0.11	0.12	0.13	0.14	0.15	0.15	0.18	0.21	0.24	0.31
陕西	8.53	7.42	9.43	9.70	9.87	10.19	10.57	11.59	12.54	14.67	16.59
甘肃	2.56	2.70	2.83	2.94	2.91	2.96	3.12	3.45	3.85	4.25	4.85
青海	0.21	0.24	0.28	0.31	0.30	0.32	0.35	0.41	0.49	0.60	0.74
宁夏	0.32	0.35	0.34	0.40	0.41	0.44	0.40	0.53	0.56	0.77	0.95
新疆	1.27	1.41	1.55	1.69	1.72	1.80	1.92	2.13	2.38	2.69	3.21

表6-2 2010—2020年西部各省（自治区、直辖市）毕业研究生数　　　单位：万人

地区	2010	2011	2012	2013	2014	2015	2016	2017	2018	2019	2020
内蒙古	0.49	0.52	0.56	0.59	0.63	0.67	0.71	0.75	0.83	0.95	1.01
广西	0.54	0.60	0.72	0.75	0.80	0.84	0.88	0.90	0.91	0.99	1.11
重庆	1.03	1.24	1.38	1.42	1.49	1.49	1.54	1.55	1.65	1.67	1.93
四川	1.90	2.1	2.22	2.40	2.50	2.50	2.50	2.60	2.70	2.90	3.23
贵州	0.29	0.33	0.38	0.41	0.44	0.45	0.47	0.49	0.54	0.56	0.69
云南	0.86	0.87	0.88	0.89	0.90	0.97	0.99	1.03	1.04	1.08	1.29
西藏	0.02	0.02	0.02	0.03	0.03	0.04	0.05	0.06	0.05	0.06	0.07
陕西	2.17	2.06	2.56	2.76	2.71	2.85	2.81	2.90	2.99	3.09	3.19
甘肃	0.65	0.71	0.80	0.86	0.86	0.92	0.88	0.92	0.96	1.04	1.19
青海	0.05	0.06	0.01	0.08	0.08	0.09	0.10	0.11	0.12	0.13	0.17
宁夏	0.08	0.10	0.10	0.12	0.14	0.14	0.14	0.16	0.14	0.20	0.22
新疆	0.34	0.34	0.41	0.48	0.49	0.55	0.56	0.56	0.62	0.66	0.75

二、研究生生师比情况

研究生生师比是指平均每个研究生导师指导的研究生人数，即研究生数与研究生导师数的比值。2010—2020年西部各省（自治区、直辖市）研究生生师比情况如

表6-3所示,发现西部地区研究生生师比呈震荡变化趋势,未有明显、一直的上升或下降趋势,说明西部地区研究生导师数量变化与研究生在学人数变化不匹配,不利于研究生教育质量发展。

表6-3 2010—2020年西部各省(自治区、直辖市)研究生生师比

地区	2010	2011	2012	2013	2014	2015	2016	2017	2018	2019	2020
内蒙古	4.94	5.01	5.14	5.08	4.59	4.43	6.23	5.71	5.20	5.56	5.37
广西	4.55	4.64	4.32	4.30	4.37	4.00	5.11	4.84	4.56	4.82	5.38
重庆	7.50	7.38	6.78	6.50	6.14	5.88	7.76	6.87	5.98	6.92	6.16
四川	7.44	7.61	7.18	7.04	6.43	6.23	8.26	7.42	6.58	7.79	6.76
贵州	4.13	4.19	4.26	4.12	4.42	4.40	5.61	5.04	4.47	5.14	5.1
云南	5.72	5.88	5.12	4.93	4.80	4.37	5.59	5.00	4.40	4.81	4.4
西藏	3.76	4.02	3.79	6.19	4.82	3.40	3.69	3.46	3.22	3.34	3.39
陕西	7.43	7.21	6.95	4.70	6.53	6.27	9.29	8.00	6.71	7.67	7.53
甘肃	6.28	6.10	5.91	5.56	5.96	5.35	6.79	6.53	6.26	6.86	6.66
青海	5.11	3.44	3.57	3.51	3.49	3.90	5.45	5.06	4.67	5.43	5.16
宁夏	4.54	4.79	4.48	4.02	3.77	3.86	4.51	3.97	3.43	3.79	3.97
新疆	4.13	4.35	3.65	3.68	4.16	3.79	5.68	5.17	4.65	4.68	4.75

三、研究生生均研究与试验发展经费情况

研究与发展试验经费是研究生学术训练的重要条件保障,2010—2020年西部地区研究生生均研究与试验发展经费如表6-4所示。

表6-4 2010—2020年西部各省(自治区、直辖市)研究生生均R&D经费　　单位:元/人

地区	2010	2011	2012	2013	2014	2015	2016	2017	2018	2019	2020
内蒙古	17 690.1	20 283.0	21 500.0	23 286.5	23 661.3	18 170.6	20 340.0	22 372.3	31 803.0	33 375.3	28 169.2
广西	32 237.0	29 791.6	31 880.4	34 363.1	35 959.5	42 133.3	49 313.7	74 466.9	62 848.4	62 088.3	40 893.6
重庆	33 267.8	25 701.8	36 973.4	36 373.4	34339.6	37 609.7	50 834.5	58 465.5	60 877.8	63 705.1	58479.5
四川	46 571.7	53 932.5	45 219.4	48 725.3	49 918.8	51 694.7	51987.4	54 710.0	51 772.2	64 416.6	58 753.5
贵州	25 433.2	31 516.9	30 223.3	34 644.0	41 513.6	42 084.5	48 961.0	68 190.1	70 085.5	73 965.4	64 853.4
云南	21 591.0	19 098.9	22740.1	22 657.5	27 905.2	32 970.0	35 669.7	30 501.9	35 061.5	34 841.8	38 031.3

表6-4（续）

地区	2010	2011	2012	2013	2014	2015	2016	2017	2018	2019	2020
西藏	24 396.3	31 038.8	21 130.6	25 752.5	26 378.6	75220.0	23 633.3	45 198.1	31 966.3	37 783.4	23 016.1
陕西	29 057.0	39 218.6	31 573.2	35 732.9	38645.8	38 995.3	33 138.5	32 444.7	38 915.1	42 920.9	37 152.6
甘肃	24 471.8	25 409.6	24 956.2	20 014.3	25 106.2	23 507.8	24 753.2	26 169.8	31 387.4	33 756.6	26 410.5
青海	25 371.6	33 675.0	33 382.1	48 383.9	40 256.7	32 834.4	59 742.9	60 239.4	53 436.6	40 713.9	22 423.0
宁夏	18 734.4	33 377.1	34 729.4	32 272.5	51 021.9	41477.3	62 797.5	100067.0	60 697.0	78 550.1	65 699.0
新疆	14 398.7	15 147.5	17 312.3	19 313.6	18 945.3	22 279.4	24 038.5	20 481.4	21 409.5	16 434.6	15 783.2

四、研究生参与科研比例情况

研究生参与科研比例为历年研究生参与R&D项目人数与在学研究生数之比。研究生参与科研项目可以显著增强其专业研究能力与实践能力，是研究生教育质量发展的重要来源。由表6-5可知，西部研究生参与科研比例总体较低，2020年广西仅有33%的研究生明确参与至研究与试验发展项目中，但却已是西部最高水平。

表6-5　2010—2020年西部各省（自治区、直辖市）研究生参与科研比例

地区	2010	2011	2012	2013	2014	2015	2016	2017	2018	2019	2020
内蒙古	0.26	0.28	0.30	0.29	0.32	0.21	0.31	0.28	0.28	0.32	0.31
广西	0.30	0.32	0.32	0.40	0.28	0.30	0.38	0.42	0.43	0.44	0.33
重庆	0.27	0.24	0.24	0.25	0.25	0.30	0.31	0.28	0.23	0.29	0.19
四川	0.22	0.23	0.23	0.28	0.31	0.23	0.27	0.29	0.27	0.31	0.29
贵州	0.36	0.33	0.30	0.39	0.47	0.42	0.35	0.31	0.26	0.25	0.32
云南	0.24	0.28	0.31	0.37	0.38	0.37	0.36	0.28	0.28	0.31	0.28
西藏	0.11	0.03	0.03	0.04	0.11	0.11	0.13	0.23	0.20	0.18	0.13
陕西	0.25	0.32	0.32	0.32	0.31	0.31	0.33	0.32	0.35	0.33	0.31
甘肃	0.21	0.24	0.25	0.24	0.25	0.26	0.26	0.21	0.24	0.26	0.21
青海	0.16	0.13	0.12	0.16	0.28	0.23	0.30	0.33	0.28	0.20	0.28
宁夏	0.47	0.50	0.62	0.44	0.53	0.46	0.67	0.54	0.49	0.29	0.30
新疆	0.10	0.16	0.17	0.18	0.17	0.17	0.19	0.17	0.18	0.22	0.25

第二节　西部研究生教育发展对全要素生产率的影响研究

党的二十大报告指出,高质量发展是全面建设社会主义现代化国家的首要任务;教育、科技、人才是全面建设社会主义现代化国家的基础性、战略性支撑[1]。目前,我国经济进入"新常态",如何在保持经济稳定增长的同时,更加有效地提高经济增长质量、发挥教育与人才对经济高质量发展的积极作用,是构建新发展格局亟待解决的问题。全要素生产率是反映生产活动投入产出的技术效率水平的一项重要指标,是我国经济增长的重要动力[2],提高全要素生产率也是推动我国经济高质量发展的重要途径。已有研究表明,全要素生产率对我国经济增长的贡献率为27%左右,且随着时间的推移,这一作用会愈加突出[3]。同时,实证研究表明,相较于仅接受过中小学教育的劳动力,接受过更高层次教育的劳动力对全要素生产率有着显著的正向影响[4]。研究生教育作为最高层次的教育,承担着培养高层次人才的重要任务,其发展水平直接彰显着我国高层人才培养成效与国家发展水平,所培养的高层次人才理论上可以促进地区人力资本与社会知识存量增加,从而有效促进产业结构转型升级,提升全要素生产率,进而为经济发展提质增效。然而,近年来,我国研究生教育规模不断扩大,虽然为我国经济增长提供了大量的人力资本,但也对研究生教育质量产生一些负向影响,致使出现"知识失业"与"过度教育"现象,劳动力市场出现了"人才荒"和"求职难"并存的结构性矛盾,在一定程度上可能对全要素生产率产生负向影响。另外,习近平总书记在党的二十大报告中指出,"深入实施区域协调发展战略","推动西部大开发形成新格局"。西部地区因其地理位置与经济发展的特殊性,其发展对我国全面实现中华民族伟大复兴具有重要且深远的影响,而西部高等教育是西部发展的战略内生力量,相当程度上影响着西部全面振兴大局,影响着我国高质量发展全局。在此背景下,针对西部地区系统分析其研究

---

[1] 习近平:《高举中国特色社会主义伟大旗帜 为全面建设社会主义现代化国家而团结奋斗》,《人民日报》2022年10月17日第2版。

[2] 王志刚、龚六堂、陈玉宇:《地区间生产效率与全要素生产率增长率分解(1978—2003)》,《中国社会科学》2006年第2期,第55-66+206页。

[3] 吴延瑞:《生产率对中国经济增长的贡献:新的估计》,《经济学》(季刊)2008年第3期,第827-842页。

[4] 华萍:《不同教育水平对全要素生产率增长的影响——来自中国省份的实证研究》,《经济学》(季刊)2005年第4期,第147-166页。

生教育发展水平及其对全要素生产率的影响,对推动西部地区研究生教育与经济高质量发展,促进我国区域协调发展具有重要现实意义。

基于此,本研究基于2010—2020年省际面板数据的计量分析,试图对2010—2020年间西部研究生教育对全要素生产率的影响进行系统研究,旨在回答以下问题:西部地区研究生教育发展与全要素生产率情况如何?西部地区研究生教育发展的数量与质量两方面能否有效提升全要素生产率?在西部地区南北差异分化下,西北与西南地区研究生教育影响全要素生产率的变动趋势与程度是否一致?以期从提升西部研究生教育发展对经济增长的促进作用出发,为未来西部研究生教育改革与发展方向提供对策建议与参考依据,助力推动西部地区研究生教育与经济的高质量发展。

一、理论基础与假设提出

(一) 理论基础

1.人力资本理论

人力资本理论由美国经济学家舒尔茨和贝克尔首先系统提出并经历了一系列演变与发展,主要包括两方面内容:一是人力资本与经济增长的关系。人力资本理论认为人力资本是社会进步的决定性原因,对于一个地区而言,人力资本存量越大,人力资源质量越高,该地区人均产出与劳动生产率越高,这直接说明了人力资本在全要素生产率增长与社会经济发展中的决定性作用;二是人力资本投资和人力资本投资收益的研究。舒尔茨通过对教育投资对美国经济增长的贡献进行测算发现,教育投资是人力资本投资的核心,直接影响到经济增长。

对人力资本理论进行梳理与认识对本研究分析研究生教育发展对全要素生产率的作用具有借鉴意义。一方面,研究生教育数量的提升会增加人力资本存量,对经济增长产生正向影响;另一方面,研究教育质量的提升会提高人力资源质量,促进全要素生产率的增长;另外,研究生教育的数量与质量方面的提升本质上都包括了教育投资的增加,依据人力资本理论内涵,可以有效作用于经济增长。

2.教育内外部关系规律

1980年,我国高等教育学科创始人潘懋元先生提出教育内外部关系规律[①]。

教育内部关系规律强调高等教育的直接任务是促进人的发展,主要包括三方面内容:一是教育与教育对象的身心发展和个性特征的关系;二是人的全面发展教育各个组成部分的关系;三是教育过程中诸要素的关系。教育内部关系规律对本研究的启示在于,对于研究生教育发展的评价与分析不应只局限于表面的数量规模,更应从教育对人的发展的促进作用出发,分析研究生教育的质量发展水平。

---

① 潘懋元:《新编高等教育学》,北京师范大学出版社,2002,第12-13页。

教育外部关系规律的核心是高等教育必须与社会发展相适应。一方面，高等教育发展受一定的社会政治、经济等的制约。具体来说，高等教育发展的最主要社会制约因素是生产力与科技发展水平，生产力与科技发展水平是高等教育发展的物质基础，制约着高等教育的发展规模、结构和布局等；社会政治与经济制度规定了高等教育的体制与发展方向；另外，文化传统对高等教育的发展发挥潜在制约作用。另一方面，高等教育必须为一定的社会政治、经济、文化科学的发展服务。研究生教育外部关系规律中关于教育与经济关系的论述为本研究分析研究生教育对全要素生产率的影响奠定了基础。研究生教育作为最高层次的教育，其与社会的联系最为密切、最为直接，即其能敏感地接受社会诸方面对它存在、发展带来的影响，同时又对社会的发展、变化发生最有力的作用。在本研究中，一方面，西部地区研究生教育的发展水平，尤其是研究生教育质量受到西部地区社会经济发展的制约，西部地区的社会经济发展情况不仅影响研究生教育的投入，还会影响西部地区对所培养的高层次人才的吸引力，进而对全要素生产率产生影响。另一方面，研究生教育通过人才培养的方式向社会提供高质量人力资本，促进生产力的提高与技术进步，从而提升全要素生产率，服务于社会经济与制度发展，同时通过对文化的传承与创新服务于文化发展。

（二）研究假设

关于本研究被解释变量全要素生产率的影响因素，Kendric较早地从理论上进行了系统剖析，认为影响全要素生产率变动的因素包括"研究与发展支出""教育培训等无形资本的支出""资源配置""技术创新的扩散程度""由技术进步所决定的内部规模的经济性和外部规模的经济性""人力资源的质量和自然资源的丰度"六个方面。而研究生教育发展与以上六方面因素均具有紧密联系，理论上对全要素生产率具有重要促进作用。

首先，就研究生教育数量而言，依据人力资本理论，随着我国研究生教育数量规模的不断扩大，劳动力平均受教育年限增加，直接提升人力资本存量，并在一定程度上提升了人力资源质量，增强劳动力资源配置能力和生产效率，进而提升全要素生产率。且已有多项研究[1][2]指出，高等教育数量规模扩张显著促进了全要素生产率增长与经济发展。据此，本研究提出假设一：研究生教育数量对全要素生产率具有正向影响。

其次，就研究生教育质量而言，舒尔茨认为，人力资本是凝聚在人身上的知识、

---

[1] 阚大学、吕连菊、余炳文：《普通教育和职业教育对全要素生产率的影响——基于空间动态面板数据》，《统计与信息论坛》2015年第9期，第66-73页。

[2] 王丽：《高等教育规模的省际比较及与经济发展的回归分析》，《西北农林科技大学学报(社会科学版)》2007年第2期，第30-33页。

技能和健康等，并指出这些人力资本通过教育、职业训练和医疗保健等人力投资获得[1]。研究生教育质量的提升即是教育投资对人力资本知识等方面能力增强的重要途径之一。研究生教育质量可以提高劳动者的知识技能，加快技术创新与技术进步，进而提高全要素生产率。据此，本研究提出假设二：研究生教育质量对全要素生产率具有正向影响。

同时，研究生教育数量与质量是研究生教育发展过程中紧密联系但又各有侧重的两个方面[2]，二者并不是截然对立的状态，且两者之间可能还存在部分相互作用，影响其各自对全要素生产率的影响程度。据此，在探究研究生教育数量与质量分别对全要素生产率的影响的基础上，本研究进一步提出假设三：研究生教育数量与质量同时对全要素生产率产生正向影响。

二、研究设计与研究方法

本研究以西部地区12省份为研究对象进行数据收集与分析，探究西部研究生教育发展的数量与质量两方面对全要素生产率的影响，以全要素生产率为被解释变量，以研究生教育数量和研究生教育质量为核心解释变量，同时加入其他可能影响全要素生产率的变量作为控制变量。具体变量说明及模型构建如下。

（一）变量说明及指标选取

1.全要素生产率

对全要素生产率的测算一般分为增长核算法和经济计量法两大类，而经济计量法又分为参数随机前沿分析法（SFA）和非参数数据包络分析法（DEA），其中DEA-Malmquist方法在测算方式上采用生产函数及距离函数的线性优化来测算，无需做出过多假设，从而避免理论约束，因此本文采用Malmquist指数法对全要素生产率进行测算，并将其分解为技术效率与技术进步两方面。

在采用DEA-Malmquist指数法对全要素生产率进行测算时，首先需要确定全要素生产率的投入产出指标，基于已有研究，选取资本存量和劳动力投入作为投入指标，选取实际地区生产总值（GDP）作为产出指标，数据来源于《中国统计年鉴》《中国城市统计年鉴》等，具体指标说明及数据处理如下：

（1）投入指标

①资本存量。资本存量指经济社会在某一时点上的资本总量。测算资本存量的

---

[1] 西奥多·W.舒尔茨：《论人力资本投资》，吴珠华译，北京经济学院出版社，1990，第38页。
[2] 黄榕、丁晓昌：《中国高等教育高质量发展水平的测度研究》，《华东师范大学学报（教育科学版）》2022年第7期，第100-113页。

基本方法是由Goldsmith于1951年开创的永续盘存法[①]，现在被OECD国家所广泛采用，它的基本公式为：

$$K_{it} = K_{it-1}(1-\delta_{it}) + \frac{I_{it}}{P_{it}} \qquad (1)$$

其中，i指第i个省（自治区、直辖市）；t指第t年；δ是经济折旧率，根据张军等人的计算δ取值为9.6%；基期[②]资本存量K_0同样借鉴军研究，以基期固定资本形成总额除以10%求得；I_{it}为名义固定资本形成总额，2018年及以后的部分缺失数据借鉴张心悦研究[③]，根据固定资产投资增长率进行测算；P_{it}为固定资产投资价格指数，其中需要指出的是，2020年，国家统计局取消《固定资产投资价格统计报表制度》，不再编制相应价格指数，而蒋飞等分析发现，我国PPI生产资料价格指数与固定资产投资价格指数同比走势基本一致[④]，因此本研究也采用该做法对缺失值进行替换。

②劳动力投入。劳动力投入是社会生产活动的重要核心投入指标，研究选取2010年以来各年份各省年末就业人数作为当年的劳动力投入。

（2）产出指标

地区生产总值（GDP）是反映一个地区经济发展水平和生产活动的重要参考指标，研究选取我国各地区2010年以来的GDP作为产出指标，并利用GDP平减指数测算各年份的实际生产总值。

具体从t时期到$t+1$时期，基于投入的全要素生产率Malmquist指数法公式如下：

$$M(x_{t+1}, y_{t+1}, x_t, y_t) = \left[\frac{D_t(x_{t+1}, y_{t+1})}{D_t(x_t, y_t)} \times \frac{D_{t+1}(x_{t+1}, y_{t+1})}{D_{t+1}(x_t, y_t)} \right]^{\frac{1}{2}} \qquad (2)$$

公式（2）中(x_t, y_t)和(x_{t+1}, y_{t+1})表示t和$t+1$不同时期的投入产出情况，$D_t(x_{t+1}, y_{t+1})$和$D_{t+1}(x_t, y_t)$分别表示t和$t+1$时期的投入产出的距离函数。全要素生产率指数还可以进一步分解为技术效率指数（EFFCH）和技术进步指数（TECH），即M=EFFCH×TECH：

---

①Goldsmith R W, "A Perpetual Inventory of National Wealth," in *Studies in Income and Wealth*, Volume 14, ed. Conference on Research in Income and Wealth(New York: NBER,1951), pp.5-73.

② 本部分全要素生产率测算所需数据均以2001年为基期。

③张心悦、闵维方：《教育在提高全要素生产率中的作用研究——基于线性与非线性视角》，《北京大学教育评论》2021年第3期，第101-124+191页。

④蒋飞、李相龙、仝垚炜等：《中国潜在经济增速初探——宏观经济专题报告》，长城证券证券研究报告，2022年11月23日，第5页，http://www.cgws.com/bginfo/2022-11-23/8a28849c83b540e00184a22a52dd6b58.pdf。

$$EFFCH(x_{t+1}, y_{t+1}, x_t, y_t) = \frac{D_{t+1}(x_{t+1}, y_{t+1})}{D_t(x_t, y_t)} \quad (3)$$

$$TECH(x_{t+1}, y_{t+1}, x_t, y_t) = \left[\frac{D_t(x_{t+1}, y_{t+1})}{D_{t+1}(x_{t+1}, y_{t+1})} \times \frac{D_t(x_t, y_t)}{D_{t+1}(x_t, y_t)} \right]^{\frac{1}{2}} \quad (4)$$

与此同时，由于利用DEA-Malmquist指数法求得全要素生产率及其分解结果实际为以上年为100的环比变动指数，即相对于上一年全要素生产率的变化率，而本研究旨在对全要素生产率展开研究而非其变化率，因此研究借鉴邱斌、程惠芳等研究做法[1][2]，对Malmquist生产率指数进行相应变换，即以2010年为基期，假定2010年全要素生产率为1，则2011年全要素生产率为2010年的全要素生产率乘以2010—2011年的Malmquist全要素生产率指数，以此类推求得全要素生产率。

2.研究生教育发展

我国当前已迈入马丁·特罗所称的"普及化高等教育阶段"，受此进程影响，研究生教育进入规模发展和质量发展并进的阶段，且数量与质量一直都是研究生教育改革和发展中的一对基本矛盾和永恒主题[3]，因此，本研究将研究生教育发展分为研究生教育数量与质量两个方面，其具体指标选取及数据来源如下。

（1）研究生教育数量

当前有关于研究生教育数量（规模）的研究数量较多，且对指标进行了不同界定，代表性学者研究生教育数量指标选取情况如表6-6所示。综合考虑已有研究，并考虑研究生教育招生人数和在校生人数对经济的影响均可能存在滞后作用[4][5]，本研究选取研究生毕业人数[6]这一单一指标作为研究生教育数量指标，数据来源于各省《统计年鉴》，部分年份缺失值采用线性插值法进行填补。

---

[1] 邱斌、杨帅、辛培江：《FDI技术溢出渠道与中国制造业生产率增长研究：基于面板数据的分析》，《世界经济》2008年第8期，第20-31页。

[2] 程惠芳、陆嘉俊：《知识资本对工业企业全要素生产率影响的实证分析》，《经济研究》2014年第5期，第174-187页。

[3] 周海涛、朱玉成：《近年来我国研究生教育研究的重点及启示》，《研究生教育研究》2020年第2期，第1-5页。

[4] 朱承亮、师萍、岳宏志等：《人力资本、人力资本结构与区域经济增长效率》，《中国软科学》2011年第2期，第110-119页。

[5] 陈仲常、谢波：《人力资本对全要素生产率增长的外部性检验——基于我国省际动态面板模型》，《人口与经济》2013年第1期，第68-75页。

[6] 张心悦、马莉萍：《高等教育提升全要素生产率的作用机制》，《教育研究》2022年第1期，第35-46页。

表6-6　代表性学者研究生教育数量指标选取

作者	研究生教育数量(规模)指标
赵庆年、刘克等①	当年硕博研究生在校生人数占高等教育在校生人数比重
范晓婷、张梦琦等②	研究生毕业人数
李锋亮、王瑜琪③	每百万人口毕业生数
高耀、张琳等④	研究生招生数、在校研究生数、研究生学位授予数

（2）研究生教育质量

在教育评价领域，大多数指标体系按照以下两种模式构建：一是美国教育评估专家斯塔弗宾（Stufflebeam）提出的CIPP模式，包括背景（Context）、输入（Input）、过程（Process）和成果（Product）四个维度；二是联合国教科文组织的专家约翰斯通（Johnstone）开发的包含"输入—过程—输出"三维度的教育系统指标体系⑤。本研究基于以上模式及相关研究⑥，从投入、过程和产出三维度出发分析研究生教育质量。在投入质量维度，设一级指标"资金投入"与"师资力量"，分别考察为研究生教育培养所投入的财力及人力水平，是研究生教育的重要条件支撑。在过程质量维度，设一级指标"科研参与"与"国际交流合作"，参与科研项目是研究生进行学术训练的重要途径，可以提升研究生的科研创新能力与研究生教育质量；国际会议交流一方面可以直接开阔研究生的国际视野，帮助研究生了解学科国际前沿动态，进而提升个人素质与科研质量，另一方面可以促进导师及其他高校人员科研素质与指导能力，间接提升研究生的培养质量。在产出质量方面，设一级指标"学位论文质量"与"学术论文发表"，分别考察研究生在研究生教育过程中的产出数量及其最终学位论文的质量与被认可程度。同时，研究利用熵值法确定各二级指标权重以便求出更具说服力的研究生教育质量指数⑦，具体计算步骤如下：

---

① 赵庆年、刘克、宋潇：《研究生教育规模扩大的基础研究创新效应及机制——基于2001—2019年30个省区面板数据的实证分析》，《国家教育行政学院学报》2023年第3期，第60-69页。

② 范晓婷、张梦琦、陈倩等：《研究生教育规模推动科技创新的门槛效应研究——基于1999—2019年31个省份的面板数据分析》，《学位与研究生教育》2022年第8期，第38-45页。

③ 李锋亮、王瑜琪：《研究生教育规模对国家创新能力的影响——与本专科教育规模的比较分析》，《中国高教研究》2021年第3期，第75-81页。

④ 高耀、张琳、顾剑秀：《中国省域研究生教育竞争力与经济竞争力协调度双层次因素分析与综合评估——兼论促进区域研究生教育布局优化的可能路径》，《复旦教育论坛》2013年第3期，第20-29页。

⑤ Johnstone J N, *Indicators of education system*(Paris：UNESCO，1981)，p.26.

⑥ 刘惠琴、王传毅、李锋亮等：《研究生教育发展指数之构建研究》，《清华大学教育研究》2020年第2期，第112-121页。

⑦ 为保证指标体系权重的可靠性，采取全国31省份数据计算。

第一步，指标的无量纲化。设 X_{ij} 为指标的原始数据，X'_{ij} 为经过标准化处理后的数据，其中 i 为年份数，j 为指标数。为避免标准化后出现值为0的数据影响后续计算，研究对标准化公式进行整体平移改进，其中正向指标依公式（5）计算，负向指标依公式（6）计算：

$$X'_{ij} = 0.6 + 0.4 \times \frac{X_{ij} - \min X_j}{\max X_j - \min X_j} \tag{5}$$

$$X'_{ij} = 1 - 0.4 \times \frac{X_{ij} - \min X_j}{\max X_j - \min X_j} \tag{6}$$

第二步，评价指标的熵值计算。研究设 E_j 为第 j 项指标的信息熵，第 j 项指标下第 i 个样本值占该指标的比重计算公式为（7），则第 j 项指标的熵值公式为（8）：

$$P_{ij} = \frac{X_{ij}}{\sum_{i=1}^{n} X_{ij}} \tag{7}$$

$$E_j = -k \sum_{i=1}^{n} P_{ij} \times \ln P_{ij} \tag{8}$$

第三步，评价指标的权重计算。权重 W 依公式（9）计算：

$$W_j = \frac{1 - E_j}{\sum_{j=1}^{m}(1 - E_j)} \tag{9}$$

本研究最终构建的省域研究生教育质量评价指标体系及各指标权重如表6-7所示。数据来源于《中国统计年鉴》、《中国科技统计年鉴》、《中国学位与研究生教育发展年度报告》、《全国高校社科统计资料汇编》、《高等学校科技统计资料汇编》、各省《统计年鉴》、CNKI中国知网学位论文库及WIND金融数据库。缺失值同样利用线性插值法填补。

表6-7 省域研究生教育质量评价指标体系

维度	一级指标	二级指标	权重
投入质量	资金投入	生均高等学校R&D经费支出	0.17
投入质量	师资力量	生师比	0.17
过程质量	科研参与	参与科研项目的研究生人次	0.18
过程质量	国际交流合作	国际学术会议出席人次	0.12
产出质量	学位论文质量	非0被引学位论文占比	0.10
产出质量	学术论文发表	发表论文数	0.26

3.控制变量

本研究选择产业结构升级、经济开放度和基础设施水平作为控制变量,数据均来源于《中国统计年鉴》,具体说明如下:

(1)产业结构升级。生产要素特别是劳动力从低生产率产业进入高生产率产业,可以提高整体经济的资源配置效率。很多关于我国经济发展过程的计量分析也表明,在劳动生产率或全要素生产率的提高中,产业结构升级带来的资源重新配置发挥了重要作用。本研究采用第三产业增加值占GDP的比值来衡量产业结构升级。

(2)经济开放度。经济开放可以通过高新技术产品进口的溢出效应、技术进口溢出效应等效应推动地区的技术进步,最终推动全要素生产率的增长[1]。研究采用按境内目的地和货源地分进出口总额占GDP的比重来衡量经济开放度,数据来源于《中国统计年鉴》,其中2010—2015年统计单位均为美元,均按当年平均汇率折算为人民币价格。

(3)基础设施水平。基础设施建设能增加地区吸引力,吸引企业聚集并增大投资,进而提升地区全要素生产率。本研究选取公路里程数与省域面积(万平方公里)的比值来衡量基础设施水平。

(二)模型选择

为选择合适的计量模型,研究首先对面板数据进行霍斯曼检验,发现p=0.0000<0.05,强烈拒绝随机效应模型,应采用固定效应模型。依据上文研究假设,研究分别设定以下双向固定效应模型:

$$TFP_{it} = \beta_0 + \beta_1 NU_{it} + \eta_1 X + \lambda_i + \nu_t + \varepsilon_{it} \tag{10}$$

$$TFP_{it} = \beta_0 + \beta_2 QU_{it} + \eta_2 X + \lambda_i + \nu_t + \varepsilon_{it} \tag{11}$$

$$TFP_{it} = \beta_0 + \beta_3 NU_{it} + \beta_4 QU_{it} + \eta_3 X + \lambda_i + \nu_t + \varepsilon_{it} \tag{12}$$

被解释变量TFP_{it}表示i省份在t年的全要素生产率,X为相关控制变量,λ_i为省份固定效应,ν_t为时间固定效应,ε_{it}为随机扰动项,β_0为常数项。核心解释变量NU_{it}表示i省份在t年的研究生教育数量,其系数表示研究生教育数量每变化1%所带来的全要素生产率变化程度,核心解释变量QU_{it}表示i省份在t年的研究生教育数量测算结果,其系数表示研究生教育质量每变化1%所带来的全要素生产率变化程度。

---

[1] 孙文杰、沈坤荣:《技术引进与中国企业的自主创新:基于分位数回归模型的经验研究》,《世界经济》2007年第11期,第32-43页。

三、实证分析

(一) 西部地区全要素生产率测度与分析

研究采用公式(2)对2010—2020年西部地区全要素生产率进行测算,并同时测算了全国31省市的平均全要素生产率并作为对比,全要素生产率Malmquist指数变化结果如图6-1所示。2010—2020年西部地区全要素生产率变动趋势与全国总体全要素生产率变动趋势基本一致,即总体呈负增长状态,仅在2010—2011年和2017-2019年两个时间段出现小幅正增长。此结果与已有研究发现基本一致,即2011年以来,受中国"人口红利"逐步消失甚至将要出现"人口负债"情况的影响,中国的全要素生产率也在降低[①]。

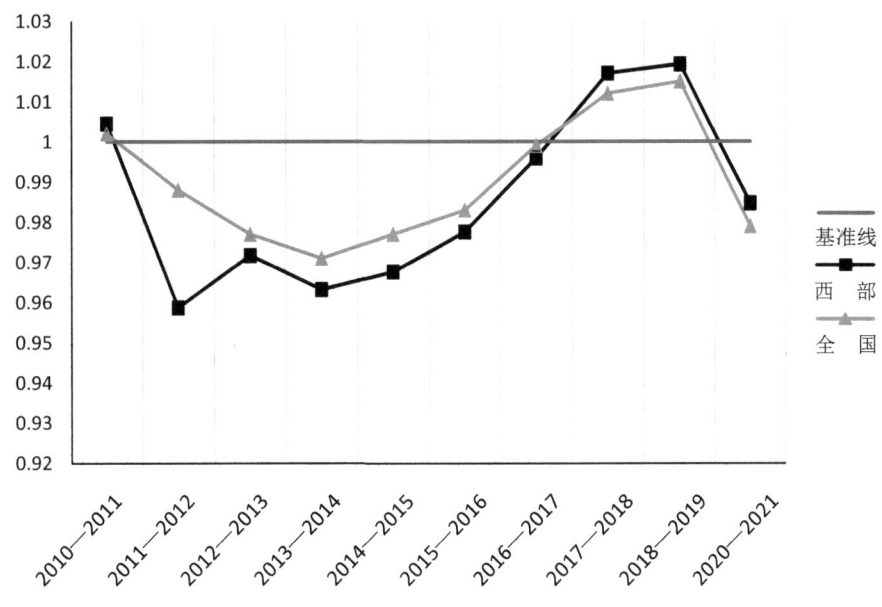

图6-1 2010—2020年西部与全国全要素生产率指数变动趋势

为明晰西部地区全要素生产率变化的主要动力来源,研究对全要素生产率指数进行进一步分解,结果如表6-8所示。2010—2020年西部地区全要素生产率指数平均值为0.988 7,技术效率指数平均值为1.004,技术进步指数平均值为0.988 1,即全要素生产率增长率为-1.13%,技术效率增长率为0.4%,技术进步增长率为-1.19%,这表明2010—2020年西部地区全要素生产率变化的主要来源为技术进步。技术效率虽然处于正增长状态,但其对全要素生产率的影响作用相对较小,即西部地区首先

---

① 陆旸:《中国全要素生产率变化趋势》,《中国金融》2016年第20期,第40-42页。

应在现有资源条件情况下提升技术水平，追求技术进步。同时，对技术效率指数的进一步分解结果显示，纯技术效率指数平均值为1.0062，规模效率指数平均值为0.9965，即纯技术效率和规模效率的变化率分别为0.62%和-0.35%，这表明2010—2020年西部地区技术效率主要受纯技术效率的提升影响而提升，但同时规模效率的恶化也对技术效率的改善产生了一定的抑制作用，西部地区一方面应在当前基础上进一步优化制度并提升管理水平，另一方面应加大各项投入力度，避免规模效率的进一步恶化对经济高质量发展产生不良影响。

表6-8 2010—2020年西部全要素生产率变动指数及其分解①

	技术效率指数	技术进步指数	纯技术效率指数	规模效率指数	全要素生产率指数
2010—2011	1.0003	1.0038	1.0015	0.9993	1.0045
2011—2012	1.0009	0.9845	1.0188	0.9836	0.9587
2012—2013	1.0136	0.9588	1.0232	0.9906	0.9717
2013—2014	0.9980	0.9969	1.0003	0.9663	0.9632
2014—2015	0.9644	1.0038	0.9975	0.9690	0.9676
2015—2016	0.9583	0.9919	1.0079	0.9788	0.9776
2016—2017	0.9944	1.0020	1.0045	0.9900	0.9959
2017—2018	1.0211	0.9956	1.0138	1.0074	1.0170
2018—2019	1.0242	0.9952	1.0133	1.0110	1.0193
2019—2020	1.0376	0.9486	0.9815	1.0687	0.9847
西部均值	1.0040	0.9881	1.0062	0.9965	0.9887
全国均值	1.0002	0.9904	1.0022	0.9981	0.9903

为进一步探究西部地区各省（自治区、直辖市）的实际全要素生产率变动及差异，研究绘制了2010—2020年西部各省（自治区、直辖市）全要素生产率、变动趋势图（图6-2），发现西部各省（自治区、直辖市）全要素生产率变动具有以下特征：一是西部地区全要素生产率总体呈下降趋势且内部发展不平衡。西部地区全要素生产率的下降直接彰显了西部经济高质量发展具有动力来源不足的问题。由图6-2可知，仅有内蒙古和四川两省的全要素生产率在2010—2020年总体呈上升状态，增长

---

① 表中均值为原始数据求得的准确数据，因各年份所呈现数据经过保留小数处理，故以呈现的年份数据求得的均值会与呈现均值有所差异。

率分别为2.32%和7.32%，而其余十省份全要素生产率均有所下降，其中云南省全要素生产率降幅最大，平均下降了5.02个百分点。通过表6-9对全要素生产率变动指数进行分解发现，内蒙古自治区的主要优势在于其生产技术水平提升显著优于其他省份，技术进步增长率为2.5%，而四川省则在资源配置与利用方面具有突出优势，其技术效率增长率高达7.52%。二是西部地区资源利用效率与治理水平均有待提高。分析发现，在技术效率方面，西部十二省（自治区、直辖市）中7个省份均出现技术效率下降，而其中4个省份属于西北地区，分别为内蒙古自治区、陕西省、青海省和新疆维吾尔自治区，这表明西部地区尤其是西北各生产要素的投入产出效率较低，在未来发展中应注意提升治理水平并加大生产投入。三是西部地区技术创新水平整体较低，且内部存在较大差异。在技术进步方面，仅有内蒙古自治区和青海省出现了技术进步，表明西部地区总体存在技术退化严重阻碍全要素生产率增长的问题，在未来发展过程中应着重提升技术创新水平。

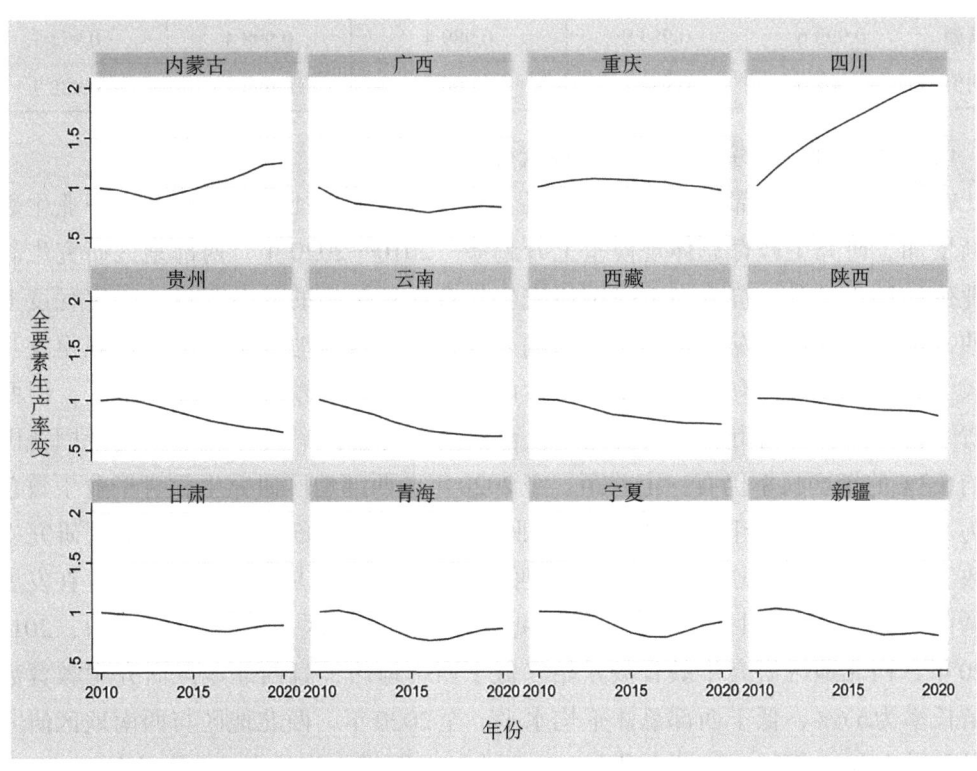

图6-2　2010—2020年西部各省（自治区、直辖市）全要素生产率变动趋势

表6-9 2010—2020年西部各省（自治区、直辖市）全要素生产率变动指数及其分解

	技术效率指数	技术进步指数	纯技术效率指数	规模效率指数	全要素生产率指数
内蒙古	0.998 5	1.025 0	0.999 3	0.999 3	1.023 2
广西	1.001 5	0.978 4	1.002 1	0.998 3	0.978 3
重庆	1.011 8	0.983 5	1.011 8	1.000 8	0.995 9
四川	1.075 2	0.990 4	1.083 0	1.000 3	1.073 2
贵州	0.987 8	0.977 6	0.985 1	0.998 9	0.961 6
云南	0.978 8	0.977 6	0.972 9	0.998 8	0.949 8
西藏	0.998 0	0.977 8	1.000 0	0.993 4	0.971 0
陕西	0.998 1	0.984 5	0.996 9	0.999 4	0.980 5
甘肃	1.012 4	0.977 6	1.014 0	0.995 3	0.986 2
青海	0.988 1	1.005 1	1.009 5	0.978 9	0.983 2
宁夏	1.004 0	0.995 8	1.010 6	0.995 9	0.989 8
新疆	0.993 6	0.983 9	0.989 4	0.998 4	0.971 7
均值	1.004 0	0.988 1	1.006 2	0.996 5	0.988 7

（二）西部地区研究生教育发展现状分析

在数量方面，西部研究生教育发展主要具有两项特征：一是研究生毕业生数量不断增加，研究生教育总体规模呈上升趋势。2010—2020年，西部地区研究生教育毕业生数逐年攀升，符合当下我国研究生教育连年扩招的社会背景，一定程度上能为西部地区经济社会发展培养更多高端人才；二是西部地区研究生教育规模及其增速较全国总体而言仍有较大差距。虽然西部地区研究生教育数量逐年攀升，但西部各省（自治区、直辖市）平均研究生教育数量年均增长率仅为5.8%，与全国范围内平均6.3%的年增长率仍有一定差距。至2020年，西部地区研究生教育毕业生数总量仅为14.85万人，而全国研究生教育毕业生总数高达71.05万人，西部地区研究生教育数量规模在全国占比仅为20.9%。中西部差距明显。三是西部地区内部存在发展不平衡的问题，西北地区研究生教育数量落后于西南地区。由表6-10可知，2010—2020年，西北地区研究生教育数量始终低于西南地区，且西北地区研究生教育数量年增长率为5.6%，低于西部总体平均水平。至2020年，西北地区与西南地区研究生数量差异由2010年的0.85万人升至1.79万人，差距进一步拉大至2倍以上。

在质量方面，西部研究生教育发展呈现两个特征：一是西北地区研究生教育质量与全国走势较为一致，其中在2015—2016年和2010—2020年出现两次下滑。分析研究生教育质量各具体指标及社会背景发现，导致研究生教育质量出现下滑的主要原因在于：（1）2015年研究生教育质量的大幅下滑主要源于生师比的升高，在研

究生连年扩招背景下,该年研究生导师数未能满足研究生教育质量提升需要;(2) 2019、2020两年研究生学位论文上网时间较短,在统计研究生教育产出质量的"学位论文质量"指标时与其他年份存在较大差异,尚未达到预期水平;(3)受2020年全球范围内公共卫生形势影响,研究生教育质量在资金投入、国际交流合作与学术论文发表等方面均受到不同程度的冲击,直接对研究生教育质量发展产生负面影响。二是西北与西南两区域间存在较大差异。西北地区研究生教育质量在2010—2020年的11年间始终低于西南地区,且研究生教育质量综合指数的年均增长率也与西南地区存在0.4个百分点的差距,其研究生教育质量水平及发展速度均有很大提升空间。

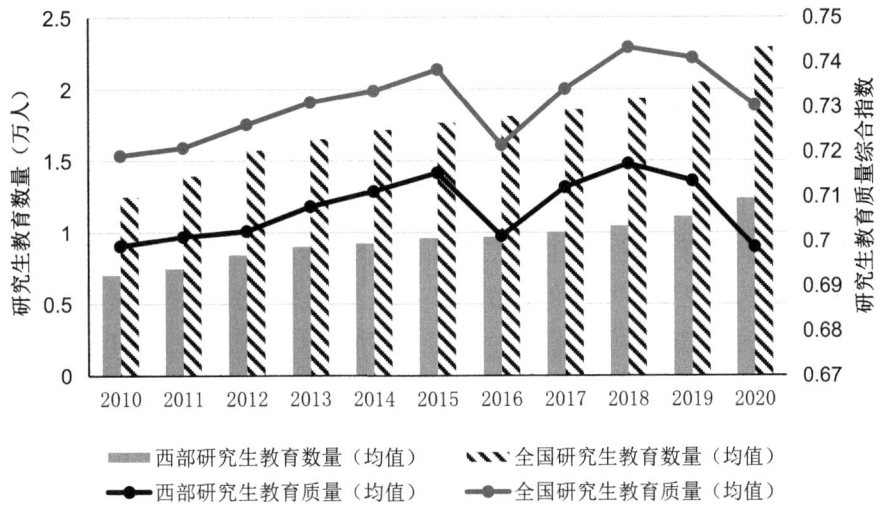

图6-3 2010—2020年西部与全国研究生教育数量与质量发展趋势

表6-10 2010—2020年西部地区研究生教育发展情况(均值)

时间	西北数量(万人)	西南数量(万人)	数量均值	西北质量	西南质量	质量均值
2010	0.63	0.77	0.70	0.691 5	0.706 3	0.698 9
2011	0.63	0.86	0.75	0.698 0	0.703 9	0.701 0
2012	0.75	0.93	0.84	0.700 9	0.703 8	0.702 3
2013	0.82	0.98	0.90	0.708 5	0.705 8	0.707 8
2014	0.82	1.03	0.92	0.708 5	0.713 8	0.711 2
2015	0.87	1.05	0.96	0.706 2	0.724 3	0.715 3
2016	0.87	1.07	0.97	0.692 9	0.709 6	0.701 2
2017	0.9	1.11	1.00	0.703 3	0.721 0	0.712 1
2018	0.94	1.15	1.05	0.708 3	0.726 3	0.717 3
2019	1.01	1.21	1.11	0.702 6	0.724 4	0.713 5
2020	1.09	1.39	1.24	0.691 4	0.706 0	0.698 7

(三) 西部地区研究生教育发展对全要素生产率的影响分析

1. 西部地区全样本的回归结果与分析

根据前文采用数据包络分析 DEA-Malmquist 方法测算出的全要素生产率，结合选定的固定效应模型，研究采用 stata17.0 软件进行回归分析，得到回归结果如表 6-11 所示。列（1）为西部研究生教育数量单独对全要素生产率的影响，可以看出，西部研究生教育数量对全要素生产率具有显著正向影响，研究生毕业生数每增加一万人，全要素生产率提升 0.605 个单位，研究假设 1 成立。列（2）为西部研究生教育质量单独对全要素生产率的影响，发现西部研究生教育质量对全要素生产率具有非常显著的正向影响，且较研究生教育数量具有更强的促进作用：西部研究生教育质量每上升 1 个单位，全要素生产率相应上升 3.169 个单位，研究假设 2 成立。列（3）为研究生教育数量与质量共同对全要素生产率的影响，可以看出，研究生教育数量和质量共同作用于全要素生产率并对其产生显著正向影响，研究假设 3 成立。就研究生教育数量与质量共同作用于全要素生产率的影响而言，在回归显著水平方面，研究生教育数量在 1% 的水平上显著为正，而研究生教育质量在 10% 的水平上显著为正，说明就西部研究生教育发展总体而言，数量对全要素生产率的影响更为显著，这可能由于西部研究生教育发展当前仍处在数量不充分状态，其主要发展导向仍为"量"而非"质"，研究生教育数量规模还应当进一步扩张。但在回归系数即对全要素生产率的影响程度方面，西部研究生教育数量每增加一个单位，全要素生产率增加 0.563 个单位，而西部研究生教育质量每提升一个单位，全要素生产率增加 1.867 个单位，即西部研究生教育质量对全要素生产率的影响程度要大于研究生教育数量。这源于全要素生产率的提升主要依靠高质量的创新型人才与技术水平的提升，而高质量创新型人才的培养需要通过不断提升研究生教育质量实现，而非仅通过扩大研究生教育数量规模就能实现。

表6-11 研究生教育对全要素生产率的影响

指标	（1）全要素生产率	（2）全要素生产率	（3）全要素生产率
研究生教育数量	0.605 48*** (0.105 58)	—	0.562 52*** (0.107 50)
研究生教育质量	—	3.169 10*** (1.172 4)	1.866 97* (1.078 23)
产业结构升级	0.010 22*** (0.003 68)	0.017 02*** (0.004 02)	0.011 70*** (0.003 74)
经济开放度	−0.000 70 (0.003 82)	0.007 08* (0.003 94)	−0.000 29 (0.003 79)

表6-11（续）

指标	(1)全要素生产率	(2)全要素生产率	(3)全要素生产率
基础设施水平	0.000 02 (0.000 02)	−0.000 02 (0.000 02)	0.000 03* (0.000 02)
截距项	0.465 86*** (0.132 97)	−1.724 16** (0.836 87)	−0.843 41 (0.767 53)
观测值	132	132	132
R2	0.843 9	0.808 7	0.848 3
省份固定效应	是	是	是
年份固定效应	是	是	是

注：括号内为标准误；***$p<0.01$，**$p<0.05$，*$p<0.1$。

2.稳健性检验

为保证本研究结果的稳健性，研究在采用双向固定效应模型进行回归分析前首先对面板数据进行了缩尾处理，剔除离群值，回归结果与缩尾前基本一致，一定程度上说明了研究生教育发展对全要素生产率影响的稳健性。

为进一步检验计量结果的稳健性，研究采取增加控制变量和虚拟变量的方式进行，其中虚拟变量为区域，控制变量为城市化水平，城市化水平较高的地区物质条件和技术条件相对丰富成熟，有利于增强企业竞争力并发挥人口和经济活动的集聚效应，进而促进技术进步和全要素生产率的提升①，该指标采用城市人口数与总人口数的比值计算，数据来源于《中国统计年鉴》。稳健性检验结果如表6-12所示。可以发现虽然部分指标的估计系数和显著性有一定变化，但研究生教育发展仍对全要素生产率具有显著正向影响，研究所提出的三个假设依然成立，说明表6-11所进行的研究生教育发展对全要素生产率的结果是稳健的。

表6-12　稳健性检验

指标	(1)全要素生产率	(2)全要素生产率	(3)全要素生产率
研究生教育数量	0.214 59*** (0.023 19)	—	0.116 656*** (0.028 04)
研究生教育质量	—	8.179 21*** (1.165 19)	3.657 09*** (1.274 99)
产业结构升级	0.018 95*** (0.004 46)	0.023 11*** (0.005 26)	0.023 58*** (0.003 74)

①程开明：《城市化、技术创新与经济增长——基于创新中介效应的实证研究》，《统计研究》2009年第5期，第40-46页。

表6-12（续）

指标	(1)全要素生产率	(2)全要素生产率	(3)全要素生产率
经济开放度	−0.001 49 (0.002 55)	0.003 28 (0.002 77)	−0.000 35 (0.002 51)
基础设施水平	−0.000 03 (0.000 01)	−0.000 02 (0.000 01)	−0.000 03*** (0.000 01)
城市化水平	0.015 31*** (0.003 02)	0.015 25*** (0.003 34)	0.015 99*** (0.002 94)
截距项	−0.479 95* (0.254 21)	−6.234 12*** (0.950 81)	−3.196 79*** (0.978 75)
观测值	132	132	132
R^2	0.510 5	0.402 2	0.543 5
区域固定效应	是	是	是
年份固定效应	是	是	是

注：括号内为标准误；***$p<0.01$，**$p<0.05$，*$p<0.1$。

3.西部研究生教育发展对全要素生产率的地区异质性影响

我国东中西区域间的教育与经济社会发展的差距一直存在且较为明显，而与此同时，各区域内部也存在差距，且在西部地区表现得尤为明显。2020年中共中央、国务院《关于新时代推进西部大开发形成新格局的指导意见》明确指出，西部地区发展的不平衡不充分依然突出。且已有研究发现2010年是西部地区南北经济分化的起始点[1]，前文对西部研究生教育发展现状与趋势的分析指出，西北地区研究生教育发展水平在数量与质量两方面均落后于西南地区，那么其对全要素生产率的影响是否也存在较大差距？基于此，本部分对西北与西南两区域的研究生教育数量与质量分别对全要素生产率的影响进行进一步分析，结果如表6-13所示。

表6-13 西部研究生教育发展对全要素生产率的地区异质性影响

	西北全要素生产率		西南全要素生产率	
研究生教育数量	0.051 83 (0.098 08)	—	11.327 58*** (0.144 02)	—
研究生教育质量	—	−0.352 32 (1.380 32)	—	5.122 85* (2.585 48)

[1] 张可云、王洋志、孙鹏等：《西部地区南北经济分化的演化过程、成因与影响因素》，《经济学家》2021年第3期，第52-62页。

表6-13（续）

	西北全要素生产率		西南全要素生产率	
产业结构升级	−0.000 52 (0.007 72)	−0.000 96 (0.007 89)	0.008 63* (0.004 55)	0.022 30*** (0.006 98)
经济开放度	0.013 44*** (0.004 55)	0.014 46*** (0.004 16)	−0.142 95*** (0.004 65)	−0.000 92 (0.007 72)
基础设施水平	−0.000 10 (0.000 06)	0.000 09 (0.000 07)	−0.000 05*** (0.000 04)	−0.000 02 (0.000 02)
截距	1.105 92*** (0.318 95)	1.369 41 (1.011 07)	0.204 95 (0.135 70)	−3.521 84* (1.802 27)
观测值	66	66	66	66
R2	0.687 2	0.685 7	0.941 8	0.847 4
省份固定效应	是	是	是	是
年份固定效应	是	是	是	是

注：括号内为标准误；***$p<0.01$，**$p<0.05$，*$p<0.1$。

可以发现，在西南地区，研究生教育数量及质量均对全要素生产率具有正向影响，且研究生教育数量不论是在显著性还是影响程度上均高于研究生教育质量，这可能源于研究生教育数量对人力资本的提升作用在有限时间内优于研究生教育质量的提升作用。理论分析可知，研究生教育数量主要通过增加人力资本存量、提升劳动力素质的方式对全要素生产率增长产生影响。不断增长的研究生教育数量一方面可以提升西南地区人均受教育年限和技能，增加人力资本存量，进而提升劳动生产率与全要素生产率，另一方面研究生教育培养学生数量与教师数量的增加为西南地区储备了更多优秀人才，增强了区域的创新能力，有助于西南地区实现技术转型和升级，进而对全要素产生积极的影响。然而，就研究生教育质量而言，其对全要素生产率的促进作用主要通过促进技术进步实现，即首先提升所培养研究生的创新实践能力，进而推动全要素生产率的进步，但对高质量人才的培养需要较长时间，且需要大量教育资源的投入和较高的教育治理水平。这在研究生教育与经济社会发展均相对落后的西部地区可能存在较大困难，难以在短时间内对全要素生产率产生较大影响，致使西南地区研究生教育质量对全要素生产率的正向影响相对有限。

而在西北地区，研究生教育数量及质量对全要素生产率的影响均不显著，甚至研究生教育质量对全要素生产率还具有一定的负向影响，这一问题可能的原因在于：

一是西北地区研究生教育数量较少，难以发挥规模优势。分析发现西北地区研究教育数量情况在全国范围内处于最低水平，且缺乏足够数量的高端科研基地，其所吸引、积累的人力资本存量尚未达到可以对全要素生产率产生显著性推动作用的水平，而较少的研究生教育数量也致使西部地区人口总体受教育程度较低，创新型技术人才短缺，限制了技术进步及其对全要素生产率的促进作用。

二是西北地区研究生教育生源质量相对较低，不利于研究生教育质量提升。研究生生源质量作为研究生教育的入口，直接关系到研究生教育培养的质量[1]。西北六省中除陕西省外，在研究生招考地区划分中均处于B区，研究生招生门槛相对较低，且受制于地理位置、区域发展水平和教育资源丰度等多重因素影响，西北地区优秀应届本科毕业生在推免过程中的外流趋势异常突出[2]，由此带来的较低水平的生源质量直接对研究生教育质量产生一定负面影响，研究生创新技能未能得到长足进步，难以提高西北地区的人力资本和技术水平，这对技术进步产生了较大的阻碍，最终抑制了全要素生产率水平的提升。

三是西北地区人才流失严重，所培养的高水平人才未能有效作用于当地的社会经济发展。较西南地区而言，西北地区社会经济发展水平相对落后，人口稀少，政府招才引才力度不足，致使对人才的吸引力不足，有研究对甘肃高校毕业生人才外流情况进行分析，发现2006年兰州大学毕业生在沿海开放城市就业的比例就已远超过省内就业比例[3]。西北地区研究生教育培养人才的外流致使西北地区潜在劳动力质量下降，研究生教育的数量与质量均未能真正对当地全要素生产率的增长发挥作用，最终导致全要素生产率的下滑。

四是社会经济发展相对滞后背景下，西北地区研究生培养与就业市场匹配度不足。西北地区研究生教育一方面未能密切与市场进行对接，且进步缓慢的研究生教育质量无法满足区域创新和经济发展的需求，研究生就业竞争力较弱；另一方面，西北地区落后经济背景下市场需求量的不足也影响了研究生的就业及质量，《中国劳动统计年鉴》数据显示，2020年西北地区就业人员中受过研究生教育的劳动者比例仅为0.65%，与全国范围内1.1%的研究生学历及以上的就业人员构成具有较大差距。

四、研究结论

通过对2010—2020年西部地区全要素生产率发展情况、研究生教育发展情况和研究生教育发展对全要素生产率的影响进行测算与分析，研究得出以下结论。

---

[1] 李汉邦、赵婷婷、赵哲：《大众化进程中的研究生生源质量研究》，《清华大学教育研究》2005年第6期，第50-53页。
[2] 陈伟、石宝峰、马红玉等：《现行推免制度对西北地区高校研究生生源与学科发展的影响——基于西北某省的数据分析》，《研究生教育研究》2017年第5期，第60-66页。
[3] 杨雪怡：《试论甘肃高校人才外流的现状、原因及对策》，《西北人口》2010年第1期，第113-119页。

(一) 西部地区全要素生产率呈下降趋势且技术效率增长微弱与技术退化并存

2010—2020年，西部地区经济高质量发展并不理想，全要素生产率呈现下降趋势，究其原因，发现存在技术效率增长微弱与技术退化并存的问题。（1）就全要素生产率总体而言，西部地区全要素生产率呈负增长状态，虽然与全国总体趋势基本一致，但其实际水平远低于全国平均水平，且技术退化对全要素生产率的负面影响大于技术效率增长对全要素生产率的正向影响。（2）就技术效率而言，虽然西部地区总体上呈技术效率增长趋势，但超过半数省份均存在技术效率下降，西北地区更是有2/3省份出现技术效率下降，西部地区内部差异明显。（3）就技术进步而言，西部地区除内蒙古自治区和青海省外，均出现技术退化，技术创新水平有待提高。

(二) 西部地区研究生教育发展水平总体上升但外部与内部差距均较为明显

随着研究生教育的不断扩招与国家对研究生教育质量的重视，2010—2020年西部地区研究生教育发展稳中向好，但其与全国平均水平仍具有较大差距，西北与西南地区之间存在发展不平衡的问题。（1）从研究生教育数量发展来看，西部地区研究生教育规模连年攀升，但其总量仍与东、中部具有较大差距，年均增长率仍落后于全国平均水平，区域内西南地区发展情况优于西北地区。（2）从研究生教育质量发展来看，西部地区研究生教育质量总体呈上升状态，但内部存在较大差异，西北地区在研究生教育质量发展水平与提升速度方面均落后于西南地区。

(三) 西部地区研究生教育发展对全要素生产率具有正向影响

西部地区研究生教育发展对全要素生产率具有正向影响，但其在单独作用与共同作用的影响程度及显著性有所差异。（1）通过对研究生教育数量与质量分别对全要素生产率的影响进行计量分析发现，西部地区研究生教育数量与质量均能对全要素生产率产生非常显著的正向影响，且研究生教育质量提升对全要素生产率的促进作用更大。（2）对研究教育发展总体对全要素生产率的影响发现，西部地区研究生教育发展仍对全要素生产率具有显著正向影响，但数量与质量两方面的影响存在差异：研究生教育数量的影响更为显著，更能直接、快速地推动全要素生产率增长，研究生教育质量虽影响程度更大，但就显著性较数量而言较低。这表明，西部研究生教育数量仍有很大需求，且应在扩大教育规模的同时注重教育质量的保障与提升。

(四) 西部地区研究生教育发展对全要素生产率的影响存在地区异质性

2010—2020年，西部地区研究生教育发展对全要素生产率的影响在西北与西南间存在明显不同。（1）西南地区研究生教育数量与质量均能显著促进全要素生产率增长，且数量对全要素生产率的作用效果与显著性均优于质量方面。（2）西北地区研究生教育发展对全要素生产率的增长并未产生显著影响，甚至研究生教育质量在一定概率上还会对西北地区全要素生产率产生负向影响。数量提升仍是当前西部地区研究生教育发展的首要任务，且西北地区需要更多关注与扶持。

第三节　对策建议

基于以上研究发现与结论，为提升西部地区研究生教育发展水平及全要素生产率，进一步加强西部研究生教育发展对全要素生产率的促进作用，在新一轮西部大开发战略新格局下，研究提出以下对策建议。

一、加大西部研究生教育的投入力度，吸引创新型人才流入

当前西部地区研究生教育数量与质量虽处于不断提升状态，但仍与东部具有较大差距，且现有发展水平难以满足社会经济高质量发展需要，亟须多角度、多渠道加大对西部研究生教育数量和质量等方面的投入力度，吸引更多创新型人才流入西部。（1）增加研究生教育招生数量，扩大人才储备。研究发现，西部研究生教育数量对全要素生产率具有更为显著的影响，适度提高研究生教育规模有助于增加西部高技能人才储备与供给，促进全要素生产率的提高与经济的可持续、高质量增长，推动我国新发展格局的形成。因此，国家应向西部倾斜更多研究生教育招生指标，进一步增加西部地区研究教育数量，以此提升西部人力资本存量与质量。（2）加大研究生教育科研经费投入，推动技术进步。当前西部研究生教育生均科研经费较少，无法满足科学研究与技术进步需要，且西部各省普遍存在技术退化抑制全要素生产率增长的不良现象，中央和地方财政应加大对西部地区研究生教育的资金投入。同时，西部高校也应积极拓展筹资渠道，主动提升研究生教育科研经费投入，以此为研究生培养与科学技术的进步提供资金支持，推动科技创新与技术进步。（3）提升研究生教育师资投入水平，吸引人才流入。一方面，导师的指导水平是决定研究生教育质量的关键因素。可是近年来，在研究生教育数量较快速增长的同时，研究生导师数量并未得到相应增长，研究生教育生师比较不理想，阻碍了创新型人才的培养与研究生教育质量的进步。另一方面，西部地区技术退化的现状直接彰显了高端人才储备不足、科技创新能力低下的问题。同时，党的二十大报告也指出，科技是第一生产力、人才是第一资源、创新是第一动力[1]。强调了人才在经济社会发展中的重要作用。基于此，西部地区一应组织研究生导师专业化发展培训活动，以提升现有教师科技创新水平；二应加大人才引进力度，通过设立"西部人才专项基金"等方式吸引更多外地创新型人才投身西部研究生教育，同时避免本地人才的外流，鼓

---

[1] 习近平：《高举中国特色社会主义伟大旗帜　为全面建设社会主义现代化国家而团结奋斗》，《人民日报》2022年10月17日第2版。

励更多科技人员在西部地区进行科技创新、科研合作等,提升西部地区的科技水平和技术含量。

二、提升西部地区研究生教育治理水平,保障教育质量发展

研究生教育治理体系和治理能力现代化是国家治理体系和治理能力现代化的重要组成部分,也是引领研究生教育质量提高的关键所在[①]。研究发现,西部地区技术效率增长微弱,而其中直接暴露出的就是治理水平低下与资源利用效率不足的问题。研究生教育治理体系与治理能力迫切需要提升以保障研究生教育治理的发展与全要素生产率的增长。《中国教育现代化2035》指出[②],到2035年教育治理现代化的主要目标是形成全社会共同参与的教育治理新格局。结合其主要任务,西部地区研究生教育应从以下几方面提升研究生教育治理水平:(1)强调研究生教育数量扩大与质量提升的协调发展的工作导向。尽管当前我国出台一系列政策强调教育的高质量发展,甚至社会各界关于研究生教育数量与质量对立矛盾的看法各有所见,但就西部地区实际而言,研究生教育招生规模的扩大仍具重要意义,研究生教育治理过程应强调研究生教育数量与质量提升并重,避免二元对立。(2)明确政府与研究生院的工作职责与重点。尽管政府改革一直强调简政放权,但教育治理过程中仍存在政府与教育行政部门的"越位""缺位"和"错位"等权责边界不清问题[③],直接影响研究生教育质量提升。政府与高校研究生院应明确权责重点,政府应在研究生教育治理过程中发挥方向引领和过程监督作用,提升高校管理自主权,完善高校治理结构。(3)改进高校内部治理体系与方法。一方面,高校应完善研究生教育科研管理制度,提高资金使用效率,做到资金使用到位,提升研究生教育质量对技术进步的推动作用;另一方面,高校应优化治理体系,建立包含决策制定、决策实施与决策运行监督的全过程、全系统治理体系,进一步提升技术效率。

三、坚持教育与经济社会发展相适应,优化学科专业结构

教育外部关系规律指出,教育必须与社会经济发展相适应。西部高校研究生发展应合理利用、最大程度发挥各地区的本土资源和优势;考虑地方经济社会发展实际需求,优化学科专业结构,提升研究生教育与区域经济的适应性,进而促进经济发展。(1)立足地区资源背景针对性发展特色学科,将区域劣势转化为科学研究优势。就西北地区而言,应注重发展与当地地质资源、能源等相关的研究生专业,如

[①] 乔刚、杨旭婷、娄枝:《研究生教育质量治理:科学内涵、转变维度与实践路径》,《研究生教育研究》2021年第6期,第51-57+97页。

[②] 新华社:《中共中央 国务院印发〈中国教育现代化2035〉》,《人民日报》2019年2月24日第1版。

[③] 蒲蕊:《论高质量发展阶段的教育治理效能提升》,《中国教育学刊》2022第8期,第7-12页。

兰州大学应不断加强草学、地质科学、敦煌学等优势学科、特色学科的科研作用，帮助西部改善自然环境，充分发挥历史资源、旅游资源优势，提升西部经济发展；宁夏大学继续重视草业科学等国家重点学科建设与科研成果转化，为西部地区荒漠化、草地沙化等问题提供有效解决方案，促进西北地区自然资源利用等方面的技术进步与人力资源质量提升。就西南地区而言，特色学科发展则应侧重民族文化。如云南大学立足于民族学等优势学科，针对当地多民族环境展开研究并将成果运用于发扬民族优秀文化、解决各类民族问题及促进民族发展进步中。（2）开设与产业和创新密切相关的课程与专业方向，建立良好的校企合作框架。西部地区当前存在人才流失率严重的问题，研究生教育培养人才的外流对西部资源配置能力产生一定负面影响，由此影响全要素生产率的增长。究其原因，人才流失主要源于西部地区社会经济发展落后与工作岗位不足两点。在既有经济社会发展水平下，高校应调整研究生课程安排，以市场需求为导向，注重理论与实践相结合，增强研究生的专业技能与就业竞争力，并利用企业资源对研究生进行实训和培训，增强研究生的实践能力，拓展研究生就业渠道，以此促进更多高层次人才留在西部最契合的岗位工作，发挥其科技创新能力，营造研究生教育人才培养与区域经济发展的良性循环。

四、重视对西部研究生教育的精准扶持，制定差异化发展路径

目前西部地区内部不论是在经济社会发展还是研究生教育发展等不同方面均存在显著差异，且西北地区明显落后于西南地区。基于此，对西部地区研究生教育的扶持应以扶优、扶特、扶需为准则[①]，针对西南与西北地区分别制定更具针对性的发展路径，做到分区施策、分类管理，实现精准帮扶，以全面提高西部地区研究生教育发展水平，为区域经济发展注入新活力。（1）侧重对西北地区研究生教育人力、物力和财力的投入，加快补齐西北"短板"。研究发现，西北地区当前研究生教育发展仍处于数量严重不足与质量亟待提升的低水平状态，人才缺口极大，无法满足科技进步与经济发展的人才需求。对西部地区的扶持应优先从扩大研究生教育数量入手，同时鼓励和培养优秀研究生导师团队，加大研究生教育的经费投入与支出，兼顾研究生教育的内涵式发展，从而推动西北地区人力资本聚集的最终实现，在西北地区发挥研究生教育对全要素生产率增长与经济发展的促进作用。（2）支持西南地区高质量研究生创新基地建设，加速西南地区研究生教育发展。尽管西南地区研究生教育发展水平在西部处于领先水平，但其较全国尤其是东部沿海地区仍有巨大差距。在对西部地区整体加大研究生教育规模扩张倾斜扶持的同时，国家应从提升研

---

① 包水梅、陈秋萍:《我国区域间高等教育对经济发展贡献率的比较分析——基于近20年中国省域面板数据的实证研究》,《兰州大学学报(社会科学版)》2021年第5期,第16-27页。

究生教育质量角度出发，加大对西南地区研究生教育发展的投入力度，支持、指导西南地区建成一批高质量研究生创新基地，提升西南地区研究生教育质量对全要素生产率影响的同时，带动整个西部地区研究生教育发展进步。

五、打破区域性与制度性壁垒，推进西部地区内外部交流合作

在整体发展水平较为落后的情况下，西部研究生教育发展亟须打破区域性和制度性壁垒，调动区域内部各要素之间的协调以达到资源最优化的效果，并寻求外部其他区域的支持与合作，促进西部地区研究生教育高质量均衡发展，缓解区域间与区域内的发展不平衡状态。（1）以西安、兰州、重庆和成都为战略支点，打造高校集群并发挥其知识溢出效应。周光礼等人对我国五大城市群的研究表明，高等教育的质量资源聚集可以推动区域科技创新能力的提高[1]。在西部地区整体研究生教育水平与经济社会发展较为落后，且区域内部存在巨大差距的情况下，西部地区应积极响应教育部关于振兴中西部高等教育的建议，配合打造高校集群，以此提升西部地区研究生教育质量与技术进步，推动研究生教育发展及其对全要素生产率的促进作用。在西北地区，应以西安、兰州为战略支点，发挥高水平大学的龙头作用，带动、引领西北研究生教育的整体发展；在西南地区，应以重庆、成都为战略支点，发挥高校集群的集群溢出效应，打造西南地区研究生教育对外开放的桥头堡[2]。（2）设计建立"西西合作"体制机制，大力推进西部研究生教育合作与协调发展。西部地区总体处于较为相似的地理区域，且经济发展水平相近，相较于其他东部地区，西部地区内部的研究生教育合作、学习与交流可能更易实现并与地区社会经济发展需要相契合。西部地区首先要树立"共商""共建""共享"的发展理念，积极建立规范、完善的"西西合作"协调机制，坚持从实际需求出发，促进西部研究生教育资源的科学配置与应用。具体而言，西部地区可以通过探索建立西部各省（自治区、直辖市）间研究生教育的学分互认机制、配置虚拟教育资源[3]、举办学术活动交流周等方式搭建多种研究生教育交流、合作的支持平台，推进西部研究生教育均衡发展。（3）深入推进"东西合作"，借鉴东部研究生教育发展先进经验。西部大开发以来，国家一直致力于解决区域间发展不平衡不充分的问题，实施东部发达地区帮扶西部落后地区的政策，发挥政府作用减少了阻碍东西部要素自由流动的制度性壁垒。2022年，

---

[1] 周光礼、赵之灿、耿孟茹：《高等教育资源空间布局及其对区域科技创新能力的影响——基于中国五大城市群的实证研究》，《现代大学教育》2023年第1期，第66-75+112页。

[2] 教育部高等教育司：《振兴中西部高等教育 服务中西部高质量发展》，http://www.moe.gov.cn/fbh/live/2021/53921/sfcl/202112/t20211227_590326.html。

[3] 李硕豪：《高等教育均衡发展的路径创新》，《光明日报》2020年6月9日第3版。

科技部等九部门印发《"十四五"东西部科技合作实施方案》[①]，从国家层面出发再次深入推进区域和跨区域协同创新。在此基础上，西部地区更应主动、深入推进东西合作，例如积极与东部高校建立研究生交流访学基地，增强西部研究生的学术水平与创新能力，提升研究生教育培养质量；主动学习东部高校研究生教育先进管理经验，提升研究生教育资源的配置效率。

[①] 中华人民共和国科学技术部：《科技部等九部门关于印发〈"十四五"东西部科技合作实施方案〉的通知》，https://www.most.gov.cn/xxgk/xinxifenlei/fdzdgknr/fgzc/gfxwj/gfxwj2022/202203/t20220304_179644.html。

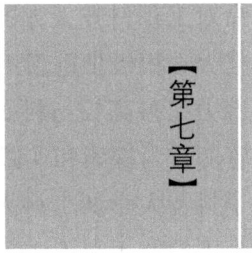

科教融合理念下的新工科人才培养改革探索

——以电子科技大学为例

第四次工业革命正在深入发展,全球科技创新呈现出新的发展态势和特征,以数字经济、物联网、智能制造为代表的新经济蓬勃发展,社会经济对于工程科技人才的需求日益迫切,科技进步和创新人才已成为推动人类社会发展的重要引擎。要造就一大批具有创新水平的战略科技人才、领军人物和高水平创新团队就要加强创新人才的培养,实现科教融合、发挥高水平研究对高水平人才培养的支撑作用是创新人才培养的关键。党的二十大报告也明确指出,要"统筹职业教育、高等教育、继续教育协同创新,推进职普融通、产教融合、科教融合"[1]。全面提高创新人才培养质量,必须创新机制和模式,充分利用多方资源将科研优势转化为育人优势,及时将最新的创新成果转化为知识体系和教学内容,让学生能够了解科学研究的最前沿,参与更多科研实践训练[2]。然而,目前我国高校的科研与教学活动仍然处于一种非耦合的状态,存在诸多问题,如培养目标同质单一,教师重视学术发表,忽视把学术成果转化为教学内容;偏好"填鸭灌输"的教学方式,不喜欢开展研究性教学[3];科研资源有限,融合程度不深等问题。传统的课程教学已经不能满足新工业革

---

[1] 习近平:《高举中国特色社会主义伟大旗帜 为全面建设社会主义现代化国家而团结奋斗——在中国共产党第二十次全国代表大会上的报告》,中华人民共和国中央人民政府,http://www.gov.cn/xinwen/2022-10/25/content_5721685.htm。

[2] 钟登华:《立足新时代培养一流"新工科"卓越人才》,《光明日报》2017年10月31日第13版。

[3] 周光礼、姜嘉乐、王孙禺等:《高校科研的教育性——科教融合困境与公共政策调整》,《高等工程教育研究》2018年第1期,第88-94页。

命对工程科技人才的要求，创新人才培养模式已迫在眉睫。针对上述问题，电子科技大学积极推进新工科建设，打破学科专业壁垒，促进学科、专业之间的交叉融合，着力完善高校与科研院所之间联合培养人才的有效机制，引导科研资源转化为育人资源，为探索和实践中国特色的工程教育模式提供了"成电方案"。本文深入剖析电子科技大学新工科人才培养改革的科教融合理念与整体思路，着重探讨科教融合理念下的新工科人才培养的改革路径，以期为有关高校新工科人才培养过程中的科教融合提供指导与建议。

第一节 以科教融合为理念的新工科人才培养改革动因

当前，我国高等教育的规模已居于世界首位，然而新工科人才培养在质量、结构上依旧不能满足新时代背景下市场对新工科拔尖创新人才的需求，我国新工科人才培养依然面临着以下诸多问题和挑战。

一、培养目标同化难以适应经济产业发展需要

培养目标是教育的出发点，规定了人才培养的类型、规格、层次和所要达到的标准的总体设计和规划[1]。新时代背景下社会经济发展对我国工科人才培养目标提出了新的要求："要培养一批服务国家战略、满足产业需求、具有创新创业能力、跨界整合能力、高素质的各类交叉复合型卓越工程科技人才。"[2]当下我国产业类型齐全，但制造业发展水平参差不齐。因此，迫切需要一批能够面向现代和未来产业发展的多层次、多类型、高素质的复合型卓越工程科技人才。然而高校人才培养仍然存在同质化和单一化的问题。首先是人才培养的同质化导致人才供给结构性矛盾突出。高校在制定人才培养目标过程中与学校的整体办学定位和资源状况、师资力量等匹配不足，导致人才培养规格单一，类型模糊，没有充分体现出学校的特色与科教融合的理念。大部分院校倾向于研究型理论型工科人才的培养，忽视了实践应用型工科人才是市场的重要缺口，这不仅造成高等教育资源的浪费，而且导致劳动力市场供需失衡，进而引发大学生就业难、企业用人难等问题；其次是人才培养单一化导致工科人才培养特色不足。高校的工科人才培养类型单一，多集中于传统工科，缺乏前瞻性规划和地区行业特色。当下行业转型快速升级，产业对复合型、应用型

---

[1] 向兴华、李国超、赵庆年：《高校人才培养目标定位绩效评价研究——以HL和HK两所大学为例》，《教育发展研究》2014年第Z1期，第23-30+85页。

[2] 林健：《面向未来的中国新工科建设》，《清华大学教育研究》2017年第2期，第26-35页。

人才的需求与日俱增，而传统人才培养结构老化，长期缺乏自我更新，与新工科建设背景下的人才培养目标相背离，难以顺应经济产业发展的需要。

二、课程体系设置难以满足新工科人才培养新要求

面向当前和未来产业的工程科技人才不仅要求其具备扎实的理论知识和基础，而且还要求必须具备良好的科学素养和科研创新能力。然而，当前我国工程教育课程体系受传统学科建制的影响尚未消除，课程体系设置难以满足新工科人才培养的特色需求。一是教育内容仍然偏重于传统的理论学习，缺乏对相应理论知识的实践运用。学生对知识的理解仅仅停留在课本的抽象概念上，对于新技术、新设备的研究、开发、应用缺乏相应了解，制约了学生综合能力的提升。二是课程挑战度有待提升，部分院校课程内容简单，知识陈旧，保留了大量轻松易过的"水课"，不利于学生研究能力、创新能力、实践能力等综合素质的培养。三是专业课程更新缓慢，教材未能及时更新融入学科前沿的最新知识，致使工科教育的发展滞后于生产制造的岗位需求，不利于学生掌握最新知识技能以适应市场需求。四是学科壁垒尚未打破，知识结构拘泥于单一学科，实践能力固化于单一工艺的技能训练，缺乏对人才系统工程思维和跨界整合能力的培养[①]，不利于学生整合构建自己的知识网络，实现知识的综合运用。

三、教学模式难以满足新工科人才学习需要

教学模式是教学理论和教学实践相互沟通的重要桥梁，我国传统的以知识传授为主的教学模式虽然有着几百年的成功实践，但当下信息化、网络化使知识传播方式和速度不断加快，知识获取更加便捷，传统以知识传授为主的教学模式已经不能满足新时代背景下工科人才学习需要，教学模式改革迫在眉睫。一是以知识为中心的教学理念强调接受学习，关注单一知识理论的传授，忽视了知识的动态性、学生的主体性，不利于培养学生的创新思维能力。二是很多大学仍然采用的是传统的灌输式、注入式、以教师为中心的传统教学方法，这种教学方法阻碍了学生批判性思维和独立思考的能力的发展。近年来，虽然自主式、讨论式、探究式方法在逐渐增多，但远没有形成主流，需要进一步在教学实践中推广[②]。三是教学内容滞后于社会经济发展，知识更新落后于科技发展，未能及时更新教材，融入最新前沿学术成果，使得学生习得的工程教育知识和技术难以匹配新工科建设对创新型、应用型、复合

[①] 许艳丽、张钦：《智造时代新工科人才培养模式变革的诉求、困境与选择》，《黑龙江高教研究》2022年第9期，第47—52页。

[②] 韩洪文、田汉族、袁东：《我国大学教学模式同质化的表征、原因与对策》，《教育研究》2012年第9期，第67—72页。

型人才的要求。四是我国教学重理论传授、轻实践，实践教育环节薄弱甚至缺失，学生难以将课程学习的理论知识应用到实际环境中去，制约了学生工程实践能力和问题解决的能力的提升。

四、科研实训平台难以有效支撑新工科建设

工程实践是人才培养的重要构成，是工程技术能力习得的基本途径[1]。新工科人才的培养需要相应的实践平台提供资源支持和技术支撑。然而，当前许多高校工程实践教学平台难以提供优质工科教学与科研训练。首先，部分院校工程实践所需要的仪器设备紧缺，工程训练和场地不足等问题突出，难以提供充足教学资源和实践平台[2]。其次，因高校科研实训平台、资金有限导致实习实训模式长期难以更新，以强调技术制造、缺乏工程训练和创新能力培养的工程训练金工实习模式延续至今，远远落后于产业界更新迭代的技术与设备，这与新工科建设背景下创新型复合型人才的培养目标背道而驰，不利于工程素质和创新能力的培养。最后，高校与企业、科研院所等协同育人的平台建设尚不完善，各主体间互动长效机制尚未建立，导致无法建立广泛深入稳定的合作关系和科研实训平台，因而难以实现资源共享和成果互惠。

五、教育评价难以为新工科建设提供有力保障

教育评价是诊断，评判与改进教育活动的重要方式和导向，是教育高质量发展的航向标和生命线[3]。同时，教育评价也是教育出现诸多问题的源头，目前高校的教育评价尚不能为新工科建设提供有力保障建设，主要表现在以下两个方面。

在学生评价上呈现评价维度单调和评价作用发挥有限的问题。首先，部分院校在学生评价上侧重于关注学生学业成绩、知识掌握程度，对学生情感、价值观、能力等维度的考察不够。然而，新工科建设下的人才培养强调的是工程实践能力强，具备创新能力和国际竞争力的高素质复合型工科人才，传统以结果导向为主体，考查理论知识的学生评价方法已经无法满足新工科建设的要求。其次，高校的教学评价未能发挥其应有的导向、评估、激励、诊断、改进作用，主要表现在高校学生重形式、轻作用，重结果、轻过程，学校邀请学生和教师对课程进行评价，但不重视

---

[1] 胡国宝、戴锐：《地方高校"新工科"人才培养的应然定位、实然困境与必然选择》，《黑龙江高教研究》2019年第3期，第156-160页。

[2] 陈厚丰、张凡稷：《近十年我国高等工程教育的发展轨迹、困境与路径抉择》，《大学教育科学》2021年第5期，第60-68页。

[3] 时益之、杨兆山：《高等教育评价现代化的内涵要义与实践路径》，《现代教育管理》2023年第4期，第118-128页。

评价标准和评价结果在改进教学活动和提升教学质量上的作用[①]。学生因而难以反思自己的学习过程，难以改进学习方法，难以提升自己的科研能力和创新能力。

在教师评价上呈现教师评价功利化倾向。一方面，传统的以"唯文凭"评价人才、"唯论文"评价教师简单固化的评价模式在一定程度上诱导教师轻视教书育人的本职工作，盲目追求"学术资本主义"，呈现出重科研、轻教学，重绩效、轻发展，重结果、轻过程等倾向，致使部分教师将主要精力放在了科学研究上，对教学质量的提升和自我专业的发展的重视程度不够，不利于教师教学实践能力的积累与科研水平的提高。另一方面，我国的教师考核评价中又呈现出浓厚的管理色彩，教师的工作表现和能力是职称评定、绩效考核的关键指标，这在一定程度上激发了教师的工作热情和积极性，但是这种急功近利的价值导向却忽视了教师的自我成长和专业发展，难以应对新工科建设的发展诉求。

第二节　新工科人才培养的科教融合理念与整体思路

新工科人才的培养不仅需要掌握工程制造的知识与前沿技术，而且需要具备工程设计、生产、制造、服务的全链条经验。要实现这两者有机融合的最有效的路径就是科教融合。科教融合是指以创新人才培养为前提，科研与教学在形式和内容上相互渗透而形成的人才培养的新路径[②]。它实现了教育教学和科学研究的结合，科研资源和育人优势的集中转化，并最终落脚于创新人才的培养。新工科人才培养的科教融合理念就是培养目标上突出强调培养学生的科研创新与跨界融合能力，让学生在真正的科研项目活动中，能运用所学的课本知识与技术来生产设计，从而促使工程技术不断升级优化；在课程上增加难度并开设多样化的通识课程和创新创业课程，提升学生的跨学科思维和复杂问题解决能力以适应新工科建设的发展需要；在教学模式上创新教学方法，融入学科前沿科学知识，让学生在这个实践过程中运用课堂上所学到的理论知识解决工程制造中遇到的实际问题，在教学中学习新知识、新工具、新技术以优化提升工程制造的时间和成本；在平台实践上提供高水平研究团队和科研资源，营造良好的科学研究环境和氛围，锻炼培养掌握工程实践和创新的综合性工科人才。在教育评价上强调科学研究和教育教学并重，坚持教师分类评价和学生综合评价以提升新工科建设的人才培养质量。因此科教融合是新工科人才培养

[①] 林健：《面向"六卓越一拔尖"人才培养的挑战性学习》，《清华大学教育研究》2020年第2期，第45-58页。

[②] 孙菁：《科教融合：创新人才培养的新路径》，《中国高等教育》2012年第17期，第32-34页。

改革的重要途径。

为促进新工科人才培养的改革，电子科技大学积极响应国家提出的全面实施"新工科"建设行动计划，坚持"立足当下，瞄准未来，主动变革"的方针，将科教融合理念贯穿于人才培养目标、课程体系，在教学改革、平台建设、教育评价等方面进行创新，全面系统推进"新工科"建设与改革。打造新工科建设领域的标杆，贡献新工科人才培养的"成电方案"。其整体思路见图7-1。

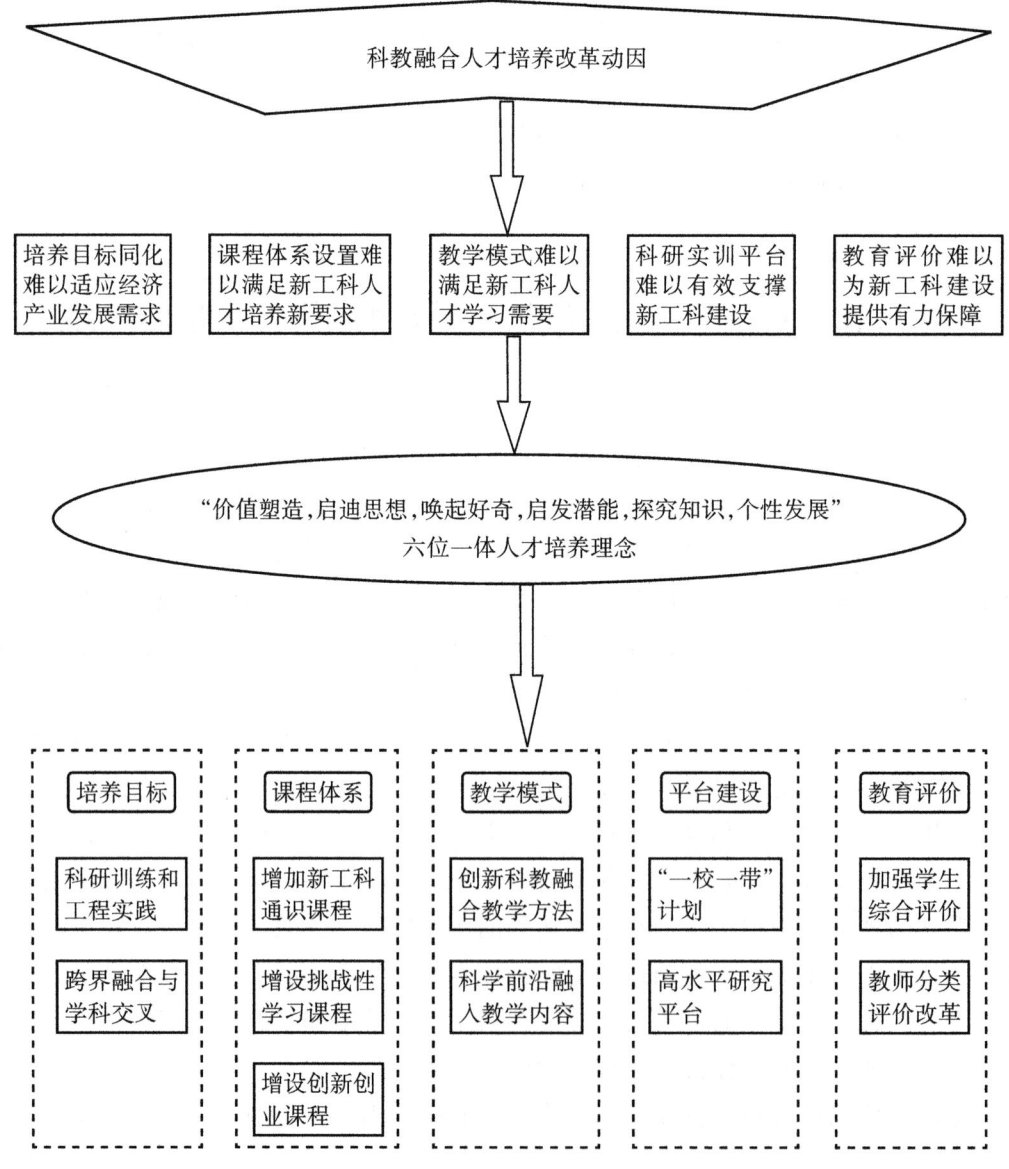

图7-1 电子科技大学新工科人才培养改革思路图

第三节 科教融合下新工科人才培养实践

一、以科教融合理念重置人才培养目标

新工科作为一种新型的工程教育，其育人的本质没有改变，但是对人才的培养要求发生了变化[1]。美国工程院发布的《2020工程师：新世纪工程的愿景》报告中指出，未来的工程师应该具备分析能力、实践经验、创造力、沟通能力、伦理道德、商务与管理能力和终身学习能力[2]。相对于传统工科人才而言，新工科人才培养不再单纯强调知识获取，而是更注重学生在自主探索中获取知识，锻炼自己的问题分析能力与创新实践能力。科教融合正是一种强调知识传递、发现和创造于一体的活动，在寓教于研、寓研于教的过程中实现知识的双向互动。电子科技大学基于科教融合思想确立了"价值塑造、启迪思想、唤起好奇、启发潜能、探究知识、个性发展"六位一体的人才培养理念，将新工科人才的核心素养厚植于科教融合的沃土之中，培养具有家国情怀、全球素养、知识综合与继承创新能力，能够引领学术前沿，促进科技与社会经济发展，堪当民族复兴大任的创新型工科人才。

（一）突出科研训练和工程实践

工程实践和科研创新能力是新工程人才核心素养的集中体现，工程实践是提升学生动手实践和沟通协调能力的必然要求，科研创新是驱动产业发展和市场竞争的主要动力，工程实践和科研创新已成为新工程人才的必备能力素养。在未来科技转化为生产力的周期更加短暂、产业更新迭代愈加频繁的背景下，必须加强教学和科研的融合，在人才培养目标上着重强调培养学生的科研训练和工程实践。

电子科技大学坚持科教融合理念，全面修订人才培养目标，致力于培养基础厚、能力强、素质高、具有国际视野和竞争力的拔尖创新人才。以该校英才实验学院电子信息类专业为例，与之前的以培养基础扎实、自主学习和知识综合集成能力的精英人才相比，新的人才培养目标突出强调加强系统的工程实践和科研训练，培养学生探究式学习、知识应用和实践创新能力，在基础科研训练和综合科研训练中培养学生独立从事科学技术研究的能力，使学生成为电子信息相关领域工程创新和科学

---

[1] 钟登华：《新工科建设的内涵与行动》，《高等工程教育研究》2017年第3期，第1-6页。
[2] 李晓强、孔寒冰、王沛民：《建立新世纪的工程教育愿景——兼评美国"2020工程师"〈愿景报告〉》，《高等工程教育研究》2006年第2期，第7-11页。

技术研究领军人才[①]。这种强调科研训练和工程实践的培养目标也成为学校课程体系变革的重要方向标和教学模式革新的关键指示牌，真正做到了将新工科人才培养扎根于科教融合的沃土之中。

（二）强调跨界融合与学科交叉

跨界融合与学科交叉是新时代工科人才培养的必然要求，也是科教融合的应有之义。跨界融合是联合校内外有利资源和条件，通过课程教学体系、科研训练体系和实战教学体系的构建，打破传统人才培养模式在学科、校门、国门上的界限，培养高素质人才的一种方式[②]，能够有效拓展知识的深度和广度，促进不同学科交叉融合，提升学生知识的综合运用能力，实现知识与能力、博学与精专有机结合，是创新培养形式、拓展培养途径、培养引领技术前沿的复合人才的重要路径。

电子科技大学面对未来高度复杂和高度集成的工程技术发展，突出强调要培养学生的"知识跨学科综合"和"技术跨学科集成"能力，高度重视专业基础的同时，加强学科交叉融合教育。如学校计算机科学与工程学院与西南财经大学金融学院联合开设的智能金融与区块链金融"双A"联合学位实验班，旨在面向国家在区块链领域和金融科技上的重大需求，充分发挥两校在人工智能、区块链领域、金融学科方面的专业优势，采用"新工科+新商科"的创新教育模式、"信息科技+现代金融"的深度交叉融合课程体系，共同培养既掌握计算机、大数据、人工智能、区块链核心技术，又精通金融理论，对未来金融业务具有深刻理解的跨界创新型金融科技精英。同时，学校与国际名校开展交换生和联合培养行动，学生有机会进入世界顶尖商学院开展学习交流活动，也可以进入世界金融科技顶尖机构进行科研实习，帮助学生在跨学科、跨平台、跨文化交流中不断丰富科学知识，提升综合文化素养。

二、以科教融合理念重构课程体系

学生从大学里受益最直接、最核心、最显效的是课程。同时，课程也是人才培养的核心要素[③]。近年来，电子科技大学坚持课堂是教育的主战场，不断深入推进教学改革和课程创新，掀起"课堂革命"，建设高水平、高质量的新工科课程体系。2019年，成都电子科技大学形成《一流本科教育行动计划》《新工科建设成电方案》，确立了以"唤起好奇、激发潜能"为核心的全新理念，面向全体学生构建了"始于新生、贯通四年、逐级挑战"的全新项目式"新工科"课程体系，鼓励师生"研究

[①] 电子科技大学：《电子科技大学2022本科培养方案》，https://www.jwc.uestc.edu.cn/upload/2022-Undergraduate_Education_Plan.pdf。

[②] 陈文兴：《跨界与融合：地方高校"三创合一"培养"三创"人才的理论逻辑与实践路径》，《国家教育行政学院学报》2021年第4期，第34-40页。

[③] 吴岩：《建设中国"金课"》，《中国大学教学》2018年第12期，第4-9页。

性的教、研究性的学、挑战性的学、创新性的做"，深化课程体系的重构与改革[①]。

（一）增加新工科通识课程

跨学科知识和能力是新产业形成及其持续发展所必需的。以交叉学科为基础的新兴行业的涌现使得以单链条知识结构的传统工科人才的适应性不断衰退。培养新工程人才的跨界整合能力是适应经济发展需求的必然趋势[②]。在新工科建设中，具有特色的新工科通识教育课程体系是沟通传统通识教育和工程专业教育的桥梁，也是促进工科学生全面发展的重要手段[③]。

电子科技大学明确指出，要打造面向新工科建设需求的特色新工科通识教育体系，加强新时代工程创新引领人才的综合能力和素养锻炼。为此，学校开设了自然科学、文史哲、社会科学与行为科学、艺术鉴赏、创新创业教育、工程教育与实践创新六个模块的通识课程体系，以培养学生的科学精神和人文素养，促进学生的综合素质全面提高。同时，以新工科建设为背景，创新通识课程的形式，精心设计了一批"STEM＋A＋B"跨学科通识教育体系，如"工科＋商业与企业管理""工科＋艺术＋管理"等。在这一过程中，教师主动将自己的科研项目融入课程，鼓励学生组建跨学科小组展开学习讨论，并组织不同学院的学生跨专业、跨学科申报科研创新项目，不仅提升了学生跨领域的多项技能，而且锻炼其科学思维和创新能力，有利于适应未来行业变化和新工科发展需求。

（二）增设挑战性学习课程

挑战性课程是通过有趣、有价值的挑战性问题吸引学生，激发学生的好奇心和想象力，通过高强度的师生互动、生生互动使学生快速获取新知识并综合运用相关知识，培养学生沟通、合作和创新的能力，促进学生敢于、善于挑战自我，主动学习，使学生在完成挑战性任务的过程中获得成就感，进而增强作为拔尖学生的勇气、信心和能力的一种课堂形式[④]。挑战性课程有助于培养新工科人才的核心能力和素养，增强学生解决问题的能力和促进教师的自身专业发展，是提高育人质量和提升教学效果的有效之策。

电子科技大学通过增加课程的挑战度、拓展课程深度来激发学生的内生学习动力和学业兴趣，把"水课"打造成为培养学生批判性思维、创新与研究能力的"金

---

① 中华人民共和国教育部：《电子科技大学聚力新工科建设，提升工程教育人才培养质量》，http://www.moe.gov.cn/jyb_xwfb/s6192/s133/s211/202211/t20221102_693071.html。

② 吴涛、刘楠、孙凯：《"新工科"视域下工程人才关键能力的思考》，《黑龙江高教研究》2018年第3期，第156-160页。

③ 蔡映辉、丁飞己：《从能力培养到全面发展——新工科通识教育课程体系建设与实施路径研究》，《中国高教研究》，2019第10期，第75-82页。

④ 孙宏斌、冯婉玲、马璟：《挑战性学习课程的提出与实践》，《中国大学教学》，2016年第7期，第26-31页。

课"。学校明确指出每个专业每一学年至少开设一门高强度的挑战性课程,并为完成课程的优秀学生授予荣誉证书。如该校的《通信原理》课程引入挑战性学习设计,在内容上已触及学科前沿,以有难度、有吸引力的挑战性工程任务为切入点,深化理论和实践的结合;在形式上,形成"实践问道、知行合一"的教学模式,让学生开展团队竞争与合作,充分感受和体验学习乐趣,在方法上打破"满堂灌"的授课模式,采用翻转课堂、思辨研讨的方式探索以学生为中心的知识、能力与素质的培养途径,激发学生的好奇心并引导学生主动联系课堂知识,在亲自动手和与同学、老师交流讨论的过程中不断挖掘自己的潜力,直至解决课程预设的问题[1],有效提升了学生的科学研究能力和探索知识运用知识的能力。

(三)增设创新创业课程

创新创业教育是培养具有创新意识和实践能力的高素质创新型人才的重要途径。高校作为人才培养的摇篮、创新创业的重要孵化器,开展大学生创新创业教育是新工科建设的内在要求,也是实施创新驱动发展战略,促进高等教育高质量发展的迫切需要。把创新创业教育贯穿人才培养的全过程,深化创新创业课程与专业课程的有机融合,加强创新创业实践活动与实践教学的有效衔接是新工科背景下创新人才培养的关键。

电子科技大学新工科建设的"成电方案"将创新创业教育作为新工科人才培养的重要内容之一。一是大力开展竞赛、名人讲座、沙龙"企业家讲坛"等活动,探索多样化的课程载体和形式,普及新工科最新前沿内容,拓展新工科教育的广度和深度。二是积极将高水平科研团队主导的与科技创新和社会需求相关的科研项目转化为课程群,实现科研项目转化为教学内容,让教师在科学研究中"教",学生在科学研究中"学",寓教于研、寓教于学。如《成电英才创客》课程以跨学科系统集成与实现为主题,通过构思、设计、实施和运作等环节完成一个具有挑战性的科研实践训练任务,让学生在小组合作与讨论中学习工程设计规范、专利、论文、商业计划书、交流答辩等要素的训练,培养学生的创新创业思维、团队协作、交流沟通等创新创业所必备的综合能力,在潜移默化中提升学生的创新创业综合素质与能力[2]。三是成立创新创业学院,开设工商管理辅修专业课程,为学生提供生动的理论课程、实训化一体课程和实践课程。学生通过课程的系统性学习,把创新方法和创业知识应用到真实的经营管理环境中,运用所学知识解决真实生活中存在的实际问题,培养学生的创新创业的系统思维能力和商业分析能力,激发学生研究性学习的主动性

---

[1] 电子科技大学:《挑战性学习示范课:通信原理》,https://mp.weixin.qq.com/s/pfZ0zkgpyG8ttT3U-9MCeA。

[2] 电子科技大学:《通识教育:核心通识课程一键GET(创新创业教育篇)》,https://mp.weixin.qq.com/s/fVfO07H5ogsVkr7MaEoirw。

和创新创业灵感①。

三、以科教融合理念推动教学模式改革

教学模式是促进我国高等教育高质量发展的关键环节，是实现教学效能最大化的重要途径。在科教融合背景下，教学模式越来越强调教学和科研的融会贯通，强调在教学中开展研究，强调在研究中完成教学的双向互动。电子科技大学开展教学改革，确立了人才培养工作的中心地位和本科教学的基础地位，正视教学模式中存在的各种问题，积极创新教学方法，精心设计教学内容和环节，真正实现研究性的教、研究性的学。

（一）创新科教融合教学方法

实现科教融合的新工科人才培养的关键在于变革传统的授受式教学形态，让学生在自主探索和项目实践中，将知识习得与创新创造融为一体，运用理论知识解决工程制造和科学研究的实际问题。因此，创新教学方法成为将科研和教学两种原本独立的活动整合成为一个逻辑贯通、系统有序的活动过程的重点。具体来说，即教学通过提问、答疑、操作与实践的方式刺激学生引发思考，而研究为教学提供素材、课题和方法，促使二者有机融合为一体，培养创新型工科人才。

电子科技大学实施"课程教学创新行动计划"，深化以科教融合为驱动的教学方法的创新。如推进以探究式小班教学为重点的启发式、研讨式等教学方法的应用；注重师生之间的交流互动和学生之间的小组合作和发现学习。以该学校的《专业基础实践》课程为例，该课程改变了传统的实验教学方法，紧扣专业特点，以师生互动、问题研讨、交流答辩为手段，提高学生学习兴趣，强化学生的主体地位和研究性学习意识；同时，采用启发式、讨论式，以及示范教学法、项目教学法等新教学方法，让学生在教学中扮演工程师的角色，使其积极探求新知、主动建构知识体系，培养学生研究性学习能力和创新能力。如在实验课程中，教师强调非标准化实验，仅仅提出实验要求和目标，由学生自主制定试验方案和设计，突出了学生的主体地位，强调了研究性学习意识，有助于培养学生的科学探究精神②。

（二）将科学前沿内容融入教学内容

教学内容是任何课程教学都必须高度重视的要素。教学质量高不高，一个关键

---

① 电子科技大学：《创新创业学院简介》，http://mp.weiweixiao.net/index.php/Wap/Index/content?mod_id=102&id_=Pt7lzR1U6RGAAAAWPg36Gg&token=UsZXY8jY6BGAAAAWPwAVGQ&code=e434ee48a4b50354ae6922268239da44。

② 电子科技大学：《新工科教改.教学防范改革标杆课程:把新工科教育改革理念融入课堂内外》，https://mp.weixin.qq.com/s/-G1uMLdQSgwBeOMLxE_tFg。

点就是课程教学的内容是否充实①。优质的教学内容是提升课堂教学质量的基本前提，也是提高人才综合素质的重要条件。科教融合要求新工科教学内容既要遵循学科发展的内在逻辑，同时也要在新工科人才培养目标的指引下，根据学生的学习能力和市场对新工科人才的需求，进行教学设计，优化教学内容，增强教学内容的前沿性、科学性和针对性。

电子科技大学积极推动教学改革，多渠道丰富教学内容，挖掘教学热点，拓展教学内容的广度与深度。以该校光电学院的《固体与半导体物理》课程为例，该课程是光电信息科学与工程、电子科学与技术等多个专业的基础课程。为增强教学内容的实用性和针对性，力争使教育内容向工程实际和科学研究靠近，课程把晶体结构内容和光学晶体结合，把晶格振动内容与光学非线性结合，把半导体器件物理和半导体光学电子结合，跳出传统的基础物理教学内容，引导学生向外拓展知识，活化教学资源，强化学生的专业认知和工程意识。同时，为加强教学内容的新颖性和前沿性，使教学内容与学科前沿的物理机制衔接，该课程引入了光电信息领域部分重要材料和器件，如把石墨烯、三五族半导体等光电材料引入教学，加深了学生对理论知识的理解，也启发了学生的学术思维②。

四、拓展科产教协同育人平台为科教融合提供支撑

高校是科技创新和产出的重要部门，但是与作为专职的科研创新的科研院所和有内在利益驱动的企业相比，高校的科研创新资源和技术相对匮乏，实验设备、真实工程问题短缺等问题突出。然而，工程人才的培养必须在真实的项目实践和工程问题中发展工程素养和专业能力。因此，高校迫切需要加强跨界合作，打破"科产教"之间的藩篱，整合校外资源与力量，在合作项目攻关中获取校外工程实践资源，为课程教学提供优质的实践平台和良好的应用环境。电子科大积极创新体制机制，充分挖掘校内外有利资源，建构科教融合、协同育人的高端平台。

（一）实施校企政共同参与的"一校一带"行动计划

科产教合作是高校科技成果转化的重要途径，是连接科学研究、工程实践和人才培养的关键结合点，能够为大学培养工程人才提供重要的外部实践环境，为企业技术创新增加智力支持，促进科技转化为生产力，助推经济发展和产业转型。开展科产教协同育人的培养模式是高校发展的必然趋势，也是未来教育发展的主流方向。

电子科技大学借鉴美国斯坦福大学和硅谷的发展模式，实施"一校一带"行动

---

① 别敦荣：《大学教学改革新思维和新方向》，《中国高教研究》2020年第5期，第66-70页。
② 电子科技大学：《新工科教育改革：课堂灵动 学生心动》，https://mp.weixin.qq.com/s/U-5RVHyx2rHeMIySlIjpPg。

计划。2015年学校和成都市人民政府签署《全面战略合作框架协议》，大力推进电子科技大学（一校）在成都高新区建设以高校成果转化为主的电子信息产业带（一带），形成了以"互联网＋"为核心内容，集教育实训、孵化转化、加速发展等功能为一体的创新创业产业带，打造中国"西部硅谷"，实现人才链、创新链、行业链、资金链、服务链五链融合。如学校主动对接华为共建联合实验室，在应用技术开发、人才培养、实验环境建设等方面开展密切合作。学校利用华为在电子通信方面的技术优势和华为公司开展联合科研工程项目，为人才培养提供解决真实问题的机会，在实践中提升学生的科研能力；同时，学校也为华为技术研发和推进提供高水平人才，提升企业科研效率，形成强强联合、优势互补。目前，双方合作建成目前世界上最大的5G实验外场，助推通信技术的研发和推进。除此之外，学校还"联姻"五粮液集团公司。一方面，学校借助五粮液集团获取科研创新项目和研发平台，师生在运用技术和知识解决实际问题的过程获得了专业成长的机遇，通过教育教学研发科技成果并转化为生产力。另一方面，学校将电子信息的学科优势引入行业电子，致力于电子商务，现代酒酿装备研发等方面，在跨界合作中助推了传统产业转型升级，促进了区域经济和高等教育共同发展。

（二）搭建高水平科学研究平台

科研育人是科教融合理念在人才培养中的集中体现，也是科教融合的最终回归点，而实现科研育人的前提条件是有良好的科研情境、良好的科研文化、实际的科研问题。因此，搭建高水平的科研平台、营造良好的科研文化氛围对于新工科人才培养至关重要。

在新时代科研育人的探索和实践中，电子科技大学聚焦平台建设和创新教育，推进高水平科研团队建设和良好的科研文化氛围，形成了具有特色的成电五大科研育人平台。一是搭建启迪科学兴趣保障平台，为学生参加高水平科技竞赛提供专业教师指导、实验设备、创业帮扶等，以此搭建学生进入科学研究的桥梁，激发学生科研热情和学习兴趣。二是构建激发创新能力保障平台，为学生提供和学术团队的直接沟通交流机会，通过综合导师制和学术团队开放日等帮助学生了解科研、认识科研活动。三是建立提升工程素养保障平台，深耕校外科研育人实践基地，通过组织学生在全国各地参与企业开放学习了解生产制造、设计销售等知识，在一线调研中提升工程素养。四是搭建拓展国际视野保障平台，通过组织国际合作的实训项目和暑期培训，培养具有国际视野和学术水平的新工科人才。五是打造学术氛围营造保障平台，学校邀请海内外著名精英学者、行业工程师、院士等开展学术讲座、论坛等活动，营造开放共享、求实创新的良好育人生态和校园文化氛围。

五、完善教育评价体系为科教融合提供保障

教育评价是人才培养体系的重要组成部分,是现代教育治理的重要环节。同时,也是教育教学工作的"指挥棒",能够在人才培养改革中发挥"杠杆"作用。教育评价直接影响着教师的教学行为和学生的学习行为。因此,进一步发挥教育评价对科教融合的导向、激励、引领作用,以教育评价完善科教融合体制机制具有重要意义。电子科技大学以教师评价和学生评价为抓手,构建了与科教融合背景下新工科人才理念相契合的评价体系,激发教师和学生的内生动力,推进教学水平和育人质量的提升。

(一)加强学生综合评价

学生评价是以学生为评价对象的价值判断,它是教育评价的基础环节和核心要件,是全过程、全方面认识学生学习的主要途径,是了解学校教育教学质量和人才质量的重要窗口,事关教育评价系统改革全局和教育发展方向[1]。良好的学生评价体系旨在唤醒学生的学习热情,进而改进学习方式和方法,促进学生各方面能力的提升。

电子科技大学强化学习过程的评价与管理,不断降低期末考试的权重,增强研讨、小论文和平时成绩的考察,探索"无标准答案"的考核方式,并由此设计了一套全过程、多角度、立体化的考核方案,让学生在教材阅读和慕课学习中提升自主学习和总结能力。第一,注重评价方式多元化,以该校通信与信息学院的《数字逻辑电路与系统》为例,课程考核中由闭卷考试、课程作业、慕课测试、研讨和课程设计四部分组成,其中期末考试成绩占40%,其他部分占据60%。第二,注重评价主体多元化,该课程的研讨环节由教师、助教、学生互评构成,分别占比40%、10%和50%,坚持多元、多方、多向的交互评价,力求评价结果的客观公正,有效促进学生主体意识的提高[2]。第三,坚持结果性评价和过程性评价相结合,突出能力导向。课程在作业、总结、测验中考察分析与归纳能力,在课堂演讲与研讨问答中提升学生的探究与研讨能力,在课程设计与答辩中锻炼学生的实践与创新能力,做到将课程考核落实到课程教学的每一个环节之中,加强学生在学习过程中能力的培养,达到以考促学、学用结合的效果。

(二)推动教师分类评价改革

合理的教师评价制度有利于调动广大教师工作的积极性和创造性,有利于提升科教融合质量。建立合理的教师考核评价的价值导向,完善教师评价体制和评价方

---

[1] 徐彬、刘志军:《作为德性实践的学生评价》,《教育研究》2023年第2期,第45-54页。
[2] 电子科技大学:《教学方法与考试方式改革示范课:数字逻辑电路与系统》,https://mp.weixin.qq.com/s/QTo5qRTHsPeSupb0p-oYdQ。

式，对于激发高校教师的内在专业动力，提高高校教师在教育教学、科研等方面的积极性有重要作用[1]。

电子科技大学坚决克服重科研轻教学、重教书轻育人的现象，积极完善科研激励机制，推进分类评价和开放评价方法。一方面，实施专职科研岗位，加强多元化、成体系的科研队伍建设，以保障教师能够营造潜心研究、追求卓越的科技创新文化氛围，形成科研促进教学、支撑学科发展的良好局面。学校研究制定了"基础研究教师支持计划"，鼓励有条件的学院实行新进教师首个聘期内以学术研究为主，不独立承担教学任务，以保障新进教师能够潜心学术研究，促进教师基础研究能力的提升。另一方面，电子科大也出台新工科教育改革奖励政策，评选标杆课程，以鼓励教学研究。学校通过发布《电子科技大学教职工荣誉与奖励实施办法》加大教学奖励，实施教学名师计划，扩大"本科教学优秀奖""卓越教学奖""教学改革创新示范奖""新工科课程建设奖"等教学奖项，使教师能够回归到教书育人的本职工作中。同时，学校开展常态化杜绝"水课"督查，将课程质量纳入本科教学激励约束体系，努力保障课程质量[2]。学校多措并举，突出质量导向，坚持分类评价，激励了教师成长，提升了教育质量。

第四节 新工科人才培养教学改革成效

电子科技大学以新工科人才培养为目标，不断优化人才培养方案，加强课程体系改革，搭建协同育人平台，创新教育评价体系，以增强学生的工程实践能力，实现工程人才培养的现代化，以及多样化和人才培养质量的提升。该校新工科人才培养改革初见成效。

第一，新工科课程改革成果显著。自实行新工科建设以来，教师积极投入各类研究型课程建设，实施了新工程教育改革"一揽子计划"，建设了各种类型的挑战性研究型课程和大规模在线开放课程，涌现出一大批课程和教学改革优秀典型案例。学校建成15个教育部卓越工程师教育培养计划专业，10个专业通过教育部工程教育专业认证，打造了47个一流本科专业建设点，计算机科学与技术专业入选"国家基础学科拔尖学生培养2.0基地"，设立了52门国家级一流本科课程，首批130门课程上线"国家高等教育智慧教育平台"，在全国优秀教材建设、国家级实验教学示范中

---

[1] 田一聚：《我国高校教师评价改革的政策分析》，《江苏高教》2022年第10期，第90-97页。

[2] 新工科：《构建挑战性学习与研究型教学体系，工程实践与创新能力培养融入全过程》，https://mp.weixin.qq.com/s/HERJmOHVJxfSWFLWtGgezQ。

心建设、国家教学成果奖等方面均取得重要突破[1]。同时，学校还举办了"创意信息·新工科教育课外创新实践学生成果展""一年级学生课外创新实践项目优秀作品展"，展出多个创新实践作品和学术论文研究成果[2]。

第二，学生创新能力显著上升。近四年来，电子科技大学在全国大学生电子设计竞赛、ACM-ICPC国际大学生程序设计竞赛、全国大学生机器人大赛等国际国内学科竞赛中获奖近2000项；学校在中国高等教育学会正式发布的"2021年全国普通高校大学生竞赛榜单（本科）"中位列全国第二，第六轮总榜位列全国第四；2022年本科生发表高水平论文百余篇；等等。同时，学校的人才培养改革取得实质性进展，本科生升造率达到68.77%，毕业生赴国家重点单位的就业比例超过50%，用人单位近两年对学生的工程技术能力、专业理论知识、创新意识和能力等方面均做出了较高的评价[3]。

第三，新工科建设"成电方案"推广示范作用明显。《新工科建设"成电方案"》引起教育部和全国同行及工程教育专家的广泛关注和充分认可。学校受邀在"新工科与一流本科建设研讨会""教育部产学合作协同育人项目对接会""深化新工科建设座谈会暨卓越大学联盟高校新工科教育研讨会""中国高等工程教育峰会"等重要会议上介绍新工科建设的成电经验。在《高等工程教育研究》《中国高教研究》等权威刊物发表新工科建设相关的研究实践成果。

---

[1] 电子科技大学：《电子科技大学：为新时代培养创新引领性人才》，https://baijiahao.baidu.com/s?id=1737689979337255320&wfr=spider&for=pc。

[2] 电子科技大学：《电子科技大学2021—2022学年本科教学质量报告》，https://xxgkw.uestc.edu.cn/info/1080/4469.htm。

[3] 电子科技大学：《2021届毕业生就业质量年度报告》，https://xxgkw.uestc.edu.cn/info/1078/4257.htm。

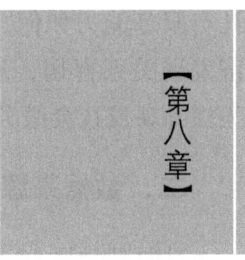
【第八章】

西部高等教育社会服务能力现状、问题及对策研究

第一节 西部高等教育社会服务能力研究设计

一、研究背景

党的二十大报告中习近平总书记指出，要"深入实施区域协调发展战略"，"推动西部大开发形成新格局"。这意味着，在建设教育强国战略中，提升西部教育服务国家战略和区域经济产业发展能力仍是重中之重。到2035年，西部高校服务国家战略和区域经济产业发展的能力须达到我国东部乃至高等教育发达国家水平；西部高校自主培养人才的能力须达到我国东部乃至高等教育发达国家水平，大批科技人才、职业人才成为西部地区经济产业发展的主力军；西部高校科技创新与成果转化率须达到我国东部乃至高等教育发达国家水平，大批科研成果成为西部经济产业持续升级发展的重要支撑和引擎；西部高校直接服务西部地区经济产业发展的能力须达到我国东部乃至高等教育发达国家水平，广大师生成为直接服务西部经济产业发展的重要力量。

基于此，分析西部高校服务国家战略和区域经济产业发展取得的成绩及存在的问题，对提升西部教育服务国家战略和区域经济产业发展能力，促进西部地区社会经济发展和我国区域协调发展具有重要意义。因此，本研究采用DEA视窗分析、耦合协调度模型和灰色关联度分析，对我国2000—2019年西部高校科研效率及其与地区社会经济发展的协调度、关联度进行研究，旨在了解西部大开发20年来西部高校社会服务能力如何,其与社会经济发展协调程度如何,西部高校哪些方面与社会经济发展关系密切,从而深入探究当前西部高等教育社会服务能力现状及存在问题,为提升高校社会服务能力提出对策建议。

二、数据来源及指标选取

以西部地区12省份为研究对象进行数据收集与分析。在数据统计过程中发现西部十二省份中陕西、四川和重庆三省市的高等教育水平与社会经济发展水平明显高于其他九省份,为更清晰地呈现西部地区内部的差异性,本研究将除重庆、四川、陕西外的其他西部9个省份的数据单列(简称西九省)。研究数据来源于教育部科学技术司2001至2021年出版的《高等学校科技统计资料汇编》和国家统计局2002至2021年出版的《中国统计年鉴》。见表8-1。

表8-1 高校科研效率投入与产出指标

指标层次	一级指标	二级指标
投入指标	人力投入	教学与科研人员(科学家和工程师)
		研究与发展全体人员
	资金投入	科技经费内部支出
		科技课题当年支出经费
产出指标	科研成果	专著数量
		学术论文(国外及全国性)
		科技成果获奖(国家级)
	经济效益	技术转让实际收入

关于高校科研效率指标,本研究在综合已有研究的基础上,考虑数据的全面性和科研效率的准确性,选取如表8-1所示的投入产出指标。(1)投入指标主要包括人力投入与资金投入两项一级指标。人力投入选取教学与科研人员中的科学家和工程师、研究与发展全时人员,剔除仅从事教学不从事科研的教师群体;资金投入选取科技经费内部支出与科技课题当年支出经费,仅考虑当年实际用于科研活动的资金投入。(2)产出指标设置科研成果和经济效益两项一级指标,科研成果选取专著数量、学术论文和国家级科技成果获奖等作为二级指标。另外由于本研究旨在分析高校科研对社会经济的支持与贡献,因此,将技术转让实际收入,即科研所带来的经济效益纳入产出指标中。

由于高校出版专著、论文,或科技成果获奖、技术转让等科研产出均需要较长时间,参考已有研究①,本研究采用产出滞后期为一年的数据进行计算(即2000年科研投入数据对应2001年科研产出数据,以此类推)。另外,《高等学校科技统计资料汇编》中2000—2003年西藏各项投入产出数据及2004年和2005年全国各省份的专著数量数据缺失,本研究采用线性插值法进行数据填补。

关于社会经济发展指标,已有研究中对社会经济发展指标进行了不同界定,代表性文献的指标选取情况如表8-2所示。综合已有研究并考虑数据的可获得性与代表性,本研究采用人均地区生产总值(人均GDP)作为社会经济发展的指标,并运用公式(6)对数据进行无量纲化处理。

表8-2 代表性学者社会经济发展指标选取表

作者	社会经济发展指标
张斌丰等[②]	人均GDP
郑鸣等[③]	人均GDP
彭新一等[④]	人均GDP、就业人员工资总额、人均可支配收入、GDP增长率、单位GDP能耗、第一产业与第二产业之比、第三产业占GDP之比
王海兰等[⑤]	GDP增长率

三、研究方法

1.DEA视窗分析法。DEA视窗分析(DEA-windows)是一种动态效率分析方法,其不同于传统DEA模型主要进行效率静态测算,能将不同时期的同一决策单元(DMU)视为不同的、相对独立的决策单元,通过移动平均法进行效率测算,并从横向和纵向两个维度进行效率比较,由此反映决策单元效率随时间动态变化的趋势。本研究运用DEA视窗分析法计算高校科研投入产出效率,具体计算步骤如下:

第一步,确定视窗宽度(d)。DEA视窗分析中不同窗宽选择下的效率值及结论

---

① 宗晓华、付呈祥:《我国研究型大学科研绩效及其影响因素——基于教育部直属高校相关数据的实证分析》,《高校教育管理》2019年第5期,第35页。

② 张斌丰、杜德斌、游小珺等:《区域高校科研能力的时空分异及其空间驱动类型研究》,《中国科技论坛》2014年第11期,第138页。

③ 郑鸣、朱怀镇:《高等教育与区域经济增长——基于中国省际面板数据的实证研究》,《清华大学教育研究》2007年第4期,第81页。

④ 彭新一、王春梅:《区域高校科技创新能力与经济发展水平耦合协调研究》,《科技管理研究》2018年第3期,第155页。

⑤ 王海兰、李燕飞、梁燕等:《高校科研经费投入与区域经济增长——基于产学研视角的分析》,《科技管理研究》2016年第4期,第112页。

可能大相径庭[①]，已有研究多基于经验考量，采用d=3的窗宽进行测算，但是由于本研究时间跨度较大（20年），"3"这一较小窗宽易增加研究结论的不准确性。因此，本研究借鉴Sun D B研究提出的公式（1）[②]进行计算，确定窗宽为d=10：

$$d = \begin{cases} \dfrac{T+1}{2}, & T\text{为奇数} \\ \dfrac{T+1}{2} \pm \dfrac{1}{2}, & T\text{为偶数} \end{cases} \tag{1}$$

第二步，确定投入、产出向量。假设有N个DMU（DMU即指各个省份），一共有T个时期的数据，每个DMU有m种投入，s种产出，视窗宽度为d，则t时期（$1 \leq t \leq T$）第j个DMU（$j=1, 2, \cdots, N$）的投入向量$X_j^t = (x_{1j}^t, x_{2j}^t, \cdots, x_{mj}^t)^T$，产出向量$Y_j^t = (y_{1j}^t, y_{2j}^t, \cdots, y_{sj}^t)^T$，共形成T-d+1个视窗，则第k个视窗的投入产出向量（分别用U、V表示）用矩阵形式表示如下：

$$U_j^{k,t} = \begin{pmatrix} x_{1j}^{k,t}, x_{2j}^{k,t}, \cdots, x_{mj}^{k,t} \\ x_{1j}^{k,t+1}, x_{2j}^{k,t+1}, \cdots, x_{mj}^{k,t+1} \\ \cdots\cdots \\ x_{1j}^{k,t+d-1}, x_{2j}^{k,t+d-1}, \cdots, x_{mj}^{k,t+d-1} \end{pmatrix}^T$$

$$V_j^{k,t} = \begin{pmatrix} y_{1j}^{k,t}, y_{2j}^{k,t}, \cdots, y_{sj}^{k,t} \\ y_{1j}^{k,t+1}, y_{2j}^{k,t+1}, \cdots, y_{sj}^{k,t+1} \\ \cdots\cdots \\ y_{1j}^{k,t+d-1}, y_{2j}^{k,t+d-1}, \cdots, y_{sj}^{k,t+d-1} \end{pmatrix}^T$$

第三步，计算综合技术效率（TE）。综合技术效率是对决策单元的资源配置能力、资源使用效率等多方面能力的综合衡量与评价。将视窗下的投入向量$U_j^{k,t}$和产出向量$V_j^{k,t}$代入至传统CCR模型中，即可求得规模报酬不变（CRS）情况下的综合技术效率：

$$\min \theta_0 = \theta_0^{k,t}\left(U_{j0}^{k,t}, V_{j0}^{k,t}\right)$$

$$s.t. \begin{cases} \sum_{j=1}^{N} \lambda_j^{k,t} U_j^{k,t} \leq \theta_0 U_{j0}^{k,t} \\ \sum_{j=1}^{N} \lambda_j^{k,t} V_j^{k,t} \geq V_{j0}^{k,t} \\ \lambda_j^{k,t} \geq 0 \end{cases} \tag{2}$$

第四步，计算纯技术效率（PE）和规模效率（SE）。纯技术效率指制度和管理水

---

① 陈浩、王晓红、张宝生：《基于视窗分析模型的我国高校科研效率评价》，《科研管理》，2013年第7期，第111页。

② SUN D B. *Evaluation of managerial performance in large commercial banks by data envelopment analysis* (The University of Texas, USA, 1988), p.45.

平影响下的效率；规模效率是指在制度和管理水平一定的前提下，现有规模与最优规模之间的差距。同理，代入非导向的BCC模型中即可求得规模报酬可变（VRS）情况下的纯技术效率PE，规模效率SE=TE/PE。

2.耦合协调度模型。耦合指两个及以上的系统或运动形式相互作用并达到相互联系、相互影响的现象。耦合度是对系统间关联程度的度量，表示系统的相互依赖程度；耦合协调度是对系统间的协调发展程度的度量，反映系统间的耦合状况以及所处的发展层次。鉴于已有研究表明高校科研与社会经济发展间存在耦合关系，本研究在分析高校科研投入产出效率的基础上，选取耦合协调度模型，计算高校科研效率与社会经济发展间的耦合度（C）和耦合协调度（D），全面分析高校科研效率与社会经济间的关联度及协调发展程度，计算公式如下：

$$C = \frac{2\sqrt{M \times G}}{M + G} \tag{3}$$

$$W = aM + bG \\ a + b = 1 \tag{4}$$

$$D = \sqrt{C \times W} \tag{5}$$

其中，M为高校科研效率，G为社会经济发展指数，W为耦合系统的综合评价指数。本研究认为高校科研效率和社会经济发展同样重要，因此设其权重值a=b=0.5。本研究采纳的耦合度、耦合关系、耦合协调度及其协调等级划分[①][②]如表8-3所示：

表8-3 耦合度及耦合协调度等级对照表

耦合度	耦合关系	耦合协调度	耦合协调等级
$0.00 < C \leq 0.30$	低水平耦合	$0.00 < D < 0.20$	失调衰退
$0.30 < C \leq 0.50$	颉颃	$0.20 \leq D < 0.40$	中度失调衰退
$0.50 < C \leq 0.80$	磨合	$0.40 \leq D < 0.50$	轻度失调衰退
$0.80 < C < 1.00$	高水平耦合	$0.50 \leq D < 0.60$	基本协调发展
—	—	$0.60 \leq D < 0.70$	中级协调发展
—	—	$0.70 \leq D < 0.80$	良好协调发展
—	—	$0.80 \leq D < 1.00$	优质协调发展

---

① 刘耀彬、李仁东、宋学锋：《中国城市化与生态环境耦合度分析》，《自然资源学报》2005年第1期，第112页。

② 宋美喆、李孟苏：《高等教育、科技创新和经济发展的耦合协调关系测度及其影响因素分析》，《现代教育管理》2019年第3期，第25页。

3.灰色关联度。灰色关联度是一种对系统动态发展态势进行比较的量化分析法，其通过比较若干比较数列和参考数列间的几何形状相似度，分析二者间的关联度。本研究运用灰色关联度方法计算西部高校科研投入产出各项指标与社会经济发展之间的关联程度，具体计算步骤如下：

第一步，确定参考序列与比较序列。参考序列X0=（x01，x02，x03，x04，x05，x06，x07）；比较序列Xi=（xi1，xi2，xi3，xi4，xi5，xi6，xi7），其中i=1，2，3…，n。本研究采用西部地区人均GDP为参考序列，高校科研投入产出各项指标为比较序列。

第二步，对变量进行无量纲化处理。研究采用离差法将变量处理为0-1的标准化数据，为避免标准化后出现值为0的数据，对公式进行整体平移改进，改进后的公式如下：

$$X'_i = \frac{x_i - \min x}{\max x - \min x} \times 0.99 + 0.01 \tag{6}$$

第三步，求差序列、最大差M和最小差m。其中差序列计算公式如下：

$$\Delta_{0i}(k) = \left| X'_0(k) - X'_i(k) \right|, k = 1, 2, \cdots, n \tag{7}$$

第四步，计算关联系数。其中，ρ为分辨系数，本研究取ρ=0.5：

$$\xi(x_0(k), x_i(k)) = \frac{m + \rho M}{\Delta_{0i}(k) + \rho M} \tag{8}$$

第五步，求关联度：

$$r(x_0, x_i) = \frac{1}{n} \sum_{ki=1}^{n} \xi \tag{9}$$

第二节 西部高等教育社会服务能力数据分析

一、西部高校科研投入与社会经济发展的现状分析

西部大开发20年间，西部地区高校科研投入与社会经济发展总体呈快速增长趋势，但与东部的差距依然在加剧。在高校科研投入方面，西部地区主要呈现三项特征：一是高校科研人力投入与资金投入不断扩大，呈逐年上升趋势。2000—2019年西部地区高校人力投入年均增长率较高，为4.36%（西九省为4.24%），仅落后于增长率最高的东部地区0.05个百分点，从事科研活动人员增长速度较快。同时，2000—2019年西部地区高校科研资金投入年均增长率达到15.72%（西九省为

17.71%)。在东中西三大区域中,西部增长率最大。二是西部高校科研投入总量仍低于东中部高校科研投入总量。2019年西部人力投入的全国占比仅为20.81%,与中部地区(27.71%)和东部地区(51.48%)存在较大差距;而科研资金投入的区域差距更为明显,2019年西部的资金投入为524.29亿元,全国占比仅为15.6%,而同期东部的资金投入为2129.29亿元,全国占比达到63.35%。三是西部地区内部存在较大差异。高校科研人力投入方面,2019年西九省仅占陕西、四川和重庆西部三省市的88.35%,全国占比仅为9.76%;资金投入的内部差距则更大,2019年西九省投入资金为137.95亿元,仅占西部其他三省份的35.71%,全国占比仅为4.1%。

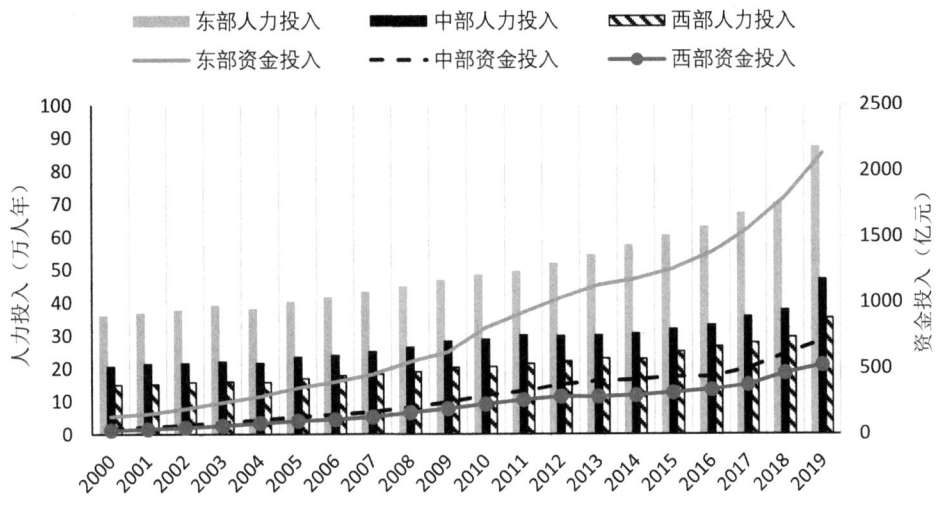

图8-1 高校人力与资金投入趋势图

西部地区的社会经济发展同样呈现出增长迅速、但总量仍与中部东部存在较大差距的特征。由图8-2可知,20年间西部地区人均GDP年均增长率达到12.5%,西九省的人均GDP年均增长率也达到12.1%,而全国人均GDP增长率为10.9%。但西部地区2020年的GDP总量仅占全国21.1%,与东部地区(54.4%)存在较大差距,社会经济发展在全国范围内仍处于落后水平。另外,西部大开发前10年西部十二省的社会经济发展趋势较为一致,2011—2020年西九省的人均GDP则明显落后于重庆、四川、陕西三省。

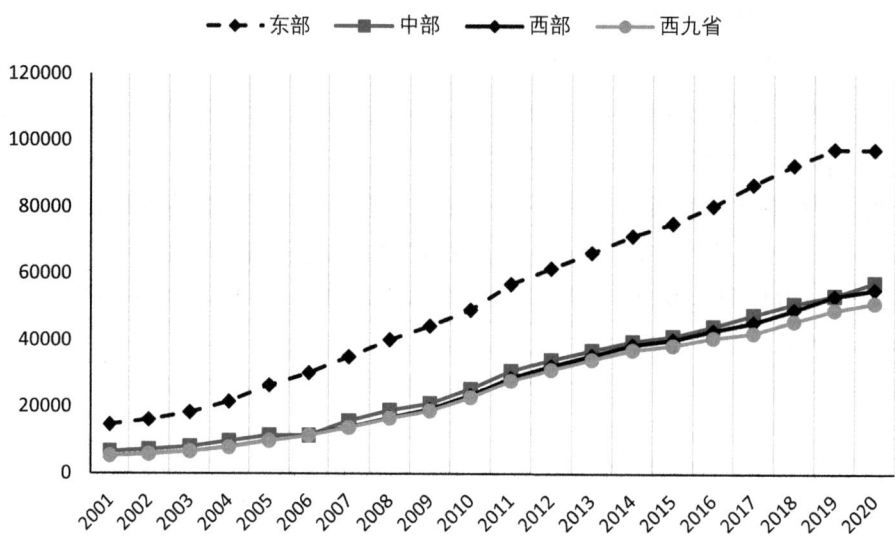

图8-2 各区域人均GDP变化趋势图

二、西部高校科研效率与社会经济发展的耦合情况分析

一是西部高校科研投入产出效率分析。假设规模报酬不变，研究采用公式（1）对2000—2019年西部地区高校科研投入产出效率以10为窗宽进行DEA视窗分析，并以东部、中部及全国高校科研投入产出效率平均值作对比（如表8-4），发现2000—2019年，西部高校科研总体效率具有以下特征：一是西部高校科研效率较低，且与东部、中部存在明显差距。20年来西部高校科研投入产出效率均值较低，仅为0.573，与东部、中部有较大差距，显著低于全国平均水平（0.658）。二是西部地区内部高校科研效率存在较大差异。近10年西九省的科研效率明显落后于陕西、四川和重庆三个西部省份，青海、贵州、广西和新疆四省份的科研效率均值低于0.5，远低于全国平均水平（0.658）。

表8-4 各区域高校科研投入产出效率表

区域	00-09	01-10	02-11	03-12	04-13	05-14	06-15	07-16	08-17	09-18	10-19	均值	标准差
西部	0.341	0.305	0.497	0.509	0.622	0.630	0.650	0.656	0.684	0.700	0.707	0.573	0.135
西九省	0.309	0.263	0.459	0.459	0.573	0.586	0.597	0.603	0.634	0.645	0.647	0.525	0.129
东部	0.485	0.467	0.693	0.712	0.830	0.821	0.834	0.820	0.820	0.831	0.834	0.741	0.133
中部	0.413	0.384	0.609	0.629	0.743	0.736	0.758	0.756	0.773	0.799	0.814	0.674	0.143
全国	0.411	0.383	0.595	0.612	0.727	0.725	0.743	0.740	0.755	0.772	0.780	0.658	0.136

为深入分析西部高校科研投入产出效率低的原因，本研究继续计算了各地区高校科研纯技术效率与规模效率。由表8-5可知，西部各省份的纯技术效率及规模效率均值均未达到有效水平（PE<1，SE<1），且与东部和中部存在较大差距。西部地区的规模效率（0.894）明显高于纯技术效率（0.630）。这表明，导致西部高校技术效率非DEA有效的主要原因是纯技术效率，即西部高校科研效率不高的主要原因是在现有的技术和资源条件下高校内部科研制度与管理水平较低。从各省份情况来看，西藏、青海规模效率显著低于其他省份（SE<0.8），而这两个省份均处于规模收益递增阶段，这表明两省份需通过加大科研投入提升科研效率；而广西、贵州、青海和新疆的纯技术效率显著低于西部均值（PE<0.5），这说明四个省份需要提升科研治理水平。

表8-5 高校科研综合效率、纯技术效率与规模效率汇总表

区域	技术效率(TE)	纯技术效率(PE)	规模效率(SE)
内蒙古	0.561	0.611	0.914
广西	0.460	0.476	0.959
四川	0.715	0.738	0.950
重庆	0.752	0.786	0.945
贵州	0.412	0.440	0.923
云南	0.551	0.585	0.945
西藏	0.618	0.846	0.687
陕西	0.681	0.738	0.914
甘肃	0.773	0.793	0.971
宁夏	0.549	0.610	0.847
青海	0.330	0.437	0.733
新疆	0.470	0.498	0.935
西部均值	0.573	0.630	0.894
西九省均值	0.525	0.588	0.879
中部均值	0.674	0.721	0.929
东部均值	0.741	0.788	0.932
全国均值	0.658	0.709	0.916

二是科研效率与社会经济的耦合协调分析。研究利用耦合协调度模型，结合表9-3划分标准，对20年间不同省份高校科研投入产出效率与地区社会经济发展情况的耦合协调度进行分析（如表8-6），结果发现：一是我国高校科研效率与地区经济发展的耦合情况总体良好，处于高水平耦合和中级协调发展状态（C=0.826，D=0.616）。这说明整体而言，全国高校科研产出能有效转化并促进当地社会经济发展，社会经济发展也对高校科研提供正向支持。二是西部地区高校科研与经济发展的耦合协调关系整体较弱。西九省的耦合协调等级处于轻度失调衰退状态（C=0.720，D=0.475），明显落后于全国总体水平。即西九省高校科研与社会经济发展未达到协调水平。甘肃和贵州两省的高校科研与社会经济间的耦合呈颉颃关系，且处于中度失调衰退状态，即两省高校科研与社会经济发展的联系较弱且发展速度不相匹配，高校科研未能有效服务社会经济发展，社会经济发展水平也未能满足高校科研需要。

表8-6　西部高校科研效率与社会经济发展耦合协调度及其类型

区域	耦合度(C)	耦合关系	协调度(D)	协调等级
内蒙古	0.944	高水平耦合	0.663	中级协调发展
重庆	0.837	高水平耦合	0.632	中级协调发展
陕西	0.813	高水平耦合	0.605	中级协调发展
新疆	0.871	高水平耦合	0.548	基本协调发展
四川	0.725	磨合	0.544	基本协调发展
青海	0.850	高水平耦合	0.544	基本协调发展
宁夏	0.891	高水平耦合	0.478	轻度失调衰退
广西	0.771	磨合	0.455	轻度失调衰退
西藏	0.707	磨合	0.453	轻度失调衰退
云南	0.605	磨合	0.430	轻度失调衰退
甘肃	0.414	颉颃	0.390	中度失调衰退
贵州	0.430	颉颃	0.319	中度失调衰退
西部均值	0.738	磨合	0.505	基本协调发展
西九省均值	0.720	磨合	0.475	轻度失调衰退
全国均值	0.826	高水平耦合	0.616	中级协调发展

导致西部高校科研与社会经济发展之间耦合协调程度落后于全国的可能原因：一是西部特别是西九省高校数量少且空间布局较为分散，未能形成高校群与科研人才高地，难以发挥高校科研水平与科技人才的集聚效应，无法有效辐射带动地区经济发展；二是西部高等教育发展水平总体较落后，高校科研成果有效转化率较低，科研其他产出不足以满足区域社会经济发展需要；三是西部社会经济总体处于欠发达水平且发展缓慢，社会对高校科研资金的投入能力有限，且高校需要面对高层次人才总量不足与人才单向流出的双重困境，进而加重抑制西部高校科研对社会经济发展的促进作用。

三是科研效率与社会经济发展耦合情况的变化趋势分析。为了解西部高校科研效率与社会经济发展间耦合情况随时间发展变化的趋势，研究计算不同视窗下相同年份的效率均值及其与社会经济发展的耦合情况，绘制西部高校科研效率与社会经济发展耦合协调情况趋势图（图8-3）。由图8-3可以看出，西部科研效率与社会经济发展耦合协调的变化呈现两项趋势：一是西部大开发以来西部高校科研与社会经济发展的耦合协调度总体呈上升趋势。自2009年起西部科研效率与社会经济发展的耦合协调度D超过0.5，逐步由轻度失调衰退转向基本协调发展。二是耦合协调度的变化趋势与西部高校科研效率发展趋势一致。另外，耦合协调度和科研效率均在2001—2002年和2006—2007年出现两个下降点，但图8-2中西部人均GDP的持续上升趋势表明，这两个年度的社会经济发展并无下降点，这说明西部高校科研与社会经济发展耦合变动的原因在高校科研投入产出效率变化而非社会经济发展变化。

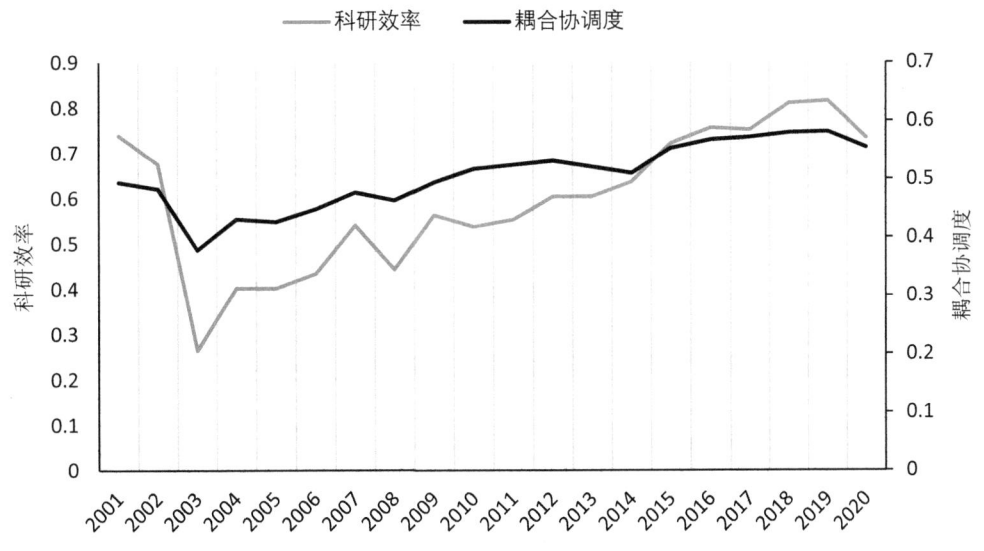

图8-3　西部高校科研效率与社会经济发展耦合协调情况趋势图

为进一步探寻两个年度耦合协调性明显降低的原因，对西部高校科研的技术效率、纯技术效率及规模效率进行变化趋势分析（图8-4），由图8-4可以看出，20年中规模效率呈稳步上升趋势，而纯技术效率与技术效率在2000—2002和2006—2007两个年度出现明显下滑，这进一步说明西部高校科研效率及其与社会经济发展的耦合情况下滑主要与纯技术效率下降有关。具体而言，研究认为西部高校科研效率与社会经济发展耦合情况下滑主要源于以下几方面原因：一是西部大开发政策实施初期，西部高校受科研管理体制僵化问题[①]影响，高校管理水平未能与科研投入同步得到显著改善，致使纯技术效率下降。二是2003年起采用科技部制定的《科学技术评价办法（试行）》对高校科研数据进行规范认定，在数量上削减了大量不符合新规范的科研成果，这有可能是2002年效率较2000、2001年明显减少的一个重要原因。三是高校扩招政策实施之初，国家及各高校仅追求接受高等教育学生数量的提升，一定程度忽视了科研工作，致使科研效率降低。四是受金融危机影响，一方面社会经济发展缓慢，另一方面高校科研投入未能满足高校实际发展需要，高校科研产出同步受挫，因此出现了2006年至2007年的小幅下滑。

图8-4　西部地区高校科研投入产出效率分解趋势图

三、西部高校科研与社会经济发展的灰色关联度分析

为深入探究影响西部高校科研与社会经济发展关系的内部因素，研究采用灰色关联度分析不同高校科研指标对社会经济发展的作用程度。研究选取人均GDP作为参考序列，选取表8-2所示的4项科研投入二级指标和4项科研产出二级指标作为比较序列。如表8-7所示，总体而言，西部高校科研与社会经济发展之间的关联程度较

---

① 郭淑兰、罗冠炜：《西部高校科技创新问题及对策研究》，《科技管理研究》2009年第11期，第201页。

强（关联度r＞0.6），各指标关联度由强到弱依次是科技课题当年支出经费、教学与科研人员（科学家和工程师）、科技经费内部支出、国外及全国性刊物学术论文、专著数量、研究与发展全时人员、技术转让实际收入和国家级科技成果获奖。

表8-7 西部高校科研与社会经济发展两系统间的灰色关联度

省份	教学与科研人员（科学家工程师）	研究与发展全时人员	科技经费内部支出	科技课题当年支出经费	专著数量	国外及全国性刊物学术论文	技术转让实际收入	国家级科技成果获奖
内蒙古	0.753	0.745	0.720	0.763	0.668	0.643	0.673	0.681
广西	0.897	0.790	0.791	0.875	0.763	0.706	0.786	0.651
四川	0.910	0.771	0.927	0.884	0.772	0.903	0.758	0.637
重庆	0.880	0.683	0.872	0.908	0.721	0.860	0.837	0.589
贵州	0.857	0.842	0.852	0.913	0.777	0.763	0.740	0.681
云南	0.877	0.794	0.934	0.930	0.828	0.843	0.544	0.679
西藏	0.772	0.674	0.690	0.800	0.597	0.782	0.682	0.603
陕西	0.853	0.668	0.848	0.863	0.802	0.747	0.747	0.611
甘肃	0.844	0.666	0.856	0.859	0.756	0.854	0.625	0.632
宁夏	0.751	0.775	0.703	0.696	0.744	0.725	0.634	0.575
青海	0.777	0.575	0.756	0.727	0.722	0.623	0.642	0.565
新疆	0.756	0.845	0.897	0.873	0.776	0.729	0.656	0.584
均值	0.827	0.736	0.820	0.841	0.744	0.765	0.694	0.624

具体而言，西部高校科研与社会经济发展间灰色关联度呈以下三项特点：一是高校科研资金投入与社会经济发展的相关性最为显著。由表8-7可知，在比较序列的8项科研指标中，"科技课题当年支出经费"和"科技经费内部支出"与人均GDP的灰色关联度分别排在第1位和第3位，累计关联度达到1.661，高于其他指标与社会经济发展间关联度，这表明西部高校科研资金投入是影响科研服务社会经济发展的主要因素，资金投入增加能显著增强高校科研活力，提升科研产出与效率，进而支持地区社会经济发展。二是高校科研人力投入对社会经济发展作用较显著。"教学与科研人员（科学家和工程师）"与人均GDP的关联度达到0.827，8项指标中排第2，这表明西部高校提升科研人员引育力度对社会经济发展将有显著促进作用。三是学术论文产出与社会经济发展间的关联程度较高，而国家级科技成果获奖的关联程度较低。在四项科研产出指标中，"国外及全国性刊物学术论文"与人均GDP的关联度

最高，而"国家级科技成果获奖"的灰度关联度最低，仅为0.624。这一结果一方面与西部高校国家级科技成果获奖数量极少有关，其对西部地区社会经济发展的支持作用有限；一方面也启示各高校应正确对待重大创新奖项，着眼于社会需求，脚踏实地发挥科研成果的实用性作用。

第三节 西部高等教育社会服务能力现状

通过对2000—2019年西部高校科研效率及其与地方经济社会发展耦合协调度、灰色关联度的测算与分析，研究得出以下结论：

一、西部高校社会服务能力与东中部存在较大差距但增长迅速

2000—2019年，西部高校科研投入与科研效率均得到显著提升，但与东部、中部相比仍有较大差距。（1）从科研投入发展趋势来看，西部高校科研投入逐年攀升，且增长速度较快。西部高校科研人力投入年均增长率处于全国三大区域中第二位，科研资金投入年均增长率居全国三大区域之首。这表明20年的"西部大开发"战略大力推动了西部社会经济发展和高等教育的快速发展。（2）从科研投入现状来看，目前西部高校科研投入占比仍落后于东、中部地区，依然处于全国末位。高校科研投入呈现东多西少的区域不均衡特征。（3）从高校科研效率变化来看，西部高校科研投入产出效率呈波动上升趋势，但总体效率仍显著低于东部、中部。表明西部高校普遍面临科研投入不足与资源利用效率低的双重困境。

二、西部高校科研服务社会经济发展能力总体呈上升趋势

西部大开发以来的近20年，西部高校科研效率与社会经济发展的耦合协调度仅勉强达到协调水平，其整体处于磨合耦合状态，西部的耦合度与全国平均水平相比仍有较大差距。这一结果表明西部地区高校科研对社会经济发展的促进作用仍然较弱。但是，西部大开发以来西部高校科研支持社会经济发展的耦合情况呈波动上升趋势，2009年后西部各省份高校科研与社会经济发展之间的耦合情况均达到协调状态。

三、西部高校科研与社会经济发展关联性较高

计算西部高校科研与社会经济发展两系统间的灰色关联度发现，科研各项指标均对社会经济发展产生显著影响，但影响程度各不相同。（1）在投入指标中，高校

科研资金投入与社会经济发展的相关性最为显著。"科技课题当年支出经费"和"科技经费内部支出"是影响科研服务社会经济发展的主要因素。(2) 高校对科学家和工程师等科研人力的投入与社会经济发展的关联度较高，表明西部高校提升科研人员引育力度对社会经济发展具有促进作用。(3) 学术论文产出与社会经济发展间的关联程度较高，而国家级科技成果获奖的关联程度较低，表明高校在科研过程中应正确对待各类奖项，在追求创新的同时重视科研成果实用性，促进科研成果有效服务于社会经济发展。

第四节 西部高校社会服务存在的主要问题

一、服务国家和社会的主动意识不强

一是西部高校存在对政府扶持性政策和照顾性资源投入的制度性依赖。20年来，在长期、显见的政府资源输血式扶持下，西部高校对特殊待遇的期待日益增强，主动服务国家战略和社会经济拓展发展空间的积极性日渐消解。这种获利惯性思维导致西部高校在服务国家战略和区域经济产业发展过程中的缺乏内生动力。二是西部高校改革管理机制、提升社会服务水平的主动意识不强。一些西部高校社会服务理念保守，认为社会服务就是被动地适应社会需要、单向度地输出服务，对社会服务存在认知风险、懈怠风险和能力风险等。一些西部高校社会服务类型狭窄、服务模式陈旧，在创新社会服务制度、优化产研合作模式、拓展产业合作渠道等方面若得若失、行动迟缓、措置失宜。

二、科技和人才供给与经济产业需求脱节

一是西部高等教育水平与社会经济发展耦合乏力。运用生态经济学中的耦合协调度对2006—2020年我国各地区的高等教育、科技创新和经济发展的耦合协调关系进行测算。西部地区到目前为止，耦合协调度依然未达到0.4，一直处于中度失调衰退等级，而东部地区2016年耦合协调度即超过0.6，已达到中级协调发展等级。二是西部高校人才供给与社会经济的人才需求发生"结构性错位"。西部高校学科专业结构未适应区域产业转型升级，人才培养无法满足区域社会经济需求。近20年西部产业结构优化升级，第一产业占比持续下降，第三产业比重先稳定后快速上升，社会的人才需求从生产部门转向非生产部门，从传统工业转向现代服务业，进而向知识

密集型产业转移。然而西部高校缺少与地方政府、产业界的常态化沟通合作机制，其学科专业设置缺少政策支持性保障和"需求侧"依据，导致学科专业调整滞后、结构不合理，培养口径狭窄，新兴学科和交叉学科少。

表8-8 区域高等教育与科技创新、经济发展的耦合协调度

年份	西部地区		中部地区		东部地区	
	耦合协调度	耦合协调等级	耦合协调度	耦合协调等级	耦合协调度	耦合协调等级
2006	0.1567	失调衰退	0.2314	中度失调衰退	0.3288	中度失调衰退
2013	0.3184	中度失调衰退	0.4215	轻度失调衰退	0.5693	基本协调发展
2020	0.3968	中度失调衰退	0.5183	基本协调发展	0.6723	中级协调发展

三、西九省区高校社会服务能力孱弱

数据分析发现，西部地区内部差异问题凸显。西部十二省中陕西、四川、重庆三省市的高等教育发展水平明显高于其他九省区（简称西九省区）。三省份的高等教育数据大幅提升西部高等教育的整体表现力，同时也遮蔽了西九省区高校服务社会经济能力孱弱的现实。一是西九省区高校科技创新能力明显落后。2020年西九省区的校均研究与发展项目经费仅为西三省区的五分之一，校均出版科技著作数仅有西三省的半数，校均发表学术论文数仅为西三省区的三分之一。二是西九省区高校的社会服务转换能力明显落后。2020年西九省区的校均技术转让实际收入仅有西三省区的二十一分之一，校均专利出售金额仅有西三省区的十分之一，校均R&D成果应用及科技服务项目支出经费仅为西三省区的六分之一。

表8-9 高校科技创新与社会服务能力指标的区域数据一览

	能力指标	西部地区	西九省区	中部地区	东部地区
科技创新能力	校均研究与发展项目经费(千元)	26263	1067	27993	63758
	校均出版科技著作数(部)	4.89	3.62	5.08	5.06
	校均发表学术论文数(篇)	322	199	329	535
社会服务转换能力	校均技术转让实际收入(千元)	1264	136	1059	2033
	校均专利授权数(项)	77	48	79	127
	校均专利出售金额(千元)	865	178	1206	5634
	校均R&D成果应用及科技服务项目经费(千元)	4109	1312	4866	13248

四、高校直接为社会服务制度化缺失

一是社会服务组织机构设置缺失。许多高校要么没有设置专门负责社会服务的组织机构，要么设置了科技成果转化中心、国内合作处等，其管理社会服务的职责有限，无法统筹全校社会服务工作。二是课程设置缺失。许多高校未开设"服务学习"课程，学生的社会服务缺少常规抓手，其参与社会服务的程度可想而知。三是资源开放不足。调查发现，约60%以上的西部高校未制定向社区开放资源的制度，部分已经制定了资源开放制度的大学，其实际开放程度也比较低。四是高校自我评价缺失。许多高校要么没有对教师社会服务进行刚性评价，要么虽然在职称评聘或绩效考核中设置了对教师社会服务的评价，但大都形同虚设。五是政府经费投入缺失。西部各省区政府基本没有设置高校社会服务专项经费。六是政府和社会组织评价缺失。要么没有对高校社会服务职能的专项评价，要么虽然在高校的综合评价指标中设置了社会服务评价指标，但实际在具体评价过程中真正有社会服务内容的高校并不多。

第五节 提升西部高校社会服务能力的建议

面对2035年建成教育强国的战略目标，基于以上对西部高等教育社会服务能力现状与问题的分析，要解决西部高等教育领域存在的牵一发而动全身的关键问题和短板问题，构建良性运行机制，推动西部高校服务国家战略和区域经济产业发展的能力持续提升。结合我国西部高等教育实际，未来时期提升西部高校服务国家战略和区域经济产业发展能力的建议如下。

一、打破依赖性思维，构建主动服务社会的价值体系

一是要破除对国家扶持性政策和照顾性资源"等、靠、要"的依赖性思维，增强拓展社会资源的自主发展能力。西部高校应主动挖掘独特的自然资源和社会资源，因校定位、因地制宜，积极布局具有自身学科优势服务区域发展的优势领域。二是要明确社会服务的战略地位，将社会服务理念视为高校的内生性价值追求。要深刻领悟大学在服务国家战略中的独特地位和枢纽作用，在常态化的社会服务中构建高校与社会的双向互动关系。在教职员工中凝聚起广泛共识，将服务国家战略和区域经济产业发展作为学校事业发展的主基调。同时，要认识到高校所提供的社会服务不是零碎敲打，而是一种满足社会长期和整体需要的战略服务。三是要营造社会服

务的现代化治理氛围。强化社会服务管理制度建设，建立高效规范的产学研一体化运行机制，增强校企合作管理体制的柔性设计，克服高校科层组织的分工壁垒，基于国家战略需求和企业行业的管理体系灵活配置合作模式。

二、实施区域高等教育一体化战略，打造区域产教深度融合共同体

一是建立超越省级行政区、多方参与的产教协调机构。西北组建由政府和陕西、甘肃和新疆三地高校参与的西北高等教育一体化统筹委员会，西南地区建立由政府与四川和重庆两地高校参与的成渝高等教育一体化统筹委员会。二是构建区域产教深度合作机制。安排专项资金设立产教科研课题，鼓励多所高校联合申报，不分先后均为第一单位。优先批准和资助具有跨省域、跨学科背景服务国家战略需要、服务西部地区经济社会发展、资源开发利用和自然环境保护的科研项目。三是建立"西部科技成果转化信息中心"。以国家战略需求为导向，以地方经济社会发展为依托，打造路衍经济学科产业集群，为重点企业与西部高校的跨区域科研合作提供信息与技术支持，激发西部发展内驱力，实现西部高校科研与区域社会经济发展同频共振。

三、强化区域支持政策精准施策，找准突破口靶向发力

一是做到扶持对象精准，对西部不同高校、不同学科的科研创新进行分层分类支持。特别对明显落后于陕、川、渝的西部九省区需要精准施策，考虑其地域特征、经济发展水平和高校发展现状，对服务地方经济发展的特色研究项目进行重点扶持，做到项目安排得当。二是加大对人才"西进"政策的精准扶持力度。基于西部高校科技人才分布与流动态势的测算研判，精准设置"西部振兴人才岗位"，这些岗位面向海内外招聘优秀人才，且在规定年限内须在西部履职，为西部经济社会发展作出积极贡献，构建西部科研人才的集聚高地。三是做到扶持成效精准。对西部高校的科研创新扶持须将"大水漫灌"调整为"精准滴灌"。健全扶持政策实施的质量保障机制，落实科研资金实际用途，提高资金使用效率。

四、加强高校直接服务社会制度建设，推动高校社会服务制度化

首先，应提高政府主管部门和高校自身对社会服务职能的认识。社会服务是高校的第三大职能，与人才培养、科学研究具有同等重要的地位。无数大学的实践证明，通过履行社会服务职能，不仅可以提升大学直接为社会服务的实效性，而且可以"反哺"高校的教学和科研，大幅度提升高校人才培养、科学研究的质量，尤其是可以使大学的"三大职能"形成合力，从而更好地服务区域和国家经济社会发展。因此，西部地区的政府主管部门和高校应切实提高对社会服务职能的认识，把高校

社会服务职能放在与人才培养和科学研究同等重要的位置。其次，各高校应加强社会服务相关组织制度建设。一方面，应设置专门负责社会服务的组织机构，统筹全校社会服务工作。另一方面，应开设"服务学习"课程，使学生运用所学知识为"社区"服务，不断增强学生社会服务意识，提升学生社会服务能力。与此同时，应加大资源开放力度，使广大社会成员都能共享大学资源。上海市的部分高校已经将院墙拆除，让市民共享校园绿地及其他资源，这无疑给全国其他省市带了个好头。此外，应加强"双师型"师资队伍建设，切实提升高校广大教师的"实际操作能力和动手能力"，改变许多高校的许多教师只能在"黑板上种田"的状况，使其具备为社会服务的"真本事"，从而更好地为经济社会发展提供服务。第三，政府应设置社会服务专项经费。应像支持人才培养和科学研究那样，在经费上对高校社会服务予以大力支持，保证高校社会服务职能健康运行，引导推动高校社会服务向纵深发展。第四，应加强对高校整体及师生个体的社会服务评价。政府主管部门、社会组织和高校，应制定高校整体和师生个体社会服务评价标准，积极开展社会服务评价，以此检查高校及师生的社会服务状况，督促推动高校整体及师生个体积极投身于社会服务，不断提升社会服务能力和水平。

【第九章】

数字化转型背景下西部高等院校实验实训课程教学改革研究

第一节 高校教学改革的时代背景

当前,数字化浪潮席卷全球各行各业,在创造新产业、新行业、新职业的同时,变革了各传统行业的生产模式。掌握以数字化技术为基础的专业实践素养已成为全社会对高水平人才的统一需求,而实验实训教学是培养学生专业实践能力的主要环节[①]。国家出台的多项教学改革政策都鲜明指出,信息化、数字化的教学环境、工具、内容是支撑教学改革的基础条件,鼓励教学一线人员在教学过程中尝试、探索以现代信息技术变革教学方法、策略、模式进而促进教学理论、理念变革[②]。

此外,为充分回应新一轮科技革命与产业变革及国家发展重大战略所提出的高素质创新人才需求,2017年以来,国家及各高校不断推出有关政策,掀开了"新工科"建设的序幕,在此基础上,新工科以培养复合型卓越工程人才为目标[③],大力推动以专业实践教学改革为核心的人才培养体系变革,成为高校教学改革特别是实验实训教学改革的先行者。目前,随着"新医科""新农科""新文科"的相继提出,着力推动高校教学改革已经成为全面提升人才培养质量和学科建设水平的基础策略,在审视目前以工科为主的实验实训教学改革成果的基础上,发现特征、分析问题、

---

① 李肖婧、张炜:《伦敦大学学院本科工程教育体验教学及其启示》,《高等工程教育研究》2019年第3期,第87-93页。

② 高书国:《新时代中国教育改革内在逻辑与政策建议》,《国家教育行政学院学报》2018年第1期,第8-13页。

③ 林健:《面向未来的中国新工科建设》,《清华大学教育研究》2017年2期,第26-35页。

提出策略，是实现优化目前教学改革成效、推广教学改革经验的需要，也是推进"四新"建设走向纵深的需要。

长期以来，学者们在研究教学改革时大多以某一门课程为案例，以求能够深入剖析改革重点解决的教学问题、变革的教学方法和取得的教学成效。时至今日，国内多所高校已就实验实训教学改革进行了大量探索，并形成了丰富的代表性案例。在已有研究中，绝大多数学者仅从某一所院校的专业课程教学视角出发，讨论该专业的教学改革要点、措施和路径[1]；然而，尚未对西部高校的实验实训教学改革现状特征进行归纳与分析。全面振兴西部高等教育是国家经济社会发展之大计，是推动我国高等教育高水平高质量发展的重要内容[2]，而实验实训课程作为培养学生专业实践操作能力的重要载体，是提升西部高校人才培养质量的一个重要方面，亦是西部高等教育发展中不可忽视的一个组成部分。因此，在高校实验实训课程教学改革已经取得一批成果的今天，应当对改革实践中存在的特征进行系统审视，从而助力改革校准方向、提升质效。

高校通常会在新闻、论文和报刊中公开其教学改革标志性成果。分析各高校在上述渠道中展示的实验实训课程教学改革信息，有助于揭示西部高校当前改革的方向、路径特征，进而在反思问题的基础上为实现西部高校实验实训课程教学有效变革提供借鉴。本研究旨在收集公开渠道可获取的高校实验实训课程教学改革案例，构建数字化转型背景下高校实验实训课程教学改革分析框架来分析文本内容，并采用spacy中文语言分析工具，提取其中的关键词频、句法依赖，以此发现各高校实验实训课程教学改革的方向、路径特征，最终在梳理问题的基础上为西部高校在数字化转型背景下开展和推广实验实训课程教学改革提供优化策略。

第二节　高校实验实训教学改革的理论与实践现状

一、我国高校的课程教学改革进展

课程教学改革是教学改革的一部分，广义上的教学改革主要指人才培养体系的全面改革，而课程教学改革只涉及其中的第二层面，即课程体系、教学内容、教学

---

[1] 董桂伟、赵国群、王桂龙:《我国虚拟仿真实验教学的发展与趋势研究——基于近十年中国知网文献的知识图谱分析》,《中国大学教学》2021年第7期,第85-92+96页。

[2] 包水梅:《全面振兴西部高等教育:困境、根源及其突破》,《中国高教研究》2020年第12期,第41-47页。

方法的改革①。从改革目标来看，课程教学改革服务于人才培养质量的提升。多年来，我国高校的课程教学改革可分为三个阶段。

（一）初步探索期——以内容开发为核心，理论与实践教学初步分化

第一阶段的课程教学改革得益于国家教委1994年出台的《高等教育面向21世纪教学内容和课程体系改革计划》、教育部2003年启动的"高等学校教学质量与教学改革工程精品课程建设工作"，以及教育部和财政部2007年联合制定的《关于批准万种新教材建设研究项目的通知》等政策。在这一阶段，各高校涌现出大量新教材，产出了丰富的新教学资源；同时，根据不同专业、课程的不同要求，该阶段的课程教学改革大体可划分为基于知识、素养教学内容的课程教学改革，与基于技能、能力教学内容的课程教学改革。此时已经有学者呼吁在课程教学改革实践中应重视教学内容、教学活动、教学方法和教学策略结合的全方位教学改革。

（二）技术驱动期——以技术应用为先导，基于理论探索多元新模式

第二阶段的课程教学改革主要由技术和理论驱动。随着高校信息化建设的开展，信息技术装备在高校教学环境大量普及，教育技术学者们注意到技术对教学过程的促进作用，提出了环境、资源、方法、模式全面变革的系统性教学改革思想②；同时，建构学习理论落实到教学实践中，形成了针对不同学习目标的多种新型学习方式，包括研究性学习、协作学习、探究式学习等。受上述研究的启发，各高校根据知识和技能不同的习得规律，探索了适宜知识传授的基于案例的课堂情境的教学模式、基于网络课程的教学模式、基于主题的研究性教学模式；适宜技能习得的基于通信的协作性教学模式等。为支持这些教学模式的开展，各高校还建设了一大批专题学习网站、专业资源库、创新教材体系等。

（三）深度融合期——以教学成效为目标，技术融入教学系统性变革

第三阶段的课程教学改革源自学界对学习规律更加深入的理解及国家对学生终身全面发展的重视。在学科交叉、大专业培养、学科群培养等人才培养体系顶层设计变革的指引下，一线教师开始重视以提升教学有效性和改善学生学习体验为目标的教学改革，改革重点指向学生综合实践能力、创新创业能力、跨学科专业素养，

---

① 周远清：《质量意识要升温　教学改革要突破——在全国普通高校第一次教学工作会议上的讲话》，《高等教育研究》1998年第3期，第1-11页。

② 李克东、谢幼如、郭清顺等：《教育技术促进高校课程建设的理论与实践》，《电化教育研究》2008年第12期，第28-33+50页。

以及信息素养、身心素质等的融入[1][2][3][4]。在这一阶段，信息化技术已经深度融入各高校的教学实践中，此时，课程教学改革已经进入"深水区"，依靠技术应用来改进教学某一环节或某一要素的做法出现收益递减的趋势，已经不足以支撑人才培养质量持续提升。因此，在当前阶段，无论是注重知识传授的课程还是强调技能技术习得的课程，都必须充分发挥技术对教学各环节的辅助和改造作用，进而以数字化转型推进课程教学模式的系统性变革，这已经成为一线教学改革的公认方向。

通过梳理课程教学改革研究与实践的发展历程，可以看出，为提升教学有效性，服务更高质量的人才培养，一线课程教学改革从未间断。当前各高校的课程教学改革正在从单一的技术驱动向技术创新转变，从改变某个教学环节、创建教学资源或增改某个教学活动向以教学模式为引领的全方位变革转变，从注重学生专业能力提升向注重学生全面发展转变。同时，课程教学改革在专业融合、学科交叉等人才培养体系顶层设计变革的指引下发展出一系列新趋势和新特征，信息技术在课程教学改革中发挥着越来越重要的作用，而以知识传授为重点的理论课程和以技能技术习得为重点的实践课程之间的差异不断加深。种种趋势表明，以技术创新赋能教学系统性变革，进而促进人才综合素养与专业能力的全面提升，已经成为当前课程教学改革的重要方向；而实践课程，特别是实验实训课程，是这一变革过程的重要组成部分——充分利用技术的支撑和牵引作用，构建高质量实验实训课程教学模式，适应新时代对于工程人才培养所提出的新要求，已经成为当前课程教学改革的一大重点路向。

二、实验实训课程教学改革的发展特征

实验实训课程作为我国高校培养学生技能技术的主要阵地，是绝大多数学科和专业课程体系的重要组成部分。实验实训课程的教学目标是将学生掌握的理论知识在现实条件下验证，并要求学生正确操作实验实训的仪器设备，从而提升学生对专业知识概念与定义的理解和运用能力，同时促进学生创新能力与创新意识的发展。在课程体系中，实验实训课程是专业知识与问题解决能力培养体系的构成部分和重要支撑。基于上述背景，实验实训课程的教学改革在教学目标、教学内容、教学方法、教学环境等方面与知识传授型课程的教学改革有巨大差异。

---

[1] 蔺亚琼、刘雨心、谭晓晖等：《高等工程教育领域教学改革的特征、趋势与反思——对近五届国家级教学成果奖的描述性研究》，《高等工程教育研究》2021年第6期，第163-169页。

[2] 谢和平：《以创新创业教育为引导 全面深化教育教学改革》，《中国高教研究》2017年第3期，第1-5+11页。

[3] 黄云清：《基于新工科理念推进大学数学教学改革》，《中国大学教学》2020年第Z1期，第28-31页。

[4] 屈世显、高健智、李贵安：《跨学科X-物理人才培养体系的构建及实践》，《中国大学教学》2019年第10期，第27-31页。

（一）内容环境导向下教学改革的探索阶段

我国高校早期的实验实训课程教学改革大多聚焦于教学环境和教学内容方面。实践教学研究者早在二十世纪就提出应该改变课堂教学内容与环境，将演示类材料更换为可与学生互动的资源，将学生实习搬出校内，加强与企业之间的合作，让学生在真实情境中学习等建议。在此阶段实验实训教学被认为是理论教学的辅助，旨在帮助学生加深理论知识的理解，训练学生正确操作和使用仪器设备。由于此阶段学校只具备基础的实验设备，几乎没有同工作生产接轨的实验实训环境，而实验实训操作对象也仅限于校内的设备工具，因此实验实训教学大多流于形式，教学目的难以达成，难以有效实现理论学习和技能掌握的关联。

（二）模式创新引领下的真实情境教学阶段

进入21世纪后，学者们对实践实验知识与理论知识的认识不断深化，学界开始关注实践实验知识与理论知识之间的差异，强调在真实情境下训练学生的实践实验技能。因此，许多研究者和高校在实践目标、实践方案、实践策略及实践工具等方面加强了研究和探索[1]；同时，各高校新建了一批实验实训基地，为各学科的实验实训教学营造了较好环境。

然而，在21世纪初期的实验实训教学改革探索中，由于缺乏适用于实践实验能力培养的理论基础，各高校开展的实验实训教学形式各异，无法形成系统化培养学生实践实验能力的教学体系，显现出对实验实训教学改革的消极影响[2][3]。学界很快意识到该问题，并围绕项目教学法（project-based learning pedagogical）、问题教学法（problem-based learning pedagogical）、协作式教学法（collaborative pedagogy）等教学理论从教学目标、教学内容、教学策略、教学评价、教学环境等方面开展了相关探索[4]。这一时期高校的实验实训教学逐渐贴近真实工作情境，在改革过程中，高校加强了实验实训教师队伍，特别是"双师型"教师队伍的建设，确立了实验实训教学的保障机制，形成了较完备的实验实训教学的评价体系。

（三）虚拟仿真技术驱动教学创新变革阶段

在《关于进一步加强高校实践育人工作的若干意见》和《教育部关于深化职业教育教学改革全面提高人才培养质量的若干意见》等国家政策的支持下，高校实验实训教学改革的条件不断完善。特别是虚拟仿真技术的引入，极大地拓展、丰富了

---

[1] 张英彦:《论高校实践教学目标》,《教育研究》2006年第5期,第46-49+58页。
[2] 喻淑兰:《深化高校实践教学改革的思考》,《江苏高教》2003年第4期,第87-89页。
[3] 叶志攀:《金佩华.中国工程教育实践教学研究综述》,《高等工程教育研究》2007年第4期,第74-77页。
[4] 崔虹云、尚东昌、肖仲杰:《高等教育人才培养模式中实践教学的改革与探索》,《黑龙江高教研究》2014年第2期,第163-165页。

实验实训过程中的教学内容和教学场景，破解了传统实验实训场地设施对实验实训内容与场景的限制。在此基础上，随着高校或研究者对改革经验的总结，我国在这一阶段形成了一批以实验实训教学模式为中心、以虚拟仿真技术为支撑、以更加成熟的"双师型"教师为主导的当代实验实训课程教学案例。例如，有院校探索了电子工程学科的实验教学改革，将EIE-CDIO（Electronic Information Engineering-Conceive Design Implement Operate）教学模式和虚拟仿真技术引入工程实验教学。然而该案例只描述了教学的内容、环节、环境和评价方面的改革方式[①]。同样，还有某院校轨道交通专业的虚拟仿真实验教学案例，其中重点描述了在教学资源、内容、环节等方面与真实工作过程学习、学生协同能力培养的对应改革[②]。在这一阶段，实验实训课程教学改革呈现出以下特点：首先，注意到全方位教学改革的重要性，但仍未能实现教学系统性变革；其次，注重以技术驱动教学方法改革，但一定程度上将"教学改革"与"教学模式创新"混同；最后，强调新理论新理念的运用，但弱化了对已有教学规律、教学理论的总结和检验。

综合有关文献可以发现，目前我国高校实验实训课程教学改革的实践与研究已经取得显著成效，但实验实训课程教学改革成熟度仍然相对滞后于其他类型课程的教学改革。实验实训课程教学改革的关键特征是技术引领，虚拟仿真技术在高校大规模普及后，相关研究与实践大多围绕技术对于实验实训课程教学改革的支撑作用而展开，对教学模式变革的全面性关注不够，鲜有研究对实验实训课程教学改革共性特征乃至于规律进行总结。上述问题导致各高校在实验实训教学改革中各自为战、独立探索，未能形成系统的经验和理论体系，这制约了高校实验实训课程改革的现实成效与发展潜力。然而，目前学界仍然缺乏对实验实训课程教学改革现状的系统性反思，特别是缺乏对西部地区高等院校实验实训课程教学改革实践特征的全面审视。有鉴于此，分析西部高校实验实训课程教学改革案例，发现改革中存在的普遍特征和问题缺憾，是提升西部高校未来实验实训教学改革成效的必要参照，也是关涉西部高等教育高质量发展的重要研究议题。

---

① 许河秀、王彦朝、杨亚飞等：《基于"EIE-CDIO"模式的微波技术与天线实验教学改革探索》，《高等工程教育研究》2022年第6期，第70-74页。

② 彭其渊、李力、文超等：《面向协同决策能力培养的轨道交通虚拟仿真实验教学改革》，《高等工程教育研究》2022年第4期，第81-85+115页。

第三节　西部高校实验实训课程教学改革特征研究设计

根据前述分析可知，充分了解西部高校开展实验实训课程教学改革的背景，发现西部高校教学改革实践中所呈现出的特征，进而在此基础上提出优化建议，有助于在数字化转型背景下推进实验实训课程教学系统性变革。据此本研究提出以下研究问题：

（1）当前西部地区高等院校开展实验实训课程教学改革的实践具有哪些特征？

（2）数字化转型背景下西部高校实验实训课程教学改革的问题及优化策略是什么？

为解决上述两个问题，本研究以团队收集的西部地区5个实验实训课程教学改革案例为研究对象，通过对其进行分析以提取西部高校实验实训课程教学改革所呈现出的特征，在此基础上，探讨数字化转型背景下的西部高校实验实训课程教学改革问题、缺憾及其优化策略。经过对案例文本的初步分析，发现高校公布的教学改革案例通常包含两方面的主要内容，分别是专业人才培养体系的改革和课程教学的改革，为匹配本研究的目标，在案例文本处理时，本研究将重点置于结构化分析课程教学层面的改革内容上，而将人才培养体系层面上的改革内容，如人才培养目标设计、学科选择、专业设置等，作为实现课程教学改革的背景。

实验实训课程教学是一般课程教学的子概念，其具有一般课程教学概念的全部内涵，只是在教学要素内部与知识传授型课程具有显著差异。因此，一般教学理论中的教学要素框架，同样可以适用于对实验实训课程进行分析。何克抗先生对于教学改革的研究多聚焦于现代教育技术应用背景下的教学模式变革，认为教学模式变革是推动教学改革的根本性因素。他指出，教学模式是在教育思想与教学理论指导下形成的稳定教学活动形式[1]，是多种教学方法或策略在教学过程中的稳定组合和应用，而只有当这些策略和方法的联合应用能够达到预期目标时，才能称之为有效的教学模式，而对目标达成与否的判断，则有赖于合宜的教学评价体系。何克抗先生同时指出，教学策略与教学方法归属同一范畴，都是为了达到预期教学目标、完成预定的教学内容而采取的计划和手段，只不过前者相对更加宽泛，后者更加具体[2]。

---

[1] 戴妍、王奕迪：《我国教育现代化发展水平的区位分布及其空间集聚效应》，《中国电化教育》，2022年第3期，第44-53页。

[2] 何克抗、吴娟：《信息技术与课程整合的教学模式研究之一——教学模式的内涵及分类》，《现代教育技术》，2008年第7期，第5-8页。

何克抗先生的教学模式理论建立在对信息技术整合的课程教学的长期研究与实践基础之上,其中反映了教学改革的核心要素和一般规律,同时也契合了数字化转型背景下信息技术与课程教学的深度融合趋势。有鉴于此,研究根据何克抗先生的教学模式理论,从高校实验实训课程教学改革中的教学目标、教学内容、教学方法与策略、教学评价四方面出发,构建分析西部高校实验实训课程教学改革案例的概念要素框架,探讨教学改革的实践特征及问题缺憾,为优化实验实训教学改革提供参考。

另一方面,进入"数字化时代",实验实训课程教学改革的关键特征是技术引领,数字化转型为高校实验实训教学提出了新要求,也为教学改革提供了新机遇;与此同时,高等院校是有力保障和系统推进实验实训课程教学改革的责任主体,担负着为数字化背景下的实验实训课程教学改革提供支持性环境的责任。因此,应当从高校视角出发,充分响应高等教育数字化转型趋势,以高等教育教学数字化转型的核心要素理论框架为依托,构建包括"目标与规划、组织机构、政策与规范、人员能力、支持服务、技术环境与文化氛围"七要素在内的改革支持要素分析框架[①],针对目前西部高校实验实训教学改革存在的特征及问题提出行之有效的"改革抓手"。

综合上述"教学模式理论下的概念要素框架"与"高等教育教学数字化转型视角下的支持要素框架"两大框架,本研究最终构建了数字化转型背景下高校实验实训课程教学改革分析框架,以此框架为参照,深入分析院校开展实验实训课程改革的特征,并为未来数字化转型背景下的西部高校实验实训课程教学改革提供系统性建议。该分析框架如图9-1所示。

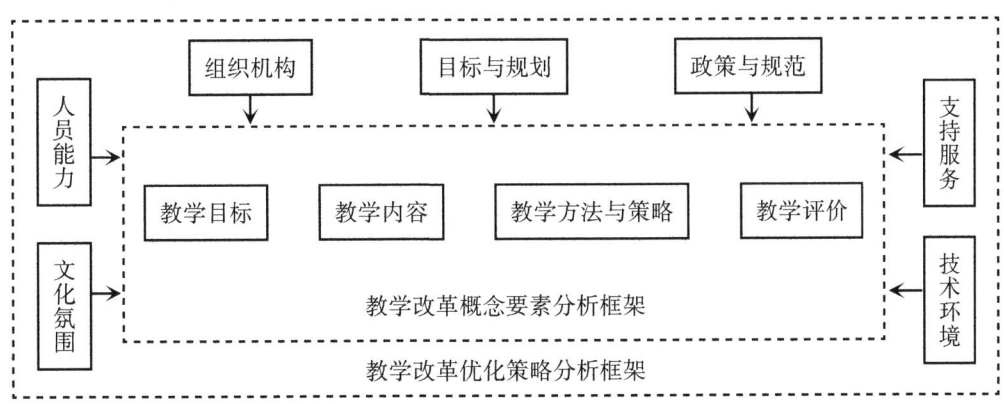

图9-1 数字化转型背景下高校实验实训课程教学改革分析框架

---

① 程建钢、崔依冉、李梅等:《高等教育教学数字化转型的核心要素分析——基于学校、专业与课程的视角》,《中国电化教育》2022年第7期,第31-36页。

图 9-1 表示的实验实训课程教学改革分析框架分为两个层次，分别是实验实训教学改革的概念要素分析层与优化策略分析层。在本研究中，改革的概念要素指：高校为生成教学活动、使教学过程有序运行、实现教学目标而提出的一定教学模式中的基本成分。改革的优化策略则强调在数字化转型背景下，高校为开展正常教学活动、推进教学改革而提供的软硬件支持。在上述两个层次中，概念要素分析层包含"教学目标、教学内容、教学方法与策略、教学评价"四大要素，本研究将据此分析西部高校实验实训课程教学改革特征；优化策略分析层包含"目标与规划、组织机构、政策与规范、人员能力、支持服务、技术环境、文化氛围"七大要素，本研究将据此提出数字化转型背景下的西部高校实验实训课程教学改革优化策略。

第四节　西部高校实验实训课程教学改革的成效

分析西部 5 所高校的教学改革案例后，本研究发现，近年来，西部高校以工科为先导开展实验实训课程教学改革，结合人才培养体系的顶层设计变革，整体上取得了一定改革成效，主要表现为：学科专业设置方面，将教学与改革资源向基础学科及有较强应用性的学科倾斜，注重围绕传统优势学科及区域特色优势产业布局教学改革；人才培养目标方面，突出面向市场、面向实用，注重在培养专业基础能力的同时，强化人才的服务能力和实践能力；教学目标不断完善，在知识技能培养的基础上融入多种综合素养，强调实践与创新能力发展；教学内容更加贴近实际，注重将科研与生产实践中常用的重要内容纳入教学体系中并不断更新；教学方法与策略更加符合教育规律，形成了协作式、问题式、项目式教学等符合实践技能习得规律的教学方法；教学评价体系更加有效丰富，出现结合多元评价方式、开发科学有效评价方法与工具、应用信息技术支持教学评价等趋势。同时，由于各高校开展实验实训课程教学改革的目标规划、政策规范不同，高校间基础设施、保障能力及师生素养也具有先天差异，各校形成了不同的实验实训课程教学改革方向及路径特征。改革的方向及路径特征是指院校在公布的案例中强调其重点改革的目标，以及实现这一目标的过程性措施的先后顺序，这些特征既反映出了西部高校实验实训课程教学改革的共性，也呈现出高校间改革在内容和进程上的个性差异。根据数字化转型背景下实验实训课程教学改革分析框架，本研究发现当前西部高校开展实验实训课程教学改革的实践具有如下特征。

一、西部高校实验实训课程教学改革的方向特征

将西部5所院校公布的实验实训教学改革案例按照教学改革概念要素分析框架进行结构化分析,分类提取其中有关教学改革的关键词,可发现院校课程教学改革的方向特征(如表9-1所示)。

表9-1 西部高校实验实训课程改革案例结构化分解表

院校层次	改革专业	教学目标	教学内容	教学方法与策略	教学评价
双一流	电子信息	工程实践能力 创新能力	教学资源共享	实际训练 虚拟仿真	综合考评 多元评价
双一流	轨道交通	工程实践能力 协作能力	—	实际训练 虚拟仿真	—
双一流	电子信息	专业应用能力 市场需求	—	引导探究 实际训练	综合考评 多元评价
双一流	矿物加工	市场需求 领域前沿	—	引导探究 实际训练 工学结合 学科交叉	综合考评 多元评价
普通本科	服装工程	工程实践能力	—	语言传递 实际训练 线上线下结合 双师型教师	综合考评 多元评价 成果导向评价

第一,西部高校实验实训课程教学改革多集中于与当地特色资源相关的优势传统学科。西部高校多结合当地区域产业发展需要与经济资源禀赋,从能源、交通等当地支柱产业入手,进行实践教学改革,注重以教学改革增强自身服务区域经济发展能力的同时,推进传统工科专业的转型升级。

第二,教学目标的设置可以反映出不同高校的教育理念及其对于学生的要求,西部各高校实验实训课程教学目标设置与其人才培养改革的顶层设计高度一致。具体来说,多数高校的教学目标改革强调回应区域行业产业需求,注重培养学生的实际操作能力,要求学生在理解专业原理的基础上,掌握工作场景下基本实验与实践操作规范及流程。然而,西部高校在教学目标上多强调学生应用技能的掌握,以实现在工作场景中实践技能的应用,缺乏对于人才综合素质发展的关注,呈现出以技术能力培养为导向的特征。如某高院校基于OBE教学模式修改人才培养方向定位,

建立以产出为导向的培养目标[①]；另一所高校则面向人才培养需要，致力于在教学中培养学生解决复杂工程的能力和实践创新能力[②]。

第三，在教学内容改革方面，西部地区多数高校未公布有关教学内容的改革文本，仅有一所院校提及通过与他校共享的方式实现教学内容改革，但也并未具体论及教学资源建设问题。这一现象表明，目前西部高校实验实训课程教学改革的薄弱点主要在于教学资源的开发、整合、共享、创新等环节。一方面，高校对于教学内容资源建设的重视程度不足，然而教学内容恰恰是高校实验实训课程教学实践的基础；另一方面，也反映出西部高校教学内容自主开发能力不足的问题，这可能会成为制约实验实训课程教学改革实效的重要因素。

第四，在教学策略方面，整体来看，多数高校能够结合使用语言传授、实际训练与自主探究等多种教学方法；同时，各高校已经开始注重将虚拟仿真技术等现代信息技术引入实验实训课程之中。然而，目前有关案例高校仅仅提出了建设虚拟仿真平台，还未能实现平台的创新应用以及多平台融合，教学环境仍然相对单一。同时，西部高校对于"工—学—研"融合的教学策略的运用则有所欠缺，而这一策略正是实现产学研融合发展、提升应用类学科人才培养质效的重要路径。此外，值得注意的是，尽管西部各高校改革案例表明高校教师正在大力创新教学方法，然而由于教学内容和教学环境等条件的限制，许多方法仍然未能得到完整、有效的实现。

第五，在教学评价方面，多数高校都针对实验实训课程的教学评价改革进行了专门设计，相关文本量仅次于教学目标和教学策略。不过，西部各高校在教学评价改革方面同质性较强，所有院校在教学评价改革中都尽力实施多元、多主体、多模式的评价方式。此外，尽管各高校在各类文件中已经提出了将现代信息技术，特别是数字技术融入教育教学的要求，然而暂未有高校注意到智能化工具对教学评价改革的作用，这表明教学评价改革在数字化、智能化的方向上仍有较大进步空间。

最后，纵观所有院校的实验实训课程教学改革案例文本可发现，各院校之间，即使是在相同专业中，其教学改革的重点方向都有所不同。表明当前实验实训课程教学改革的范围仍然限制在院校内部的自主探索阶段，即使是具有典型成效和标志性成果的改革案例也尚未能推广影响到其他院校。

此外，还需要注意的是，结合何克抗先生的教学模式理论与表10-1中对院校教

---

① 吴龙、齐静、于昕辰等：《"新工科"背景下服装工程专业课程OBE教学模式改革研究》，《西部皮革》2022年第23期，第41-43+47页。

② 彭其渊、李力、文超：《面向协同决策能力培养的轨道交通虚拟仿真实验教学改革》，《高等工程教育研究》2022年第4期，第81-85+115页。

学改革案例文本的结构化分析结果可知，教学模式的学术概念包含教学目标、教学内容、教学策略与方法、教学评价四个要素，然而只有一所院校的文本描述了所有要素的改革。这说明院校对实验实训教学改革的理解还不够深入，改革内容存在明显缺失，误将教学目标、方法等方面的创新表述为完整的教学模式。进一步结合前人对教育发展区域差异的研究结果可知，西部院校在教育信息化建设、行业产业对接、师资队伍能力素养方面落后于中东部院校[①]。反映到教学改革中可发现，所有西部院校样本都没有自建教学资源，只有一所院校描述到了通过共享教学内容的方式改革教学资源；在教学环境方面，西部院校除采用虚拟仿真模拟真实仪器设备外，只有一所院校实现了与企业对接共同开展实验实训教学，表明西部院校尚难以实现全方位的实验实训教学模式改革。

二、西部高校实验实训课程教学改革的路径特征

通过使用spacy中文语言分析工具对西部地区5所高校实验实训课程教学改革有关文本进行自然语言句法依赖分析，本研究进一步发现了教学改革的路径特征。

首先，西部高校实验实训课程教学改革存在技术环境导向特征。采用spacy中文语言分析工具对所有案例文本进行分词、向量化、词性标注、语法解析和命名实体识别后可发现，构建信息化学习环境的关键词包括：建设实验室、研发仿真模拟系统、建设云平台、开发AR应用、建设3D数字车间、建实体硬件平台、构建实验系统、搭建虚拟仿真实验教学系统、配备计算机、打造新平台等。并且，进一步使用spacy中文语言分析工具对关键词之间的依赖关系进行句法分析（如图9-2所示），其中，箭头方向说明了关键词之间的句法依赖关系，前端关键词是尾端关键词的前提。结果发现，院校描述教学改革的文本在阐述教学改革实施方向时，以构建学习环境为核心词，"学习环境"处于句法分析结果的前端，是其他关键词的"前提要素"。教学过程中需实现的教学设计、教学形式，以及开展的教学活动都依赖技术支持下的学习环境，而教学目标和学习评价分别依赖于教学设计、教学形式和学习活动。说明西部高校实验实训教学改革以技术应用和环境创设为核心，倾向于通过以技术改造学习环境的方式来实现教学改革，回应人才培养需求，或依赖院校既有的重点实验室、培养基地等研究与实践环境匹配课程教学改革的目标。然而，在本研究采用的理论框架中，学习环境的设计是教学方法与策略的组成部分，是支持和辅助教学实施的基础条件，并不应成为主导教学改革方向的依据和条件。

[①] 陈卓、尚海洋、樊姣姣：《教育信息化2.0时代教育均衡发展研究——基于面板门槛回归模型》，《开放教育研究》，2022年第4期，第66-73页。

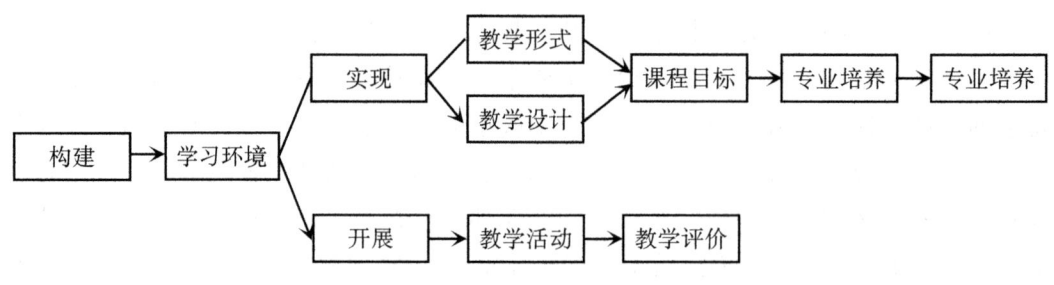

图9-2 案例文本的依存句法路径一示意图

其次,西部高校实验实训课程教学改革存在教学方法引领特征。在spacy中文语言分析工具的句法分析结果中(如图9-3所示),可以发现,"创新—教学模式"的关键词组合处于句法链条的前端,成为实现后续一系列改革方向的前提。说明在课程教学层面,高校将教学模式创新作为教学改革的核心与先导。在教学目标、教学环节和教学策略三方面的改革,都依赖于教学方法创新的引领作用——教学目标改革的重点在于培养学生的能力,教学环节改革的重点在于提升学生的学习自主性,而教学策略改革的重点在于激发学生的学习动机。然而,如果回归改革案例文本,具体分析,可以发现,高校所谓的"教学模式创新",其内容绝大多数可以归类为表9-1中教学方法与策略维度上的创新。学界对于教学模式概念的界定大多可归为"过程说"和"结构说",前者强调教学诸要素的组合方式与活动程序,后者强调教学诸要素的组合关系和组织形式。然而,无论是在哪一种界定方式中,教学模式都被视为诸多教学要素的关联统合,与教学方法绝非同义——可见,在教学改革实践中存在着混淆"方法"与"模式"的误区,改革者以"教学方法创新"替代了"教学模式变革"。由此可知,高校实验实训课程教学改革实质上存在着"教学方法引领"的特征,强调通过结合多种教学方法或创造性应用教学理论来推进教学改革,形成改革亮点——但这种创新绝不等于教学模式的变革,与教学系统性变革的全要素特征并不相符。

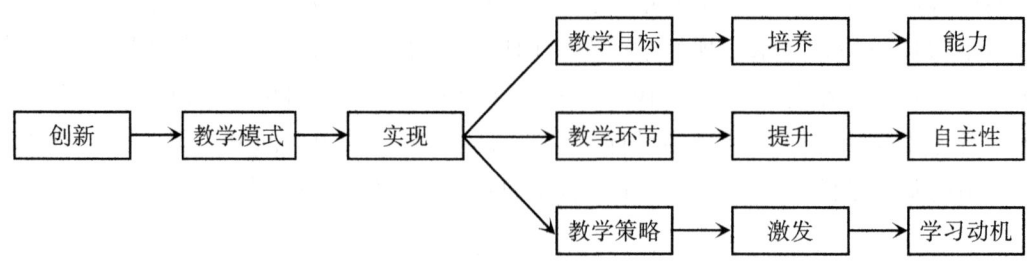

图9-3 案例文本的依存句法路径二示意图

第五节　西部高校实验实训课程教学改革的问题与优化策略

一、存在的问题缺憾

尽管目前西部高校已经在实验实训课程教学改革中取得了一定成就，形成了一系列比较成熟的改革案例；然而，本研究在对相关教学改革案例进行分析后发现，实验实训课程教学改革在许多方面仍然不尽如人意，在人才培养顶层设计、学科专业改革布局，以及教学模式变革方面存在一定的缺憾。

（一）西部院校人才培养目标方面的问题

在何克抗先生的教学模式理论中，教学目标是知识建构和能力培养的总和，涵盖了学生各方面素质的发展。可见，纯粹的技术能力并不能满足未来产业和社会发展的需要，更不能满足学生发展的需要，学生还需要具备广泛的人文素养和道德品质，特别是在工程实践领域，专业能力、创新意识、协作能力、人文素养、工程伦理等各方面的教育都是必不可少的。"新工科"建设要求不仅升级传统工科、改进实训方法，更要加强对工程人才的工程伦理教育，培养德才兼备的工程人才[1]。然而本研究的结果反映出，在实际教学改革过程中，西部高校多偏重通过实验实训培养学生运用新技术的能力，而在学生人文精神、道德观念和社会责任感的塑造方面却着力甚少。因此，在人才培养体系的顶层设计上，除注重提高学生的实际操作能力和创新能力外，也应注重人文素质培养和家国情怀教育。而落实到课程教学层面，在教学目标、教学方法与策略，以及教学评价机制等方面，也应当体现上述导向——注重以复合的教学环境、多样的教学方法、多元的评价方式培养具有深厚综合素质的创新应用型人才。

（二）专业设置方面的问题

从公开案例来看，当前西部高校实验实训教学改革的专业结构存在过多地倾向于传统专业的问题，进入实验实训教学改革、面向新产业需求的创新性、引领性的专业相对较少。经过统计可发现，西部院校实施实验实训教学改革的专业中，传统工科专业占绝大多数，而与大数据、云计算、物联网、人工智能等新产业相关的新工科专业的改革布点仍处于空白，同时针对"新医科""新农科""新文科"的改革

---

[1] 林健：《面向未来的中国新工科建设》，《清华大学教育研究》2017年第2期，第26-35页。

探索也尚未取得明显成效。在数字化转型的大背景下,不仅"新工科"应以"工科+新理念""工科+新专业""工科+新技术"等新形态与科技产业前沿发展趋向紧密对接[①],同时除工程学科之外的各学科均应积极响应数字化转型趋势,把握数字技术带来的现实诉求与改革机遇。这并不是要求高校因为"求新"而完全舍弃传统工科,也不是要求高校放弃以工科为先导的实验实训教学改革探索路径,而是要求高校不仅要将信息化、智能化等概念引入传统工科,也要紧跟时代发展潮流、技术迭代趋势和市场产业诉求,以教学系统性变革的理念和策略指导实验实训教学改革探索,着力以优势工科的"先发"带动新兴工科和文理农医等其他学科的改革探索,推动西部高等教育人才培养质量的不断跃升。

(三)教学模式改革方面的问题

基于何克抗教学模式理论,教学模式应包含教学目标、教学内容、教学方法与策略、教学评价四要素,同时在四要素的相互作用中,应既能发挥教师的主导作用,又能充分体现学生的主体作用。各高校在长期教学改革实践的基础上对教学目标、教学方法、教学评价等进行了改革创新。从公布案例中可看出,以往学者所提出的产学研合作、多学科交叉、虚实环境结合等构想已初具雏形,实践教学环节薄弱、培养目标未能面向工程实际等问题也已得到了初步解决。然而结合前文所述,各院校在实验实训课程教学改革的过程中仍存在教学目标定位重应用技能而轻人文素养、教学方法与策略以技术为导向忽略学生主体价值、教学内容自主建设不足、教学评价缺乏技术支持等缺憾。正如钟登华所述,"新工科"的核心是立德树人,培养符合时代精神的工程人才[②]。目前各院校在教学改革过程中多以信息技术的应用为中心开展教学策略改革,形成以技术为导向而非需求为导向的逻辑倒悬,与人才培养目标中实现以学生为中心,重视学生未来发展的教学理念存在错位情况。在统计案例中,各高校多以"云、网、端"新信息基础设施的应用为出发点进行硬件设备、基础设施方面的教学资源改革,将新技术的应用与教学改革对等。在此背景下,信息技术在教学改革中仅应用于改进教学策略与方法,而没有真正改变传统课堂结构,实现人机、师生、生生间的有效互动。

不仅如此,西部高校实验实训课程教学改革呈现出较为明显的"各自为战""片面改革"特征,一方面,各高校之间缺乏沟通协作机制,高校改革经验未能有效传播,实验实训教学改革停留于高校内部的孤立探索状态;另一方面,几乎是在所有高校中,都存在教学改革缺乏系统性的问题,这一问题直观地体现为各高校普遍存在的教学改革要素残缺现象,而改革路径的"技术环境导向"以及"教学方法引领"

---

① 李华、胡娜、游振声:《新工科:形态、内涵与方向》,《高等工程教育研究》2017年第4期,第16-19+57页。

② 钟登华:《新工科建设的内涵与行动》,《高等工程教育研究》2017年第3期,第1-6页。

特征也说明高校对于教学改革的理解仍然较为偏狭，还未以系统的观念指引教学改革。

二、优化策略

高校作为教学改革的支持者与推动者，承担着支撑和保障教学改革有序、高效、高质量开展的责任。而当前西部高校实验实训课程教学改革存在的过于强调技术环境导向、缺乏系统性与全面性、跨界协同与资源开发困难等问题充分说明，在高等教育数字化转型背景下高校对于教学改革的支持与统筹不足，数字化转型推动教学生态重塑的功能未得到有效发挥。因此，有必要根据高等教育教学数字化转型视角下的教学改革支持要素框架，从高校视角出发，提出西部高校实验实训课程教学改革优化策略，助推西部高等教育发展向高质量方向迈进。

（一）顶层引领、组织保障，全面均衡推进教学系统改革

高校应在发展规划中注意各学科教学改革目标的均衡。目前多数西部高校在"新工科"率先开展实验实训课程教学改革，形成了比较成熟的改革经验。然而，除工程学科之外，其他学科的实验实训教学改革同样重要，实验实训课程教学改革绝不应局限于某一学科或某一学科群。各高校应从全盘考虑，为迎接数字化转型挑战，加强顶层设计和统筹领导，根据自身优势和特色，充分发挥区域禀赋和学科底蕴，规划适宜于本校的产学研一体化、多学科协同共生的改革目标。同时，要从系统化教学要素框架出发，制订科学、完整、细致的改革规划，为实验实训课程教学改革提供框架指引。以整体规划牵引院校组织行动和资源投入，增强对于实验实训教学改革的支持，确保改革在各要素、各学科上均衡落实到位，确保各项改革举措得到长期有效落实，推动教学、应用、科研完整生态链形成。此外，院校的目标规划最终需要在有组织的行动中得以实现，高校应归纳借鉴其他学校、学科，特别是走在前列的东部高校的实验实训改革经验，充分发挥教学改革目标规划的引领作用，不断加强组织建设和组织自身的变革，持续改进院校内部的预算和资源分配，提升院校内部的数字化管理服务能力。要重点以数据治理战略指引组织机构适应数字化转型变革，重构院校管理流程，加快院校管理模式向服务模式转型，不断完善院校组织机构对教学改革的支撑保障作用，以有效的管理与激励机制激发各主体各部门改革的主观能动性，改变当前教学改革要素覆盖不全、技术导向、环境依赖等取向，实现以高校组织的数字化转型保障和助推实验实训教学的系统性变革。此外，高校组织要加强开放合作，对于地处西部、面临资源不足问题的高校来说，通过合作教改项目、购买教改服务、引入三方组织等方式，弥补自身资源缺口，是提升教学改革有效性的重要手段；而对于目前已经取得较好教学改革成效的高校，可以着力建设实验实训教学改革示范团队与咨询服务项目，面向西部地区乃至全国其

他高校提供全方位教学改革支持服务，作为"第三方"助推其他高校的实验实训教学改革。

（二）规范建设、素养培育，不断强化教学改革实施能力

政策规范被多个研究证明是促进教学模式整体改革和院校全面发展的管理措施。西部高校应着力健全政策规范，合理清晰的政策规范能够确保改革的稳定性、系统性和可操作性。因此，不仅应不断完善、细化院校章程与管理条例中有关实践活动和实践课程的规定，还需完成教学设计、资源建设、评价体系的规范性、标准化模板文件建设。模板文件有助于教学管理者和教学实践者理解和应对教学过程的问题，客观、科学地开展课程教学评价，并且准确把握改革的进程。此外，政策实施、教学改革最终需要通过主体活动来得以实现，主体素养是决定改革能否有效实现的重要因素。在数字化转型背景下，教学改革和技术赋能呈现出自上而下推进的实践样态。因此，院校管理者尽管并非教学过程的直接参与主体，但提升其数字化教学改革素养同样有重要意义。院校应首先关注院校管理者的数字治理能力，强化其部署实施数字化转型与教学改革的全局视野。其次，师生是发生教学活动的主体，任何教学改革活动的实现都有赖于教师和学生的共同努力，在教育数字化转型背景下，当前已有越来越多的信息技术涌入实验实训教学，师生在教学活动中灵活应用信息技术是保证教学过程的质量、实现教学改革目标的重要条件。因此，院校不仅要重视政策安排、硬件建设、课程设计等方面，还要将教学改革回归到人的层面上，将提升管理者、教师、学生的创新意识、探索精神、实践能力，特别是数字素养作为改革的基础性组成部分。为此院校应围绕有关能力素养制订标准，据此分类制定师生素养提升行动计划。在此基础上，由于各类规范、标准、方案等具有可迁移性，高校间、地区间可以相互借鉴。对于已在实践中证明有良好效果的规范、标准和方案，开发方高校可以成立教学改革推广中心，面向本区域其他高校乃至于其他区域高校展开宣讲、培训，使实验实训教学改革效益能够由个别"中心"向全域扩散，有效缓解发展水平相对落后高校及地区的改革实施能力不足问题；而对于西部部分发展水平相对滞后的高校而言，积极加强与优势高校的联系与合作，以其成熟的制度体系为参照探索适合本校情况的规范标准，并派遣管理服务、教学科研人员参加学习培训，是有效提升自身改革实施能力的重要策略。

（三）服务支持、技术融合，共创共享实验实训数字基座

各院校的实验实训课程教学改革已融入大量技术设备，同时还涉及与企业的教学合作，这是一个涉及多方主体、多种要素的复杂过程。因此，院校应构建全方位全流程支持服务体系，从信息技术应用、教学过程管理、课程设计实施、评价体系开发等方面支撑实验实训教学，化解实验实训教学在富技术、多方融入条件下面临的内容资源孤立分散、环节流程碎片繁复、数据信息乱散不畅等风险。另一方面，数字技术的融合创新应用是实验实训教学改革的重要驱力，各高校、各区域要着力推进数字基座建设，充分发挥其"中枢"功能。根据实验实训教学和学校管理实际需求，实现设备统一接入、数据融通管理、应用统筹衔接、人员互联交流[①]，着力推进技术与平台的协同开发、共享应用，使高校实验实训教学改革"提质降耗"。在区域、跨区域层级，应以政府牵头、行业企业参与、各高校深度合作，有序规划智能技术应用与数字平台建设，在高校已有平台和资源的基础上，统筹建设"实验实训教育大平台"实现资源统合与平台对接。同时，区域层级要逐渐由"整合者"角色向"开发者"角色转变，注重标准建设、系统建设和核心服务建设，搭建实验实训教学基础平台、核心应用及开发环境，为院校层级的灵活、创新、适需应用提供技术服务保障。此外，两级基座要充分挖掘现有系统内流转的数据，推进系统交叉的数据和信息联系：校级基座着力探索数据采集、数据分析、数据应用，关注以数据优化教学过程、增强教学体验、提升教学成效；区域、跨区域基座重点推进大数据挖掘分析，为高校教学改革提供客观依据和方向参考，并面向高校提供云计算服务。最后，要增强区域间合作，充分利用数字技术的低边际成本优势，扩大数字基座服务范围，构建跨校、跨区域合作系统，提升数字技术结合教学资源的共享程度，弥合当前高校间、区域间存在的数字鸿沟。通过数字基座的协作建设和共享使用，有望能够使实验实训教学资源充分流通，弥补西部部分高校资源匮乏的缺憾。

（四）理论推广，文化创生，协同构建数字教育生态系统

为推进院际、校际、区际实验实训教学协同均衡发展，西部高校应在设备引进、技术应用与课程开发等的基础上，注重将改革经验转化为改革理论、将改革行动升华为改革文化；同时，各高校、各地区应以理论推广带动文化扩散，以文化创生支撑理论落地。设备、技术和课程等是实现改革的手段和载体，而理论与文化是改革的行动指引与深层保障，当前改革存在的缺乏系统性、技术应用逻辑取代需求服务逻辑乃至于改革各自为战等问题，某种程度上就是缺少理论指引和文化保障的结果。为此，各高校应在改革实践中不断总结经验，有关研究者应立足经验、依托案例，探索实验实训教学改革规律，形成区域化、分类、分层次、分学科的体系化实验实训教学改革理论。同时，高校应着力营造教学改革文化氛围，推广传承工科领域实验实训教学改革中形成的价值观念和思维方式，发挥改革成果的引领、示范、导向和激励作用，形成重视实践、勇于创新、善用技术的实验实训教学改革文化，并且在校际合作乃至于跨区域合作中，以合作项目和改革案例为载体传播和接纳数字化转型下的实验实训教学改革文化。最终，高校和区域应以理论推广与引领为先导、以技术设备共建共享为基础、以文化创生与扩散为深层保障，充分把握教育数字化

[①] 熊秋菊：《基于数字基座的区域教育数字化转型探索》，《人民教育》2022年第7期，第22-24页。

转型的时代机遇，营造健康、开放、高效的实验实训教育生态。要将师生的需要和发展置于教学改革的绝对核心地位，积极吸纳社会各方力量参与教学改革，在系统内共享联通、系统间跨界协同中建设以学生为中心、以服务为中心、以体验为中心、以数据为中心的数字化教育生态系统[①]，使教学改革成果真正转化为人才成长发展和社会经济进步的实效。同时，数字教育生态是包含主体、技术、资源、理念、文化、平台等多重要素在内的复杂系统，系统内部相对一致的发展方向和各要素的充分流通、协同、融合，构成了系统得以有序运行和高效发展的重要条件。因此，构建数字教育生态，能够真正以系统内部的有序协同实现院际、校际、区际融合发展，促成我国高校实验实训教学的整体优化、协同发展。

---

① 祝智庭、孙梦、袁莉：《让理念照进现实：教育数字化转型框架设计及成熟度模型构建》，《现代远程教育研究》2022年第6期，第3-11页。

后记

历时一年有余,《西部高等教育年度发展报告》即将付梓印刷,值此之际,回顾整个编写历程,不胜感慨!

《西部高等教育年度发展报告》是在党中央、国务院颁布中西部高等教育振兴计划,大力推动中西部高等教育振兴的背景下诞生的,其目的在于为西部高等教育振兴服务,为各级政府和西部高校决策服务。此书是继《高等理科教育年度发展报告》撰写出版之后,兰州大学高等教育研究院师生共同撰写出版的第二部研究报告。它是兰州大学高等教育研究院有组织科研的产物,是兰州大学高等教育研究院师生集体智慧的结晶。在书稿撰写期间,恰逢教育部在兰州召开"新时代振兴中西部高等教育工作会暨教育强国战略咨询会",并发布全面振兴中西部高等教育"兰州倡议"。会议和倡议,对于书稿撰写工作给与了极大鼓舞,进一步坚定了师生撰写《西部高等教育年度发展报告》的信心和决心。

本书各章分别由以下师生撰写:第一章,王晓玲、鄢浛亦;第二章,李雄鹰、张耀文、康馨方;第三章,黄巨臣;第四章,柳春艳;第五章,胡晓玲、韦慕春;第六章,包水梅、陈志华;第七章,耿乐乐;第八章,段戴平;第九章,罗杨洋。在撰写过程中,各位老师和同学克服了重重困难,最终圆满完成了书稿的撰写任务,在此向他们表示衷心的感谢!尤其需要特别感谢的是焦炜教授,为了尽快出版本书,躺在病床上她还在与出版社沟通本书的封面以及前言、后记等事情,令人感动不已!这就是情怀、这就是在我们身边的看得见的榜样,是值得我们师生学习的榜样。过去有人说"科研育人",其实感受并不十分深刻。如今,"科研育人"竟然如此清晰地展现在我们面前,近在咫尺,自然而然。一种真实的存在,胜过万语千言!

在本书即将出版之际，欣闻"教育强国战略规划纲要"即将出台，在激动和期盼的同时，对我国教育的飞速发展感到无比骄傲和自豪！与此同时，也进一步增强了振兴西部高等教育的责任感和使命感，以及办好人民满意的教育的责任感和使命感。尤其是一想到我们是在为西部高等教育振兴和教育强国建设做贡献，感到十分欣慰！当然，我们也十分清楚，由于经验不足，本书一定存在许多不足之处，恳请各位读者批评指正，以便今后加以改进。

编　者

2024年7月25日